INTERNATIONAL FINANCIAL REPORTING STANDARDS

IFRS「収益認識」プラクティス・ガイド

PwCあらた有限責任監査法人［編］

中央経済社

■執筆者一覧

鈴木　理加　：公認会計士　パートナー
　　　　　　　グローバル・アカウンティング・コンサルティング・サービス・グループ　メンバー

井上　雅子　：公認会計士　ディレクター
　　　　　　　グローバル・アカウンティング・コンサルティング・サービス・グループ　メンバー

稲田　丈朗　：公認会計士　シニア・マネージャー
　　　　　　　グローバル・アカウンティング・コンサルティング・サービス・グループ　メンバー

松田　由貴　：公認会計士　マネージャー

掛水　祐哉　：公認会計士　マネージャー

はじめに

　近年，IFRS（国際財務報告基準）は，欧州等の特定の地域の資本市場で利用される会計基準から，130を超える国や地域において利用される会計基準へとその世界的な位置付けを急速に高めている。そのなかでも，アジア・オセアニア地域の国々におけるIFRSへの関心は高く，当該地域は，その経済成長とともに，国際会計基準審議会（IASB）にとっても重要な位置付けとなっている。

　また，日本国内の動向としては，2015年6月に閣議決定された「『日本再興戦略』改訂2015―未来への投資・生産性革命―」において，IFRSの任意適用企業の拡大促進のための積極的な環境整備への取組みが掲げられた。さらに，2016年6月に閣議決定された「日本再興戦略2016―第4次産業革命に向けて―」においては，未来投資に向けた制度改革の具体的施策として会計基準の品質向上のためのIFRSの任意適用の拡大促進や国際的な意見発信の強化などが改めて明示された。

　こうした国内外のIFRSの利用に係る環境を踏まえて，現在は，国内の関係者の間でさまざまな取組みが加速的に行われているところである。国内のIFRSの任意適用企業（適用予定企業を含む）の数は，2013年6月に企業会計審議会が「国際会計基準（IFRS）への対応のあり方に関する当面の方針」を公表した当時の20社（2013年5月末現在）から急速に拡大し，2016年9月9日に株式会社東京証券取引所が公表したIFRS適用済・適用決定会社数では，121社（2016年8月末現在）となっている。さらに，現在，国際的な事業活動や戦略もしくは中長期の経営計画を踏まえてIFRS適用に関する検討を実施している企業も相当数存在することを考慮すれば，この拡大傾向はしばらく継続するものと考えられる。

　さて，今回，本書では，IASBが2014年5月に公表したIFRS第15号「顧客との契約から生じる収益」（IFRS第15号）を踏まえた「収益認識」を取り上げている。IFRS第15号は，米国財務会計基準審議会（FASB）との合同プロジェクトの成果として，米国基準とコンバージェンスされた基準として公表さ

れたものである。そのため，IFRS のみならず米国基準を利用する企業もほぼ同一の基準を適用することになる。また，IFRS 第15号は，企業の重要な財務数値の基礎となる「収益」の包括的な会計基準であることから，この適用により，従来の企業の収益に係る認識および測定ならびに開示といった会計に関わる部分のみならず，業務プロセスやそれに係る内部統制にまでも重大な影響を与える可能性があるものと考えられる。このため，IASB は，IFRS 第15号の適用を円滑に進めるための方策として，FASB と合同で，財務諸表作成者，監査人，財務諸表利用者等から成る，収益認識移行リソースグループ（TRG）を基準の公表とともに創設し，新たな収益基準の導入によって生じる実務上の諸問題について継続して議論してきた。両審議会は，TRG での議論を踏まえ，強制適用日の1年延期を決定しており，IFRS 第15号は2018年1月1日以後開始する事業年度から強制適用されることになる。また，両審議会は，新基準に対して，当初の公表以後，明確化として限定的な修正を加えている。

こうした背景を踏まえると，日本企業において，IFRS を今後導入する場合であっても，すでに IFRS を任意適用している場合であっても，この基準における取扱いは，IFRS に基づく財務諸表を作成するための基礎として重要な分野であり，早期に適用準備を進める必要があると考える。

また，日本基準においては，収益認識に係る包括的な会計基準は，現在，存在していない。このため，上記のような国際的動向に鑑み，2015年5月より，企業会計基準委員会（ASBJ）による包括的な収益認識に係る基準の開発に向けた検討が開始され，2016年2月には，ASBJ は，IFRS 第15号を出発点として収益認識に係る包括的な会計基準を開発することに対する意見募集「収益認識に関する包括的な会計基準の開発についての意見の募集」を公表した。現在，そのフィードバックを踏まえ，検討が進められている。そのため，日本基準を利用している企業においても，日本基準の開発に向けた検討を行う観点から，IFRS 第15号の概要やその実務上の影響を理解しておくことは不可欠であると考える。

このような動きの中で，日本の会計・経理に携わる実務家や専門家のみならず，日本企業の経営者や投資家等にとっても，IFRS は，より身近なものとなってきている。一方で，日本の中で培われた日本基準とは異なり，IASB と

いう国際的な会議体によって設定されるIFRSの具体的な会計基準の内容やその適用，さらに，他の国や地域でも未だ利用されていないIFRS第15号については，多くの実務家にとっても，まだ馴染みがないものと考えられる。

そこで，本書では，PwC（プライスウォーターハウスクーパース）のIFRSマニュアル・オブ・アカウンティングおよびPwCガイド「『顧客との契約から生じる収益』―グローバル版」の中で紹介されているIFRSを利用する企業の実務に則して作成されたケーススタディの中から，日本企業の実務に役立つものや基準の指針に対する理解を深めることに資するものを選定し，IFRSの実務的な適用について解説している。

本書が，会計・経理の実務家・専門家のみならず，IFRS全般に興味を持たれ学習されている方や日本基準の将来の動向に関心を持たれる方にも，IFRSの収益認識に関わる会計基準の理解を深めるハンドブックとして有益であることを願っている。

最後に，本書の出版にあたり多大なご尽力をいただいた株式会社中央経済社の坂部秀治氏，ならびに，ご協力をいただいたすべての皆様に深く感謝の意を表したい。

2016年12月

PwCあらた有限責任監査法人
代表執行役　木村浩一郎

本書の読み方

1．収益認識を取り上げる意義

　IFRS 第15号は，IASB が米国会計基準とコンバージェンスされた基準として，2014年5月に FASB とほぼ同時に公表されたものである。この新しい収益認識のモデルは，従前の基準における重要なリスクと経済価値の移転を中心としたモデルと異なり，財またはサービスの支配の移転に着目したモデルを採用している。この新たなアプローチは，収益認識を契約資産（対価を受け取る権利）および契約負債（財を提供する義務またはサービスを履行する義務）の変動に基づくものと考え，これまで複数あったモデルを，単一のモデルを使用することで，首尾一貫したガイダンスを提供している。この IFRS 第15号が強制発効日を迎えるときには，IFRS と米国基準を利用する企業がほぼ同一の会計基準に従って，主要な財務数値となる売上およびこれに関連した財務数値を示すことになり，国際的な市場の利害関係者への影響は非常に大きいといえるだろう。

　一方，わが国では，現状，収益認識に関する包括的な会計基準は存在していない。2015年3月の企業会計基準委員会（ASBJ）では，「IFRS 第15号を踏まえたわが国における収益認識基準の開発に向けた検討を進めることは，わが国の会計基準を，高品質で国際的に整合性のあるものとし，投資家の意思決定により有用な財務情報を提供するとともに，会計基準の体系の整備を図る等の観点から，重要なもの」（第308回企業会計基準委員会（2015年3月20日開催）審議事項(3)-1事務局提案より）と考えられるものとし，わが国における収益認識基準の開発に向けた検討に着手した。その後，2016年2月に適用上の課題と今後の進め方に対する意見を幅広く把握するため，「収益認識に関する包括的な会計基準の開発についての意見の募集」を公表した。企業会計基準委員会では2016年6月以降，寄せられた意見を踏まえて，収益認識に関する包括的な会計基準の開発に向けて検討を行っている。

このような背景を踏まえると，本書において，IFRS第15号を取り上げることは読者にとって非常に有用であると考えている。本書では，IFRS第15号の内容を説明するとともに，具体的なケーススタディや図表を用いて，基準における各種の概念や取扱いをできるだけ平易に解説することを試みている。また，各ケーススタディに，日本基準の実務とIFRSとの比較を加えている。

本書は，PwC（プライスウォーターハウスクーパース）のIFRS専門家が中心になって作成しているPwCガイドにおける実際のビジネスを前提とした会計処理の判断や考え方を踏まえて作成している。また，本書は，IFRS第15号を適用するさまざまな日本企業の実務で想定される論点をケーススタディとして挿入し，IFRS第15号における収益認識に関する会計処理について，日常，経理業務に従事される実務担当者にわかりやすく解説している。

また，IFRSの適用に際して実務上検討すべきポイントなどについて，「PwC's Eyes」として各所に記載を加えている。

2．本書の構成

本書は，IFRS第15号の規定の枠組みを基礎として，以下のように第Ⅰ部から第Ⅳ部に分けて解説している。

```
第Ⅰ部　IFRS第15号の基礎事項
第Ⅱ部　5つのステップの適用
第Ⅲ部　適用上の諸問題
第Ⅳ部　IFRS第15号に基づく表示・開示
```

第Ⅰ部「IFRS第15号の基礎事項」では，新しい収益認識基準の作成が必要とされた背景を説明したうえで，IFRS第15号の目的，範囲および経過措置と発効日について説明している。

（章構成）
　第1章　IFRS第15号の概要
　第2章　強制発効日と経過措置

　第Ⅱ部「5つのステップの適用」では，IFRS第15号で導入された5つのステップの適用についてケーススタディを交えながら詳細な解説を行っている。
（章構成）
　第1章　ステップ1：顧客との契約を識別する
　第2章　ステップ2：契約における履行義務を識別する
　第3章　ステップ3：取引価格を算定する
　第4章　ステップ4：取引価格を契約における履行義務に配分する
　第5章　ステップ5：企業が履行義務の充足時に（または充足するにつれて）収益を認識する

　第Ⅲ部「適用上の諸問題」では，IFRS第15号の実際の適用にあたって検討が必要と考えられる個別の論点について解説を行っている。IFRS第15号では，当基準の実務上の適用に配慮して多くの適用指針を用意している。第Ⅲ部では，特に，実務において重要であると想定される以下の論点を抽出し，多くケーススタディを交えながら解説を試みている。第5章では，実務において企業が直面することが考えられる，返品権付き販売，製品保証，返金不能の前払報酬，買戻し契約，請求済未出荷契約，委託販売に焦点を当て，論点として取り上げている。
（章構成）
　第1章　契約コスト
　第2章　ライセンス
　第3章　本人／代理人取引
　第4章　追加の財またはサービスに対する顧客のオプション
　第5章　その他の論点

　第Ⅳ部「IFRS第15号に基づく表示・開示」では，第1章で財政状態計算書上，および，包括利益計算書上の表示について解説を行うとともに，従前の基

準に比べて拡充されている開示について適用上の留意点を踏まえて IFRS 第15号で規定されている内容について解説している。また，第2章において，表示および開示の具体的なイメージをつかんでいただけるように表示や開示の例を示している。

（章構成）
　第1章　表示・開示
　第2章　IFRS 第15号に準拠した開示例

3．本書の特徴

本書は，該当する IFRS の規定を実務でどのように適用するのか，または，日本基準との相違点にはどのようなものがあるのかを解説するために，以下のような項目を設けている。

● PwC's Eyes

IFRS で示された原則を実務において適用する際には，一定の解釈や判断が必要となることがある。このような場合に，IFRS における適切な会計処理をどのように考えるかについて，PwC ガイドに示された見解に基づいた解説を加えている。ここで示される見解は，基準に基づいて会計処理の判断を行うことが実務上困難な案件について，PwC 内の IFRS の会計専門家で検討したものである。なお，個別の事象の実態や条件の変更により，適用すべき考え方には相違が生じることは留意いただきたい。

● ケーススタディ

実務で考えられる特定の会計事象や取引について，IFRS の規定をどのように適用したり，解釈したりすることができるのかをより具体的に解説している。特に，会計処理について重要な判断が要求されるようなものについて，特定の会計事象や取引をどのように考えたらよいのかを示している。なお，ケーススタディでは，特段の説明が加えられていない限り期末日を3月31日としている。

本書の読み方　V

- 前提：会計事象や取引についての背景を説明している。
- ポイント：前提に記述した事象や取引について，会計処理に際して検討すべき主な論点を示している。
- 考え方：該当するIFRSの規定を実務上どのように適用するかについて説明している。
- 日本基準の実務における取扱い：取り上げた会計事象や取引について，日本基準の実務で考えられる会計処理を記載している。

● Short Break

本書の内容を理解するうえでの関連する情報や用語の説明等について，補足的な情報を記載している。

CONTENTS

第Ⅰ部　IFRS第15号の基礎事項

第1章　IFRS第15号の概要 ―――――――――――― 2

1. IFRS第15号公表の背景 ·· 2
   (1) 新収益認識基準の作成の必要性／ 2
       Short Break 収益認識移行リソースグループ／ 7
   (2) 収益とは何か／ 10
       ① 収益と広義の収益／ 10
       ケーススタディⅠ－1－1 広義の収益と収益の区別／ 11
       ② IFRS第15号における収益／ 12
2. IFRS第15号の全体像 ·· 12
   (1) IFRS第15号の目的／ 12
   (2) 5つのステップのモデル／ 13
       ① ステップ1：顧客との契約を識別する／ 13
       ② ステップ2：契約における履行義務を識別する／ 14
       ③ ステップ3：取引価格を算定する／ 14
       ④ ステップ4：取引価格を契約における履行義務に配分する／ 15
       ⑤ ステップ5：企業が履行義務の充足時に（または充足するにつれて）収益を認識する／ 15
   (3) 開示要求の拡充／ 15
       Short Break ポートフォリオによるアプローチ／ 16
3. 範　囲 ·· 16
   (1) 範　囲／ 16
       ① IFRS第15号の範囲に含まれる契約と含まれない契約／ 16

② 顧客との契約の一部のみがIFRS第15号の範囲に含まれる場合／17
　(2) 非金融資産の売却や移転／18
　　　Short Break 日本基準における収益認識／19

第2章　強制発効日と経過措置 ──── 20

1. 強制発効日 ……………………………………………………… 20
　　Short Break 強制発効日の1年延期／20
2. 経過措置 ………………………………………………………… 21
　(1) IFRSをすでに利用している企業／21
　　　① 比較年度を修正する方法（完全遡及アプローチ）／21
　　　② 比較年度は修正しない方法（修正遡及アプローチ）／23
　　　ケーススタディⅠ-2-1 契約変更に係る実務上の便法／24
　　　Short Break 「IFRS第15号の明確化」による修正の適用／26
　(2) IFRS初度適用企業／26

第Ⅱ部　5つのステップの適用

第1章　ステップ1：顧客との契約を識別する ──── 30

1. 顧客の識別 ……………………………………………………… 30
　　ケーススタディⅡ-1-1 共同事業者との契約／31
2. 複数の契約当事者との取決め …………………………………… 32
　　ケーススタディⅡ-1-2 企業の顧客の顧客に提供する財またはサービス／32
3. 契約の識別 ……………………………………………………… 34
　(1) 契約の定義／34
　　　Short Break 完全に未履行の契約／35
　(2) 顧客との契約／35

① 契約の承認と義務の履行の確約／36
　　 ケーススタディⅡ－1－3 契約条項に含まれていない契約更新の取扱い
　　　　　　　　　　　　　　　　　　　　　　　　　　　／37
　　② 権利の識別／39
　　③ 支払条件の識別／39
　　④ 経済的実質／39
　　⑤ 対価の回収可能性／40
　　 Short Break 契約の識別における回収可能性／42
　(3) 顧客との契約の要件すべてに該当しない契約／42
　　 Short Break 顧客から受け取った対価を収益として認識しなければならない事象の追加／43
　(4) 顧客との契約の要件の再評価／43
4．契約期間の決定 ……………………………………………………… 44
5．契約の結合 …………………………………………………………… 44
6．契約変更 ……………………………………………………………… 46
　(1) 定　義／46
　(2) 契約変更の承認の有無／46
　　 ケーススタディⅡ－1－4 価格未定の契約変更／48
　(3) 契約変更の会計処理／49
　　① 契約の変更を独立した契約として会計処理する場合／50
　　 ケーススタディⅡ－1－5 契約変更を独立した契約として会計処理する場合／50
　　② 契約変更が独立した契約として会計処理されない場合／51
　　 ケーススタディⅡ－1－6 サービス契約の契約期間の延長(1)／52
　　 ケーススタディⅡ－1－7 サービス契約の契約期間の延長(2)／53
　　 ケーススタディⅡ－1－8 追加の財またはサービスが別個のものでない場合／55

第2章 ステップ2：契約における履行義務を識別する —— 58

1. 履行義務の識別 ………………………………………………………… 58
   (1) 定　義／58
   (2) 顧客との契約における約束／59
   (3) 別個の財またはサービスの移転／60
      Short Break 重要性のない約束した財またはサービスの識別／61
   (4) 一連の別個の財またはサービス／62

2. 財またはサービスが別個のものであるか否かの判定 …………………… 63
   (1) 定　義／63
   (2) 顧客が財またはサービスからの便益を得ることができる／64
      ケーススタディⅡ－2－1 追加の財またはサービスが含まれる契約の場合
      ／65
   (3) 契約の観点から顧客に財またはサービスを移転する約束が区分して識別可能な場合／66
      ケーススタディⅡ－2－2 財またはサービスの束に結合される場合(1)
      ／68
      ケーススタディⅡ－2－3 財またはサービスの束に結合されない場合
      ／70
      ケーススタディⅡ－2－4 財またはサービスの束に結合される場合(2)
      ／71

3. その他の考慮事項 ……………………………………………………… 73
   (1) 履行義務ではない活動／73
   (2) 契約で明示されていない顧客との約束／73
   (3) 製造責任に基づいた保証および特許権侵害に対する保護／74
   (4) 追加的な財またはサービスに対する顧客のオプション／74
   (5) 顧客への配送サービス／75
      ケーススタディⅡ－2－5 配送サービス／75
      Short Break 履行義務の識別に係る修正／77

第3章　ステップ3：取引価格を算定する────── 78

1．取引価格算定の必要性 ……………………………………………… 78
　　　Short Break 顧客のオプションの取扱い／80
2．変動対価 ……………………………………………………………… 80
　(1) 変動対価とは／80
　(2) 変動対価の見積り／82
　　　① 変動対価の見積方法／82
　　　② より適切な見積方法／83
　(3) 変動対価の見積りの制限／83
　　　Short Break 発生可能性の閾値の考え方／84
　　　① 対価の金額が，企業の影響の及ばない要因の影響を非常に受けやすい
　　　　　　　　　　　　　　　　　　　　　　　　　　　　　　／85
　　　② 対価の金額に関する不確実性が長期間にわたり解消しないと見込まれる
　　　　　　　　　　　　　　　　　　　　　　　　　　　　　　／85
　　　③ 類似した種類の契約について企業の経験（または他の証拠）が限定的で
　　　　あるか，または経験（または他の証拠）の予測価値が限定的である／85
　　　④ 類似の状況における類似の契約において，企業には，広い範囲の価格譲
　　　　歩または支払条件の変更を提供する慣行がある／86
　　　⑤ 契約について，考えうる対価の金額が多数あり，金額の幅が広い／86
　(4) 制限の適用／86
　(5) 変動対価の再判定／87
　　　ケーススタディⅡ－3－1 変動対価－最小限の金額を算定する／88
　(6) 変動対価の実務／89
　　　① 数量値引／89
　　　② 期限付き支払値引／90
　　　ケーススタディⅡ－3－2 変動対価－数量値引／91
　　　ケーススタディⅡ－3－3 変動対価－数量値引の見積りの再評価／93
　(7) 返品権付きの販売／95

3．契約における重大な金融要素 …………………………………………… 96
(1) 定　義／96
(2) 評　価／96
　ケーススタディⅡ－3－4　重大な金融要素－資金提供以外の目的による前払い／98
(3) 重大な金融要素の調整／99
　ケーススタディⅡ－3－5　重大な金融要素－履行前の支払／100
(4) 実務上の便法／102
4．現金以外の対価 …………………………………………………………… 102
　ケーススタディⅡ－3－6　現金以外の対価－対価の形態による変動／103
　Short Break　現金以外の対価／105
5．顧客に支払われる対価 …………………………………………………… 105
　ケーススタディⅡ－3－7　顧客に支払われる対価－再販業者の顧客に対する支払／106

第4章　ステップ4：取引価格を契約における履行義務に配分する ―――――――――――――――――――――― 109

1．取引価格の配分の目的 …………………………………………………… 109
2．独立販売価格に基づく配分 ……………………………………………… 109
(1) 独立販売価格とは／109
　ケーススタディⅡ－4－1　取引価格の配分－独立販売価格が直接的に観察可能な場合／110
(2) 独立販売価格の見積り／111
　① 調整後市場評価アプローチ／112
　② 予想コストにマージンを加算するアプローチ／112
　③ 残余アプローチ／113
(3) 複数の独立販売価格の見積方法を適用する場合／114
　ケーススタディⅡ－4－2　独立販売価格の見積り－残余アプローチ／114
3．値引きの配分 ……………………………………………………………… 116
　ケーススタディⅡ－4－3　取引価格の配分－値引きを配分する／117

ケーススタディⅡ－4－4　取引価格の配分－値引きを配分し，残余アプローチを適用する／118
　4．変動対価の配分 ………………………………………………………… 119
　(1)　原則：契約全体に配分する／119
　(2)　例外：契約の一部に配分する／120
　　　ケーススタディⅡ－4－5　変動対価の配分－単一の履行義務を構成する一連の別個の財またはサービス／121
　5．取引価格の変動 ………………………………………………………… 122

第5章　ステップ5：企業が履行義務の充足時に（または充足するにつれて）収益を認識する ──── 124

　1．履行義務の充足 ………………………………………………………… 124
　2．支配の概念 ……………………………………………………………… 124
　3．一定の期間にわたり充足される履行義務 …………………………… 126
　(1)　顧客が企業の履行につれて便益を同時に受け取って消費する場合／127
　　①　要件の対象／127
　　②　該当するケース／128
　　　ケーススタディⅡ－5－1　収益の認識－便益を受け取ると同時に消費する／129
　(2)　企業の履行が顧客の支配する資産を創出するかまたは増価させる場合／130
　　①　要件の対象／130
　　②　該当するケース／130
　　　ケーススタディⅡ－5－2　収益の認識－顧客が仕掛品を支配する場合／131
　　　ケーススタディⅡ－5－3　収益の認識－顧客が仕掛品を支配しない場合／132
　(3)　企業の履行が他に転用できる資産を創出せず，かつ，企業が現在までに完了した履行に対する支払を受ける強制可能な権利を有している場合／133
　　①　要件の対象／133
　　②　該当するケース／134

　　　　ケーススタディⅡ−5−4　収益の認識－他に転用できる資産／135
　　　　ケーススタディⅡ−5−5　収益の認識－他に転用できない契約上の制限
　　　　　　　　　　　　　　　　　　　　　　　　　　　　　　　　　／136
　　　　ケーススタディⅡ−5−6　収益の認識－他に転用できない高度に特化された資産／137
　　　　ケーススタディⅡ−5−7　収益の認識－支払を受ける権利／140
　4．履行義務の完全な充足に向けての進捗度の測定 ……………………………… 141
　　(1)　進捗度の測定方法の選択／141
　　　①　アウトプット法／142
　　　②　インプット法／144
　　(2)　進捗度の測定値の見直し／146
　　　　ケーススタディⅡ−5−8　進捗度の測定－未据付資材／146
　　(3)　進捗度の合理的な測定ができない場合／148
　　(4)　契約の識別前に部分的に充足されている履行業務／148
　5．一時点で充足される履行義務 …………………………………………………… 149
　　(1)　企業が資産に対する支払を受ける現在の権利を有している／149
　　(2)　顧客が資産に対する法的所有権を有している／150
　　　　ケーススタディⅡ−5−9　収益の認識－防御的権利として保持される法的所有権／150
　　(3)　企業が資産の物理的占有を移転した／151
　　(4)　顧客が資産の所有に伴う重大なリスクと経済価値を有している／151
　　(5)　顧客が資産を検収した／152

第Ⅲ部　適用上の諸問題

第1章　契約コスト ―――――――――――――――― 154

　1．契約獲得の増分コスト ……………………………………………………………… 154
　　(1)　定　義／154

(2) 回収可能性の評価／156
　(3) 実務上の便法／156
　(4) 認識モデルと実務例の検討／157
　　ケーススタディⅢ-1-1 契約獲得の増分コスト－販売手数料／158
２．契約履行コスト ··· 159
　(1) 定　義／159
　(2) 認識モデル／162
　(3) 学習曲線／163
　(4) セットアップおよび移送コスト／165
　　ケーススタディⅢ-1-2 テクノロジー産業におけるセットアップのためのコスト／166
　(5) 異常なコスト／167
　　ケーススタディⅢ-1-3 契約履行コストと異常なコスト／167
３．契約コストの償却・減損 ··· 169
　(1) 償　却／169
　　ケーススタディⅢ-1-4 契約コストの償却期間／170
　(2) 減　損／171
　　ケーススタディⅢ-1-5 契約コストの減損／173

第2章　ライセンス ─────────────── 175

１．ライセンスの会計処理の概要 ··· 175
２．ライセンスが別個のものか否かの判断 ································ 176
　　ケーススタディⅢ-2-1 他の財またはサービスと別個のものでないライセンス／177
　　ケーススタディⅢ-2-2 他の財またはサービスと別個のものであるライセンス／179
３．他の財またはサービスと組み合わせたライセンスの会計処理 ········· 180
４．ライセンスを供与する約束の性質の判定 ····························· 181
　(1) ライセンスを供与する約束の性質の類型／181

① 企業の知的財産にアクセスする権利／182
　　　② 企業の知的財産を使用する権利／182
　(2) 性質の区分に関する要件／183
　　　① 顧客が権利を有する知的財産に著しく影響を与える活動を企業が行う／184
　　　② 供与される権利により，識別された企業の活動の正または負の影響に顧客が直接的に晒される／185
　　　③ 当該活動が生じるにつれて顧客に財またはサービスが移転することがない／186
　　　ケーススタディⅢ－2－3 知的財産にアクセスする権利を提供するライセンス／186
　　　ケーススタディⅢ－2－4 知的財産を使用する権利を提供するライセンス／188
　(3) 性質の区分において無視される要因／189
5．ライセンスの性質の判定において無視すべき要因 ……………………… 189
　(1) 時期・地域・用途による制限／189
　　　ケーススタディⅢ－2－5 ライセンスの制限－制限がライセンスの属性である場合／190
　　　ケーススタディⅢ－2－6 ライセンスの制限－契約に複数のライセンスが含まれる場合／191
　(2) 無許可使用に対する防御等の保証／193
6．その他の検討事項 ……………………………………………………………… 193
　(1) ライセンスの更新・延長／193
　　　Short Break ライセンスの更新・延長についての米国基準上の取扱い／193
　(2) 支払条件および重大な金融要素／194
7．売上高・使用量ベースのロイヤルティに関する例外規定 ……………… 195
　(1) 売上高・使用量ベースのロイヤルティに関する例外規定の概要／195
　　　ケーススタディⅢ－2－7 売上高・使用量ベースのロイヤルティにおける収益の認識／195
　(2) 売上高・使用量ベースのロイヤルティに関する例外規定の適用範囲／198
　　　Short Break ライセンスに関するガイダンスの修正／198

第3章　本人／代理人取引 ―― 200

1．本人か代理人かの判断に関する考え方 ―― 200
　(1)　判断を行う単位および判断プロセス／200
　(2)　基本原則／202
　(3)　本人か代理人かの判定における支配の考え方／203
　(4)　本人となる指標／204
　　①　契約履行の主たる責任／205
　　②　在庫リスク／205
　　③　価格設定における裁量権／206
　　ケーススタディⅢ－3－1 企業が代理人－オンライン書店／206
　　Short Break 本人か代理人かの検討に関する明確化のための修正／208

2．具体的事例への適用 ―― 208
　(1)　配送および取扱手数料／209
　　ケーススタディⅢ－3－2 本人か代理人か－配送および取扱手数料／209
　　Short Break 配送サービスの取扱い／211
　(2)　顧客への請求金額／211
　(3)　第三者のために顧客から回収する金額／212
　　Short Break FASBにおける売上税等の取扱い／212

第4章　追加の財またはサービスに対する顧客のオプション ―― 213

1．重要な権利となる顧客のオプション ―― 213
　(1)　対象となる顧客のオプション／213
　(2)　重要な権利／214
　　ケーススタディⅢ－4－1 顧客のオプション－重要な権利を提供しないオプション／215
　　ケーススタディⅢ－4－2 顧客のオプション－重要な権利を提供するオプション／217

2．重要な権利となる顧客のオプションの会計処理 ―― 218

(1)　顧客のオプションへの取引価格の配分／218
　　　①　独立販売価格の決定／218
　　　　ケーススタディⅢ－4－3　顧客のオプション－重要な権利となるオプション／219
　　　②　独立販売価格の具体的な見積方法／220
　　(2)　顧客のオプションによる履行義務の充足／221
　　　　Short Break　重要な権利の行使時の会計処理／221
　3．ポイント等の付与に関する会計処理 ……………………………………… 221
　　(1)　重要な権利となるポイント等の態様／221
　　(2)　交換方法ごとの会計処理／222
　　　①　すべてのポイント等が発行企業により交換される場合／222
　　　②　すべてのポイント等が発行企業以外により交換される場合／222
　　　　ケーススタディⅢ－4－4　顧客のオプション－発行企業以外により交換されるマイレージ／223
　　　③　ポイント等が発行企業または発行企業以外の当事者のいずれかにより交換される場合／224
　　　　ケーススタディⅢ－4－5　顧客のオプション－発行企業または発行企業以外による交換が選択可能なポイント／225
　4．更新または解約オプション ……………………………………………………… 226
　　(1)　更新または解約オプションの態様／226
　　(2)　見積りの実務的代替／227
　　　　ケーススタディⅢ－4－6　顧客のオプション－更新オプションへの実務的代替の適用／228
　5．顧客の未行使の権利 ……………………………………………………………… 229
　　(1)　未行使の権利が生じる状況／229
　　(2)　未行使の権利の会計処理／229
　　　　ケーススタディⅢ－4－7　非行使部分－ギフトカードの販売／230
　　　　ケーススタディⅢ－4－8　権利の非行使部分－ポイントの付与／231

第5章　その他の論点────────────────── 235

1. 返品権付きの販売 ………………………………………………………… 235
   - (1) 返品権／235
   - (2) 返品権付きの販売の会計処理／236
     - ケーススタディⅢ－5－1 返品権－流通業者に対する製品の販売／237
       - ① 対価の金額／238
       - ② 返金負債／238
       - ③ 返金負債の決済時に顧客から製品を回収する企業の権利についての資産（返品権）／239
     - ケーススタディⅢ－5－2 返品権－返金負債と返品権／239
   - (3) 交換権／240
   - (4) 返品手数料／241

2. 製品保証 …………………………………………………………………… 241
   - (1) 製品保証の概要と類型／241
   - (2) 製品保証の類型別の会計処理／242
     - ① 顧客が製品保証を独立で購入するオプションを有している場合／242
     - ② 顧客が製品保証を独立で購入するオプションを有していない場合で，製品保証がアシュアランスに加えてサービスを提供している場合／243
     - ③ 顧客が独立で製品保証を購入するオプションを有していない場合で，製品保証でアシュアランスのみを提供している場合／244
     - ケーススタディⅢ－5－3 製品保証－製品保証が履行義務となるかどうかの評価／245

3. 返金不能の前払報酬 ……………………………………………………… 247
   - (1) 返金不能の前払報酬の概要と会計処理／247
     - ケーススタディⅢ－5－4 返金不能の前払報酬－独立した履行義務に配分された前払報酬／248
   - (2) 更新オプションが存在する場合の前払報酬の会計処理／249
     - ケーススタディⅢ－5－5 返金不能の前払報酬－フィットネスクラブの入会金／250

(3) 予約販売／251
  (4) ギフトカード／252
 4．買戻し契約 ……………………………………………………………………… 253
  (1) 買戻し契約の定義と種類／253
  (2) 先渡取引およびコール・オプションが付された契約の会計処理／254
   ① 会計処理の概要／254
   ② 融資契約となる場合の会計処理／255
    ケーススタディⅢ－5－6 買戻し契約－リースとして会計処理されるコール・オプション／256
  (3) プット・オプションが付された契約の会計処理／257
   ① 会計処理の概要／257
   ② 融資契約となる場合の会計処理／258
   ③ 重大な経済的インセンティブの有無についての検討／259
    ケーススタディⅢ－5－7 買戻し契約－返品権として会計処理されるプット・オプション／260
    ケーススタディⅢ－5－8 買戻し契約－リースとして会計処理されるプット・オプション／261
 5．請求済未出荷契約 ……………………………………………………………… 263
  (1) 請求済未出荷契約における収益の認識要件／263
  (2) 請求済未出荷契約における収益の測定／264
    ケーススタディⅢ－5－9 請求済未出荷契約－重工業・産業機械業界／265
    ケーススタディⅢ－5－10 請求済未出荷契約－小売・消費財業界／266
 6．委託販売 ………………………………………………………………………… 268
  (1) 委託販売の会計処理／268
    ケーススタディⅢ－5－11 委託販売－消費財・小売・流通業界／269

第Ⅳ部　IFRS第15号に基づく表示・開示

第1章　表示・開示 ———————————————————— 272

1．表　示 ……………………………………………………………… 272

(1) 契約資産と契約負債の表示／272
(2) 契約資産と債権との区別／273
　ケーススタディⅣ－1－1 契約資産と債権との区別／275
(3) 契約負債／276
　ケーススタディⅣ－1－2 契約負債／277
(4) 請求時期と履行時期の関係／278
　ケーススタディⅣ－1－3 解約不能な契約／279
(5) 契約資産と契約負債の相殺／280
(6) 財政状態計算書上の表示項目の名称／281
(7) 財政状態計算書上の表示項目の決定モデル／281
(8) 包括利益計算書上の表示項目／282

2．開　示 ……………………………………………………………… 283

(1) 目　的／283
(2) 分解した収益の開示／285
　① 目　的／285
　② 区分の種類／285
　③ 区分の種類の例示／286
　④ セグメント情報との関係／286
(3) 契約残高の開示／287
　① 目　的／287
　② 開示内容／287
(4) 履行義務の開示／289
　① 目　的／289
　② 履行義務に関する開示／289

③　残存履行義務に関する開示／289
　　　④　履行義務の開示に関する実務上の便法／290
　　(5)　重要な判断に関する開示／291
　　　①　目　的／291
　　　②　履行義務の充足の時期の決定／291
　　　③　取引価格および履行義務への配分額の算定／292
　　(6)　顧客との契約の獲得または履行のためのコストから認識した資産／292
　　　①　目　的／292
　　　②　開示内容／293
　　(7)　期中財務報告における開示／293

第2章　IFRS第15号に準拠した開示例 ── 294

索　引／307

凡　例

　本書において引用した専門用語・機関，会計基準等は，以下の略称を用いて表記している。なお，会計基準等については，2016年（平成28年）9月末時点で公表されているものに基づいている。

1．専門用語・機関等

ASBJ	企業会計基準委員会
ASC	FASBの会計基準コディフィケーション
ASU	FASBの会計基準アップデート
EU	欧州連合
FASB	米国財務会計基準審議会
GAAP	一般に公正妥当と認められた会計原則
IAS	国際会計基準
IASB	国際会計基準審議会
IFRS	国際財務報告基準
IFRS解釈指針委員会	国際財務報告基準解釈指針委員会
IFRIC	国際財務報告解釈指針
TRG	収益認識移行リソースグループ

2．会計基準等
(1)　IFRS

概念フレームワーク	「財務報告に関する概念フレームワーク」
IFRS第1号	「国際財務報告基準の初度適用」
IFRS第2号	「株式に基づく報酬」
IFRS第4号	「保険契約」
IFRS第9号	「金融商品」
IFRS第10号	「連結財務諸表」
IFRS第11号	「共同支配の取決め」
IFRS第15号	「顧客との契約から生じる収益」
IFRS第16号	「リース」

IAS第1号	「財務諸表の表示」
IAS第2号	「棚卸資産」
IAS第8号	「会計方針，会計上の見積りの変更及び誤謬」
IAS第11号	「工事契約」
IAS第16号	「有形固定資産」
IAS第17号	「リース」
IAS第18号	「収益」
IAS第24号	「関連当事者についての開示」
IAS第27号	「個別財務諸表」
IAS第28号	「関連会社及び共同支配企業に対する投資」
IAS第33号	「1株当たり利益」
IAS第34号	「期中財務報告」
IAS第36号	「資産の減損」
IAS第37号	「引当金，偶発負債及び偶発資産」
IAS第38号	「無形資産」
IAS第40号	「投資不動産」
IFRIC第13号	「カスタマー・ロイヤルティ・プログラム」

(2) **日本基準**

企業会計原則	企業会計原則
金融商品会計基準	企業会計基準第10号「金融商品に関する会計基準」
金融商品実務指針	会計制度委員会報告第14号「金融商品会計に関する実務指針」
工事契約会計基準	企業会計基準第15号「工事契約に関する会計基準」
工事契約適用指針	企業会計基準適用指針第18号「工事契約に関する会計基準の適用指針」
消費税会計処理	「消費税の会計処理について（中間報告）」
ソフトウェア取引実務対応報告	実務対応報告第17号「ソフトウェア取引の収益の会計処理に関する実務上の取扱い」
リース会計基準	企業会計基準第13号「リース取引に関する会計基準」
リース適用指針	企業会計基準適用指針第16号「リース取引に関する会計基準の適用指針」
財務諸表等規則	財務諸表等の用語，様式及び作成方法に関する規則

(3) 米国会計基準

FASB概念書第8号	財務会計概念書第8号「財務報告に関する概念フレームワーク」
トピック450	「偶発事象」
トピック606	「顧客との契約から生じる収益」
ASU2016-08	会計基準アップデート（ASU）2016-8「顧客との契約から生じる収益（トピック606）：本人か代理人かの検討（収益の総額表示か純額表示か）」
ASU2016-10	会計基準アップデート（ASU）2016-10「顧客との契約から生じる収益（トピック606）：履行義務の識別及びライセンス供与」
ASU2016-12	会計基準アップデート（ASU）2016-12「顧客との契約から生じる収益（トピック606）：狭い範囲の改善及び実務上の便法」

第Ⅰ部

IFRS 第15号の基礎事項

　第Ⅰ部では，IFRS 第15号について，従前の IFRS のどのような問題点を改善するために作成されたのか，IFRS 第15号が対象とする収益とはどのようなものか，IFRS 第15号の目的を達成するために適用される5つのステップとはどのようなものか，その概要を解説する。また，IFRS 第15号の範囲に含まれない契約とはどのようなものであるのかについても解説する。

第1章 IFRS 第15号の概要

1．IFRS 第15号公表の背景

(1) 新収益認識基準の作成の必要性

　まず，国際会計基準審議会（IASB）が，どのように従前の収益認識基準を見直し，新たな基準の作成を必要と考えたのかを振り返っていきたい。

　収益は，財務諸表の作成者，利用者，その他の関係者にとって，最も重要な財務報告における指標の1つである。収益額そのものが財務諸表のトップラインであるということだけではなく，会社の事業規模，過去の業績や将来の見込みを示すという重要な役割を担っている。したがって，収益がいつ認識されるのか，どのような方法により測定されるのか，また，こうした認識や測定に係る有用な情報が適切に開示されているのかということは，非常に重要な事項である。しかしながら，従前の IFRS（IAS 第11号「工事契約」，IAS 第18号「収益」，IFRIC 第13号「カスタマー・ロイヤルティ・プログラム」ほか，関連する解釈指針を含む（以下「従前の IFRS」という））では，十分な対応が行われていないと考えられていた。例えば，従前の IFRS の要求は，主に，IAS 第18号と IAS 第11号の限定的なガイダンスのみにより提供されていたことから，今日の企業の複雑化した取引や電子化された取引への対応が困難な場合が存在している。さらに，IAS 第18号は，複数要素契約の会計処理等について限定的なガイダンスのみを提供するにとどまっていたことから，実務上の適用が多様化するなどの問題が生じている。

　また，米国会計基準においても IFRS とは異なる点について関心の高い問題

として認識されていた。特に，従前の米国会計基準では，シンプルな収益認識の概念が原則として定められているほかは，特定の業種や取引にのみ認められる収益認識の要求事項や例外規定が複数存在する状況にある。このため，経済的実態は，ほぼ同じもしくは類似した取引であったとしても，企業の属する業種が異なる場合には，異なる会計処理が行われるということがある。

このような双方の会計基準における問題点を克服するため，2002年10月にIASBと米国財務会計基準審議会（FASB）（以下2つの審議会を併せて「両審議会」という）は，以下の事項を目的とした包括的な枠組みを提供する新しい収益認識に関わる単一の会計基準を作成するために共同プロジェクトとして取り組むこととした。

- 従前の収益認識の要求事項に認められる不整合や欠点を取り除くこと
- 収益に関わる論点に対処できるような堅牢な会計基準の枠組みを提供すること
- 異なる企業，異なる産業の企業，異なる法域の企業，異なる資本市場に上場している企業との間の収益認識の実務の比較可能性を向上させること
- 収益認識に関わる開示を充実させることにより，より有用な情報を財務諸表利用者に提供できるようにすること
- 企業が参照しなければならない要求事項の数を削減することにより，財務諸表の作成に関わる負担を軽減すること

このような目的を達成する基準を作成するために，両審議会はその過程で多くの関係者からの声を聞き，問題点として識別された事項への対応を図ってきた。その結果，プロジェクトの開始から基準の最終化までは，10年以上の歳月を要した。そして，2014年5月に，両審議会は，それぞれ，IFRS第15号，または，ASU2014-09（FASB会計基準コード化体系に組み込まれたトピック606）「顧客との契約から生じる収益（トピック606）」として，ほぼ同一の会計基準を公表した。その後，両審議会は，収益認識移行リソースグループ（TRG）（**Short Break**（7頁）を参照）での議論を踏まえ継続して検討を行い，IASBは2016年4月に「IFRS第15号の明確化」を公表した。また，FASBも最終基準公表後に複数回の基準改定を行っている。なお，2016年5月に会計基準アップデート（ASU）2016-12「顧客との契約から生じる収益（トピック

606):狭い範囲の改善及び実務上の便法」が公表された時点では,IFRS第15号とトピック606の差異は,**図表Ⅰ-1-1**のようになっている。

(図表Ⅰ-1-1) IFRS第15号と米国会計基準(トピック606)との差異

(2016年5月末現在)

	IFRS第15号	トピック606
回収可能性の閾値	従前の収益認識の実務および要求事項と整合するため,「可能性が高い」(Probable)は,50％超の発生可能性を示すMore likely than notを意味する。	従前の収益認識の実務および要求事項と整合する「可能性が高い」(Probable)は,75％から80％の発生可能性を示すLikely to occurを意味する。
回収可能性の評価	明確な規定はないが,実質的な取扱いにトピック606と差異はないものと考えられる。	企業は,契約で約束した財またはサービスのすべてに対して約束される対価ではなく,顧客に移転される財またはサービスに対して約束される対価について回収可能性を評価する。
IFRS第15号の契約の要件を満たさない顧客との契約に関する収益認識	明確な規定はないが,実質的な取扱いにトピック606と差異はないものと考えられる。	企業が受け取った対価に関連した財またはサービスの支配の移転を完了し,顧客に追加の財またはサービスの移転を中止し,当該契約において追加の財またはサービスを顧客に移転する義務はなく,かつ顧客から受け取った対価は返金不能であるときにも,受け取った対価を収益として認識する。
契約の観点において重要性がない約束された財またはサービス	明確な規定はない。IAS第8号の一般的な重要性の判断による。	約束された財またはサービスが顧客との契約の観点から重要性がない場合に,履行義務であるかを評価することは求められない。

	IFRS第15号	トピック606
配送サービス	会計方針の選択とする特段の規定はない。	顧客が支配を獲得した後に発生する輸送サービス活動について，履行活動として処理することを会計方針として選択できる。
売上税の表示	会計方針の選択とする特段の規定はない。	顧客から回収されたすべての売上税を純額で表示することを会計方針として選択できる。
現金以外の対価	現金以外の対価の測定日については明確な規定はない。 変動対価の見積りの制限の適用については，トピック606同様の取扱いが想定されているものと思われる。	現金以外の対価の測定日は契約開始日である。 変動対価の見積りの制限に関するガイダンスは，対価の形態以外の理由から生じた公正価値の変動に対してのみ適用する。例えば，対価が株式である場合，株価の変動に係る変動については適用しない。
ライセンス付与という企業の約束の性質	ライセンスする知的財産の性質によって，企業の約束の性質を区別しない。 知的財産に著しく影響を与える活動を行うなどの一定の要件を満たす場合に，ライセンス付与という企業の約束が，知的財産にアクセスする権利であるものとして取り扱う。	ライセンスする知的財産の性質によってライセンス供与という企業の約束の性質を区別する。知的財産を「象徴的（symbolic）」な知的財産と「機能的（functional）」な知的財産のいずれかに分類し，象徴的な知的財産のライセンスはすべて「アクセスする権利」，機能的な知的財産のライセンスは，原則として，「使用する権利」として取り扱う。
契約上の制限と履行義務の識別	明確な規定はないが，実質的な取扱いにトピック606と差異はないものと考えられる。	時期，地域または用途に係る契約上の制限はライセンスの属性であり，契約において約束されたライセンスの数の識別には影響しない。
知的財産のライセンスの更新	明確な規定はなく判断が要求される。結果としてトピック606よりも早く処理される可能性がある。	ライセンスの更新について，更新期間が開始されるまでは，ライセンスの更新から生じる収益は認識しない。

	IFRS 第15号	トピック606
ライセンスが別個のものではない場合	明確な規定はなく判断が要求される。ライセンスとその他の財またはサービスが単一の履行義務である場合，必ずしも企業はライセンスの性質を検討する必要はない可能性がある。	ライセンスとその他の財またはサービスが単一の履行義務であっても，企業は，ライセンスの性質を検討する必要がある。
完了した契約	従前の収益の基準に従って，識別したすべての財またはサービスを移転した契約。	移行日前に従前の収益の基準に従って，すべての，またはほとんどすべての，収益が認識された契約。
契約変更に適用される実務上の便法の適用時期	比較年度を修正再表示しない方法を選択した場合，比較年度の期首もしくは適用開始日時点のいずれかを選択できる。	比較年度を修正再表示しない方法を選択した場合には，適用開始日時点とする。
期中報告の開示要求	顧客との契約から生じる収益の分解情報のみ。	顧客との契約から生じる収益の分解情報のほか，契約残高および残存履行義務に関する情報も要求される。
強制発効日	2018年1月1日以降開始する事業年度。	公開企業については2017年12月15日より後に開始する事業年度。
早期適用	許容する。	2016年12月15日より後に開始する事業年度から許容する。
資産の減損の戻入れ	要求される。	認められていない。
未公開企業の取扱い	該当する要求事項はない。ただし，「公的な説明責任のない企業」は，特段の規制や法令等による要求がない場合には，IFRSではなく，「中小企業向けIFRS」を適用することができる。	開示，経過措置および発効日に関して具体的な救済措置がある。

なお，IFRS 第15号の強制発効日については，公表当初は，2017年1月1日以後開始する事業年度とされていたが，その後の審議の結果，強制発効日が1年延期され，2018年1月1日以降に開始する事業年度とされた。トピック606についても，同様に強制発効日が1年延期された。

> *Short Break* 収益認識移行リソースグループ
>
> 2014年5月，IFRS 第15号とトピック606の公表に伴い，IASB と FASB は，潜在的な適用上の問題について関係者からの意見を収集するため，幅広い産業，地域の財務諸表作成者，監査人，利用者で構成された，合同のワーキンググループである収益認識移行リソースグループ（TRG）を創設した。TRG はその創設以来，2015年11月まで計6回開催された。その後，IASB は TRG を開催していない。一方で，FASB は単独で，2016年4月以降も TRG を開催し，新基準の適用にあたっての問題点について議論を継続している（過去の TRG の議論は**図表Ⅰ－1－3**参照）。
>
> TRG は，基準の修正や解釈指針の作成や公表を行うものではなく，両審議会が基準の修正を含めた追加的な措置を採る必要があるかどうかを判断するために，実務からの情報を提供することにより，支援するものであり，このように，基準公表後に，潜在的な適用上の問題について利害関係者が集まり，意見交換を行う場を設けることは，両審議会にとっては，初めての試みであった。TRG での議論を踏まえ，IASB と FASB は再審議を行った結果として，いまだ強制適用前の最終基準を修正した。FASB は，今後の改定も予定しているが，IASB は，IFRS 第15号の強制発効日前にこれ以上の修正は予定していない。
>
> なお，以下の**図表Ⅰ－1－2**では，TRG と IASB と FASB の対応に係る具体的なプロセスを示している。
>
> **（図表Ⅰ－1－2）TRGの議論を踏まえたIASBとFASBの対応**
>
> 利害関係者による潜在的な新収益基準の問題点の提出 → IASBおよびFASBによる論点の優先順位づけと分析 → TRGによる意見交換 → IASBおよびFASBによる対応 → 最終的な対応は，個別の論点ごとに適切な方法をIASBとFASBが決定

(図表Ⅰ-1-3) 過去のTRGの議論(2016年5月末現在)

日付	議論されたトピック	本書参照先
2014年7月	収益を総額か純額のいずれで認識するか*	第Ⅲ部第3章1.
	収益を総額か純額のいずれで認識するか：顧客への請求金額*	第Ⅲ部第3章2.
	ライセンスおよびライセンス以外の財またはサービスが含まれる契約における売上高ベースおよび使用量ベースのロイヤルティ*	第Ⅲ部第2章7.(2)
	資産化された契約コストの減損テスト*	第Ⅲ部第1章3.(2)
2014年10月	追加的な財またはサービスに対する顧客のオプションならびに返金不能の前払報酬	第Ⅲ部第4章1.(2)
	契約資産または契約負債としての契約の表示	第Ⅳ部第1章1.(5)
	知的財産のライセンスの性質の決定*	第Ⅲ部第2章4.
	契約の観点において別個のものであること*	第Ⅱ部第2章2.(3)
	契約の強制可能性および解約条項	第Ⅱ部第1章4.
2015年1月	約束した財またはサービスの識別*	第Ⅱ部第2章2.(3)
	回収可能性*	第Ⅱ部第1章3.(2)⑤
	変動対価	第Ⅱ部第3章2.(3), 5
	現金以外の対価*	第Ⅱ部第3章4.
	待機義務	第Ⅱ部第5章4.(1)
	イスラム金融取引：典型的なイスラム金融取引は，IFRS第15号の適用範囲と考えられるべきか。	―
	契約獲得コスト	第Ⅲ部第1章1.
	契約変更*	第Ⅰ部第1章6.
2015年3月	寄付*：非営利企業が受け取る寄付金は，新収益認識基準の範囲に含まれるか。	―
	一連の別個の財またはサービス	第Ⅱ部第2章1.(4)
	顧客に支払われる対価	第Ⅰ部第1章2.
	製品保証	第Ⅲ部第5章2.
	重大な金融要素	第Ⅱ部第3章3.(3)

日付	議論されたトピック	本書参照先
	変動する値引き： 変動する値引きに対して，値引きの配分のガイダンスと変動対価の配分のガイダンスをどのように適用するか。	―
	重要な権利の行使	第Ⅲ部第4章2.(2)
	契約の識別前に部分的に充足されている履行義務	第Ⅱ部第5章4.(4)
2015年7月	返品手数料および関連コストの会計処理	第Ⅲ部第5章1.
	クレジットカード	第Ⅰ部第1章3.(1)①
	顧客に支払われる対価	第Ⅱ部第3章5.
	ポートフォリオ・アプローチの実務上の便法および変動対価の適用	第Ⅱ部第3章2.(2)
	一連の財またはサービスに関連するガイダンスの適用および変動対価の配分	第Ⅱ部第4章4.(2)
	履行義務の完全な充足に向けての進捗度の測定に関する実務上の便法	第Ⅱ部第5章4.(1)
	複数の財またはサービスが単一の履行義務に含まれている場合の進捗度の測定	第Ⅱ部第5章4.(1)
	適用開始日前に完了した契約*	第Ⅰ部第2章2.
	コモディティの支配の移転時期の決定： 企業が履行するにつれて，コモディティの便益を顧客が受領すると同時に消費するか否かを判断する際に，企業はどのような要因を考慮すべきか。	―
2015年11月	ライセンスの制限および更新に関する特定の適用上の論点*	第Ⅲ部第2章6.
	生産前活動*： 製造前活動が約束した財またはサービスかについて，企業はどのように評価を行うか。	―
	固定賭け率賭博契約をトピック606の範囲に含めるかまたは除外するか*： 固定倍率の賭博契約について，収益認識基準が適用されるのか，デリバティブやヘッジに関する会計基準が適用されるのか。	第Ⅰ部第1章3.(1)①

日付	議論されたトピック	本書参照先
2016年4月（FASBのみで開催）	追加的な財およびサービスに対する顧客のオプション：契約においてオプションの基礎となる財またはサービスがどのような場合に，契約の一部となるか。	―
	インセンティブに基づく資本配分に関する範囲の検討：資産運用業界における繰延成功報酬契約は，新収益認識基準の範囲に含まれるか。	―
	契約変更における契約資産の取扱い：契約変更の直前に存在する契約資産の取扱いをどのように決定するか。	―
	金融機関の取引に関する範囲の検討：金融機関が稼得する特定の報酬は，新収益認識基準の範囲に含まれるか。	第Ⅰ部第1章3.(1)①
	一定の期間にわたりどのように支配が移転するかの評価	第Ⅱ部第5章4.
	顧客の階層：顧客のオプションが重要な権利を生じさせるか否かの評価において，顧客の階層をどのように考慮すべきか。	―

＊TRGでの議論の結果，IASBおよびFASBのいずれかが基準の修正および提案を行っているもの。

(2) 収益とは何か

① 収益と広義の収益

IFRSでは，広義の収益と収益を以下のように定義している（IFRS第15号付録A）。

● 広義の収益（income）
　資産の流入若しくは増価又は負債の減少という形での当会計期間中の経済的便益の増加のうち持分の増加を生じるもの（持分参加者からの拠出に関連するものを除く）

> ●収益（revenue）
> 　広義の収益のうち，企業の通常の活動の過程で生じるもの

　広義の収益は，売上，報酬，利息，配当，ロイヤルティおよび賃料のような収益と利得で構成される。利得は，広義の収益の定義を満たすその他の項目を表し，企業の通常の活動の過程において発生するものと発生しないものがある（財務報告に関する概念フレームワーク4.30）。

　上記を踏まえると，収益とは，顧客との契約に基づいて約束した財またはサービスを顧客に提供することにより，企業の履行義務を充足することで生じるものであると考えられる。つまり，収益は，企業の経常的で主要な活動から生じたものであり，利得は，非経常的に行われる固定資産の売却などにより生じたものであり，広義の収益に含まれるものである。したがって，収益と利得を含む広義の収益との大きな相違は，多くの財務諸表利用者が，利得ではなく，収益に対して特に関心が高いという点にある。しかしながら，企業の多様な活動を通じて生じるさまざまな収益について，収益と利得を含む広義の収益に区別することは必ずしも容易なことではない。例えば，ケーススタディⅠ-1-1は，広義の収益と収益の区別の難しさを示すものである。

ケーススタディⅠ-1-1 ▶広義の収益と収益の区別

前　提

　自動車販売の代理店Aには，新規顧客開拓のため，試乗車が用意されている。このような試乗車は，数年間，代理店で利用された後で，中古車として売却される。代理店Aでは，新車と中古車の双方を販売している。
　代理店Aによる中古車の売却による資産の流入は，収益なのか，それとも利得なのか。

> **ポイント**
> 中古車販売が，代理店 A の経常的で主要な活動であるかを検討する。

> **考え方**
> 代理店 A の主要な事業は，新車と中古車を販売することである。したがって，試乗車の売却取引は中古車販売であり，代理店の経常的な事業活動の一部と考えられることから，中古車の売却による資産の流入は，収益として取り扱うものと考えられる。

② **IFRS 第15号における収益**

IFRS 第15号は，上述①「収益と広義の収益」で示した収益（revenue）を対象としている。企業の収益に関わる取引には，外部から購入したものを販売するなどの単純な取引から，長期にわたり複数の製品やサービスを組み合わせて提供する取引などの複雑な取引がある。特に，複雑な取引においては，企業と顧客の双方の利害を保護するための取決めが盛り込まれている契約は，取引の実態を示す重要な根拠になると考えられる。

IFRS 第15号では，契約は，文書によるものだけではなく，口頭によるものや企業の取引慣行により含意されるものも含まれる（IFRS 第15号第10項）。したがって，契約書に記載されている契約内容のみならず，サイドレターとして追加された内容や，契約書に明示されていないものも IFRS 第15号の契約として取り扱うこととなる。特に，法規制や業界の慣行などにより，企業が負うべき権利義務関係が明示されていなくても契約に含まれることには留意する必要がある。

IFRS 第15号の適用にあたっては，契約や取引の形式にとらわれることなく，その実態をさまざまな観点から慎重に検討することが必要と考えられる。

2．IFRS 第15号の全体像

(1) IFRS 第15号の目的

IFRS 第15号の目的は，顧客との契約から生じる収益およびキャッシュ・フ

ローの性質，金額，時期および不確実性に関する有用な情報を財務諸表利用者に報告するために，企業が適用しなければならない原則を定めることである（IFRS 第15号第1項）。この目的を達成するために，IFRS 第15号では，以下を「中心となる原則」として定めている（IFRS 第15号第2項）。

> **中心となる原則**
> 　企業が収益の認識を，約束した財又はサービスの顧客への移転を当該財又はサービスと交換に企業が権利を得ると見込んでいる対価を反映する金額で描写するように行わなければならない。

　企業は，他のIFRSの範囲に含まれる契約（例えば，IAS 第17号「リース」（IFRS 第16号「リース」）の範囲に含まれるリース契約）を除く，顧客とのすべての契約をIFRS 第15号に基づいて取り扱わなくてはならない（IFRS 第15号第5項）。したがって，他のIFRSの範囲に含まれない限りは，顧客との契約に基づく収益は，IFRS 第15号に基づいて認識される。他方で，その他のIFRSに該当する場合は，そのIFRSに基づいて，企業の経常的な活動から生じる収益が認識されることとなる。また，IFRS 第15号では，顧客との契約から生じる収益のみを適用範囲とすることから，企業にとっては，契約当事者がIFRS 第15号における顧客に該当するか否かの判断が重要なポイントとなる。なお，このような適用範囲に関わる詳細は，第Ⅱ部第1章「ステップ1：顧客との契約を識別する」（30頁）を参照のこと。

(2) 5つのステップのモデル

　IFRS 第15号では，上述(1)「IFRS 第15号の全体像」で示した中心となる原則に従って収益を認識するために，以下の5つのステップを適用することとしている（次頁の**図表Ⅰ－1－4**）。

① ステップ1：顧客との契約を識別する

　企業は，顧客と合意され，かつ，IFRS 第15号に基づく所定の要件を満たす契約を識別する。ここでの契約は，強制可能な権利および義務を生じさせる複

(図表Ⅰ-1-4) 5つのステップによるアプローチ

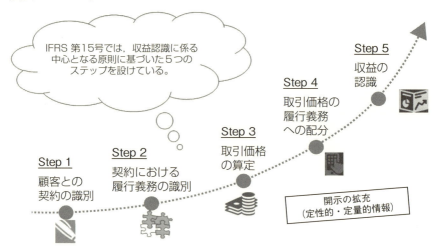

数の契約当事者間の合意である。この契約は，単一の契約の場合もあるが，複数の契約を結合して1つの契約として取り扱う場合もある（第Ⅱ部第1章「ステップ1：顧客との契約を識別する」(30頁) を参照）。

② ステップ2：契約における履行義務を識別する

企業は，①「ステップ1」で識別した契約に含まれる企業の顧客との約束が単一の履行義務なのか，複数の履行義務を含むのかを判断する。ここでの約束は，財またはサービスを顧客に移転するというものであり，所定の要件を満たす場合に，それぞれを履行義務として他の財またはサービスに係る約束と区分して識別することになる（第Ⅱ部第2章「ステップ2：契約における履行義務を識別する」(58頁) を参照）。

③ ステップ3：取引価格を算定する

企業は，①「ステップ1」で識別した契約において，約束した財またはサービスの顧客への移転と交換に企業が権利を得ると見込んでいる対価の金額（すなわち，取引価格）を算定する。取引価格は，固定している場合も，変動する場合もあり，貨幣の時間価値の影響など契約内容に基づいてさまざまな要素を

考慮する必要がある（第Ⅱ部第3章「ステップ3：取引価格を算定する」（78頁）を参照）。

④ ステップ4：取引価格を契約における履行義務に配分する

　企業は，②「ステップ2」で識別した各履行義務への取引価格の配分を，契約において約束した別個の財またはサービスのそれぞれの独立販売価格の比率に基づいて行う。履行義務への配分に利用する独立販売価格は，観察可能な場合もあるが，観察可能なものがない場合には見積もることになる（第Ⅱ部第4章「ステップ4：取引価格を契約における履行義務に配分する」（109頁）を参照）。

⑤ ステップ5：企業が履行義務の充足時に（または充足するにつれて）収益を認識する

　企業は，識別された別個の財またはサービスを顧客に移転することにより履行義務を充足した時に（または充足するにつれて）収益を認識する。言い換えれば，これは，顧客が当該財またはサービスに対する支配を獲得した時点である。また，履行義務には，商品販売などに見受けられる一時点で充足される場合と，サービス提供などに見受けられる一定期間にわたり充足される場合がある（第Ⅱ部第5章「ステップ5：企業が履行義務の充足時に（または充足するにつれて）収益を認識する」（124頁）を参照）。

(3) 開示要求の拡充

　IFRS第15号では，顧客との契約から生じる収益およびキャッシュ・フローの性質，金額，時期および不確実性に関する有用な情報を財務諸表利用者に提供するために，従前の基準に比べて拡充した定量的または定性的な開示を要求している。他方で，財務諸表作成者に過剰な作成負担を課すことがないように，財務諸表利用者の便益を損なわない範囲での実務上の便法が認められている。

> ### *Short Break* ポートフォリオによるアプローチ
>
> 　IFRS 第15号は，原則として，顧客との個別の契約を会計処理するための収益認識のモデルを定めている。しかしながら，多数の顧客に対してほぼ同一の契約を締結している場合，一定の要件を満たすときには，これらの多数の顧客との契約への収益認識のモデルの適用を個々の契約単位（または，履行義務単位）とするのではなく，複数の契約（または，履行義務）をポートフォリオとしてまとめて会計処理するポートフォリオによるアプローチが認められている。
>
> 　すなわち，IFRS 第15号では，実務上の便法として，企業は，特性の類似した契約（または，履行義務）のポートフォリオに本基準の規定を適用することが容認されている（IFRS 第15号第4項）。このポートフォリオによるアプローチが認められるのは，個別の IFRS 第15号の規定をポートフォリオに適用することにより財務諸表に与える影響が，当該ポートフォリオの中の個々の契約（または，履行義務）に適用する場合と比較して，重要性のある相違が生じないであろうと企業が合理的に見込んでいる場合である。また，このアプローチを採用するときには，ポートフォリオの規模および構成を反映する見積りおよび仮定を使用しなければならない。ポートフォリオによるアプローチを利用できるか否かの検討について，企業は取引に係るすべての事実や状況等を考慮して判断することが必要である。

3．範　囲

(1) 範　囲

① IFRS 第15号の範囲に含まれる契約と含まれない契約

　企業は，IFRS 第15号の範囲に含まれるのか，それとも他の IFRS の範囲に含まれるのかを判断するにあたっては，最初に，以下の基準の範囲に含まれる顧客との契約かどうかを，取引の事実や状況を考慮して，慎重に検討しなければならない（IFRS 第15号第5項）。

- IAS 第17号「リース」（IFRS 第16号「リース」）の範囲に含まれるリース契約
- IFRS 第4号「保険契約」の範囲に含まれる保険契約
- IFRS 第9号「金融商品」，IFRS 第10号「連結財務諸表」，IFRS 第11号

「共同支配の取決め」,IAS 第27号「個別財務諸表」およびIAS 第28号「関連会社及び共同支配企業に対する投資」の範囲に含まれる金融商品および他の契約上の権利または義務
- 顧客または潜在的顧客への販売を容易にするための,同業他社との非貨幣性の交換。例えば,2つの石油会社の間で,異なる特定の場所における顧客からの需要を適時に満たすために石油の交換に合意する契約

また,以下の取引は,企業の通常の活動のアウトプットを獲得する取引ではないため,これらの契約の相手方は顧客ではない。このことから,以下の取引から生じる利益は,顧客との契約から生じる収益ではないため,これらの取引は,IFRS 第15号の範囲には含まれない(IFRS 第15号第6項)。なお,これらは,例示であり,包括的なものではない。
- 受取配当金
- 寄付金収入などの非交換取引
- 生物資産,投資不動産,ブローカー・トレーダーの棚卸資産の公正価値の変動
- 提携契約における資産の開発

なお,クレジットカード手数料や固定賭け率など,他のIFRSの基準の範囲に含まれる可能性があるものについては,個別の検討が必要となるので,留意が必要である。

② 顧客との契約の一部のみが IFRS 第15号の範囲に含まれる場合

顧客との契約の中には,形式的には,1つの契約であっても,複数の異なる契約内容が含まれている場合がある。そのような場合に,契約内容の一部は,IFRS 第15号の範囲に含まれるが,それ以外の部分は,その他の IFRS の範囲に含まれることが考えられる。そこで,以下のように会計処理を検討することが必要となる。

i. その他の IFRS が契約内容を1つ以上に区分する方法や区分したものを測定する方法を定めている場合

その他の IFRS の範囲に含まれる部分については,その他の IFRS の要求事

項を適用しなければならない。このため，その他のIFRSに基づいて区分された部分については，契約上の取引価格から，この部分の当初測定額を除かなければならない。そのうえで，残りの部分について，IFRS第15号に基づいて，会計処理しなければならない。

ⅱ．その他のIFRSにおいて，1つ以上に区分する方法や区分したものを測定する方法を定めていない場合

　企業は，IFRS第15号の要求事項を適用して契約の各部分を区分し，当初測定しなければならない。

　例えば，ある顧客との契約に，機器のリース契約と保守サービス契約が含まれている場合には，まず，IAS第17号（IFRS第16号）に従って，IAS第17号（IFRS第16号）の範囲に含まれるリース契約を区別して識別し，リース契約に基づき得られる金額を当初測定する。そのうえで，リース契約に係る収益として識別された部分については，IAS第17号（IFRS第16号）に基づいて認識する。このリース契約部分の金額を除いた取引価格が，保守サービスに対応する収益としてIFRS第15号に基づいて測定され，認識されることになる。

(2) 非金融資産の売却や移転

　IFRS第15号の作成に伴い，両審議会は，企業の通常の活動のアウトプットではない非金融資産の売却や移転（例えば，有形固定資産の売却）により生じる利得または損失の認識や測定についても検討している。確かに，非金融資産の売却や移転は，IFRS第15号で定める「顧客との契約」の要求事項を満たすものではないが，以下の点についてIFRS第15号の原則の一部を適用して関連するIFRSを修正することとしている。

- 支配：資産の認識の中止をいつ行うべきなのかの決定
- 測定：資産の認識の中止時に認識すべき利得または損失の金額の決定（例えば，取引価格に変動性がある場合には，これに係る制限を考慮すること）

　こうした点を踏まえた修正は，IAS第16号「有形固定資産」，IAS第38号

「無形資産」およびIAS第40号「投資不動産」に反映されている。

> **Short Break　日本基準における収益認識**
>
> 　日本基準は，企業会計原則（昭和24年7月9日設定）において，売上高を「実現主義の原則に従い，商品等の販売又は役務の給付によって実現したものに限る」（企業会計原則　第二　損益計算書原則　三　B）として，実現主義の考え方により収益が認識されることが示されている。
>
> 　さらに，実現主義の適用について，税法と企業会計原則との調整に関する意見書（昭和27年6月16日，経済安定本部企業会計基準審議会）では，販売による収益は，「財貨または役務の移転に対する現金または現金等価物（手形，売掛債権等）その他の資産の取得による対価の成立によって立証されたときのみに実現する。」（総論　第一　二　実現主義の原則の適用）とされている。このため，「我が国の収益認識に関する研究報告（中間報告）―IAS第18号「収益」に照らした考察―」では，実現主義のもとでの収益認識要件として，一般に，「財貨の移転又は役務の提供の完了」と「対価の成立」の2つが求められていると考えられるとしている。
>
> 　しかしながら，日本基準では，収益認識に関する包括的な会計基準は存在しない。企業会計原則注解で示されている，委託販売，割賦販売などの特殊な販売契約に係る具体的な取扱いのほか，企業会計基準第15号「工事契約に関する会計基準」および企業会計基準適用指針第18号「工事契約に関する会計基準の適用指針」，実務対応報告第17号「ソフトウェア取引の収益の会計処理に関する実務上の取扱い」などにより，特定の契約または取引の収益に関する会計処理が定められているのみである。そのため，日本基準において，実現主義の適用により収益を認識する実務は定着していると考えられるが，一方で，各企業の契約や取引の態様，業界特有の取引慣行，電子取引などの進展による取引の複雑化，詳細な税法の規定との関係など，収益認識に係る問題は多く，収益認識に係る実務は多様化しているものと考えられる。
>
> 　したがって，支配モデルに基づく包括的な収益認識基準であるIFRS第15号を適用した場合，実現主義のもとで行われてきた日本基準に基づく実務の取扱いとは異なる取扱いとなる売上取引も存在するものと考えられる。

第2章 強制発効日と経過措置

IFRS第15号では,原則どおりに遡及的に適用する方法のほかに,企業の負担を軽減するための経過措置が設けられている。本章では,IFRS第15号の強制発効日とさまざまな経過措置について解説する。

1．強制発効日

IFRS第15号では,企業は,2018年1月1日以後開始する事業年度からIFRS第15号を適用しなければならないとしている。この基準は,早期適用が認められており,企業が早期適用する場合には,その旨を開示することになる(IFRS第15号C1項)。

> **Short Break　強制発効日の1年延期**
>
> IASBは2015年9月,FASBは2015年8月に,それぞれ,新基準の強制発効日を1年延期する修正基準を公表した。
>
> この結果,IFRS第15号を適用する企業は,2018年1月1日以後開始する事業年度から適用しなければならないこととなった。早期適用については,当初公表されたIFRS第15号の規定と同様に認められている(トピック606との強制発効日および早期適用の差異については,図表Ⅰ－1－1(4頁)を参照)。
>
> 例えば,3月決算企業の場合には,2018年4月1日に開始する事業年度からの適用となるため,公開企業の場合には,2019年3月期の第1四半期から適用を開始することになる。ただし,各法域や市場の規制当局のエンドースメントの時期や判断により,適用時期に相違が生じる場合があることは考えられる。

> IFRS 第15号が公表された当初，強制発効日は，2017年1月1日とされていた。しかしながら，IASB は，FASB が発効日を1年延期したことを受けて，以下の点を考慮し，強制発効日を1年延期することとした。
> - コンバージェンスの観点から，先に強制発効日の1年延期の提案を決定している米国会計基準と同じ強制発効日を維持することが必要である。
> - 最終基準の公表が，当初は2013年中と考えられていたが，最終的には2014年5月に遅れたことを考慮する必要がある。
> - 財務諸表作成者および監査人に適用上の論点を解決するための十分な期間を提供する必要がある。
> - TRG の議論などを踏まえた，当該基準に対する修正を適用するためにも，十分な準備期間を企業に提供することが必要である。

2．経過措置

(1) IFRS をすでに利用している企業

企業は，IFRS 第15号の適用にあたり，以下の①または②のいずれかの方法を選択して移行することが認められている（IFRS 第15号 C3項）。

① 比較年度を修正する方法（完全遡及アプローチ）

この方法では，IAS 第8号「会計方針，会計上の見積りの変更及び誤謬」に従って表示する過去の各報告期間に遡及適用する。例えば，当期に加えて2年間の比較年度を表示する場合には，直前期のみならず，比較年度2年間について IFRS 第15号を遡及して適用する。

ⅰ．実務上の便法

以下に示した実務上の便法が，比較年度の報告期間への遡及適用について認められている。以下の4つの便法は，すべてまたは一部を使用することができる（IFRS 第15号 C5項）。

- 次の2つの完了した契約（すなわち，従前の IFRS に従って識別された財またはサービスのすべてを企業が移転した契約）については，修正再表示

する必要はない。
(a) 企業が同一事業年度中に開始し終了した契約
(b) 比較年度期首（比較年度が2年以上の場合には，一番古い比較年度期首を示す。（以下，同様））までに完了した契約
- 比較年度中に完了した契約のうち変動対価のある契約について，企業は，変動対価の金額を見積もらずに，契約が完了した日における取引価格を使用することができる。
- 比較年度期首より前に契約変更が行われた契約について，個々に遡及して契約変更の処理を行う必要はない。遡及しない代わりに，比較年度期首時点で一括して契約変更の処理を行い，以下の影響を合算して反映する。
(a) 履行義務の充足／未充足の識別
(b) 取引価格の決定
(c) 取引価格の充足した履行義務と未充足の履行義務への配分
- 適用開始日（IFRS第15号を最初に適用する報告期間の期首）より前の表示するすべての報告期間について，企業は，次の2つについて開示する必要はない。
(a) 残存する履行義務に配分した取引価格の金額
(b) 企業が当該金額をいつ収益として認識すると見込んでいるのかの説明

ただし，上記4つのいずれかの実務上の便法を使用した場合，財務諸表上表示するすべての報告期間内のすべての契約に，選択した便法を首尾一貫して適用しなければならない。また，使用した便法と，合理的に可能な範囲で当該便法のそれぞれの適用について見積もった影響の定性的評価を開示しなければならない（IFRS第15号C6項）。

ⅱ．IAS第8号で定められている開示要求への対応

企業は，IFRS第15号が適用される最初の事業年度の直前の事業年度（「直前期」）について，IAS第8号で定められている開示要求（IAS第8号第28項）のうち，以下の定量的情報（IAS第8号第28項(f)）を，実務上可能な範囲で，開示することが要求されている（IFRS第15号C4項）。

- 影響を受ける財務諸表の各表示項目の修正額

- IAS 第33号「1株当たり利益」が企業に適用される場合，基本的および希薄化後1株当たり利益の修正額

なお，上記の定量的情報を当期または直前期よりも古い比較対象期間について開示することは容認されるが，要求はされていない。例えば，比較年度を2年間表示する場合には，直前期に加えて，より古い比較対象期間について，定量的情報を開示することは，容認されているが，要求はされていない。

② 比較年度は修正しない方法（修正遡及アプローチ）

この方法では，IFRS 第15号を遡及適用し，適用開始による影響を適用開始日に認識することとなる。すなわち，IFRS 第15号を遡及適用するものの比較年度における財務数値は遡及して修正することなく，IFRS 第15号の適用開始による累積的影響を適用開始日を含む事業年度の利益剰余金期首残高（または，適切な場合には，資本の他の内訳項目）の修正として認識することとなる。この移行方法では，適用開始日時点で完了していない契約にのみ本基準を遡及適用することを選択できる（IFRS 第15号 C7項）。

ⅰ. 実務上の便法

この方法においても，以下の便法が認められている。

- 比較年度期首または適用開始日より前に契約変更が行われた契約について，個々に遡及して契約変更の処理を行う必要はない。遡及しない代わりに，比較年度の期首時点または適用開始日のいずれかの時点で一括して契約変更の処理を行うことを選択して，以下の影響を合算して反映することができる（IFRS 第15号 C7A項）。
  - 履行義務の充足／未充足の識別
  - 取引価格の決定
  - 取引価格の充足した履行義務と未充足の履行義務への配分

この便法を使用する場合，すべての契約に首尾一貫して適用しなければならず，使用した便法と，合理的に可能な範囲で当該便法の適用について見積もった影響の定性的評価を開示しなければならない。

比較年度期首時点で一括して契約変更の処理を行う場合には，比較年度中に

生じた契約変更については，IFRS 第15号の契約変更の原則的な取扱いを適用することになるものと考えられる。

なお，この②の方法を選択する場合には，企業は，適用開始日を含む報告期間について，以下の追加的な開示を提供しなければならない（IFRS 第15号 C8項）。
- 従前の IFRS との比較において，財務諸表の各表示科目が当該報告期間に IFRS 第15号の適用によって影響を受ける金額
- 上記で開示される影響を受ける金額のうち，識別された著しい変動の理由の説明

PwC's Eyes

　IFRS をすでに利用している企業が，上述の②「比較年度は修正しない方法」を採用する場合，追加的な開示要求が適用されるため，IFRS 第15号の適用開始年度においては，従前の IFRS に基づく数値と IFRS 第15号に基づく数値の双方を把握することが必要になる。すなわち，この場合には，収益，売上総利益，営業利益，当期純利益等の項目だけではなく，基準の変更により影響を受ける個別の表示項目も開示に含まれることになる。
　例えば，以下のような項目にも IFRS 第15号の適用による影響が及ぶ可能性がある。
- 契約の獲得または履行のためのコストから認識した資産
- 従業員の給与や報酬（業績ボーナスや株式に基づく報酬等）
- 税務関連項目（繰延税金資産など）

　また，企業は，IFRS 第15号の適用により影響を受けたすべての表示項目について，その影響の程度についても説明することが必要と考えられる。

ケーススタディ I − 2 − 1 ▶ 契約変更に係る実務上の便法

前 提

　企業 A は，3月決算の会社である。企業 A は，顧客と2010年12月に50百万円の製品 A の販売と年間 1 百万円の 5 年間メンテナンスサービス提供について契約を締結した。

第2章　強制発効日と経過措置　25

　2011年1月に，顧客は製品Aを購入し，メンテナンスサービス契約は開始された。

　2015年，企業Aは顧客と年間1百万円のメンテナンスサービス契約を5年延長するとともに，製品Bを75百万円で追加販売した。製品Bは，2020年に納品されることになっている。

　企業Aは，2018年4月1日にIFRS第15号を適用する際に比較年度を修正する方法を採用する。そのうえで，比較年度期首より前に行われた契約変更に係る実務上の便法を適用する場合，どのように会計処理することになるか。

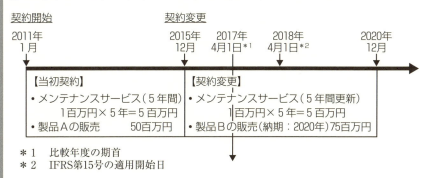

＊1　比較年度の期首
＊2　IFRS第15号の適用開始日

[ポイント]

　企業Aは，実務上の便法を適用するため，比較年度期首時点の契約変更後の状況をもとに，過去の契約変更の影響を一括して反映することになる。

[考え方]

　企業Aが当該実務上の便法を比較年度の期首に適用する場合には，その時点の契約変更後の取引価格合計135百万円（50百万円＋75百万円＋1百万円×10年間）を製品A，製品Bおよびメンテナンスサービス契約に対して配分することになる。そして，比較年度の期首以降の収益は，IFRS第15号に従って，製品Bと残存する未履行のサービスが顧客に移転されるにつれて，それらに配分された収益が認識されることになる。

(図表Ⅰ－2－1) IFRSをすでに適用している企業の経過措置

設例：3月決算会社の場合
強制発効日(2018年4月1日以後開始する事業年度)より適用する場合

```
2014年5月              2017年4月1日              2018年4月1日
                          比較年度                  適用開始年度
新基準の公表     新基準適用時の比較年度期首    新基準の適用開始
```

	比較年度（2017年度）	適用開始年度（2018年度）
選択肢1： ①完全遡及アプローチ	新基準を遡及適用 以下の実務上の便法を利用可（要開示） ・同一年度中に完了した契約／期首までに完了した契約は修正再表示不要 ・比較年度に完了した契約の変動対価に契約完了時の取引価格を使用 ・期首までの契約変更を一括して修正して取引価格を配分 ・適用開始前の残存履行義務の注記省略	新基準を適用
選択肢2： ②修正遡及アプローチ	旧基準を適用 (IFRS第15号を遡及適用した影響は反映しない)	新基準を適用（影響の金額・理由を注記） 新基準適用による累積的影響額を期首剰余金でキャッチアップ。以下の便法利用可（要開示） ・期首までに完了した契約にも遡及適用選択可 ・適用開始日または比較年度期首時点までの契約変更を一括して修正して取引価格を配分

＊選択肢1と選択肢2の経過措置は，いずれかを選択。

> ### Short Break 「IFRS第15号の明確化」による修正の適用
>
> 　2016年4月に公表された「IFRS第15号の明確化」による修正は，①比較年度を修正する方法を採用する場合には，当初の取扱いとともに，強制発効日より遡及して適用することとなる。一方，②比較年度は修正しない方法を採用する場合については，経過措置を適用してIFRS第15号を適用開始日時点で完了した契約に適用しない場合には，適用開始日時点で完了していない契約にのみ，当該修正を適用することになる点には留意が必要である（IFRS第15号C8A項）。

(2) IFRS初度適用企業

　IFRS初度適用企業は，IFRS第1号「国際財務報告基準の初度適用」の規定に従って，原則として，最初のIFRS報告期間の末日において有効な会計方針をIFRS移行日から先のすべての報告期間に適用しなければならない（IFRS第1号第7項）。しかしながら，IFRS初度適用企業も，IFRSをすでに利用している企業と同様のIFRS第15号の適用に係る課題に直面することが考えられる。このため，IFRSをすでに利用している企業に認められている経過措置の

うち，(1)①で示した以下の4つの実務上の便法を使用することが認められ，この便法を適用した場合に要求される開示についても同様に定められている（IFRS第1号D34項）。

- 完了した契約（すなわち，従前の会計原則に従って識別された財またはサービスのすべてを企業が移転した契約）については，企業は，①同一事業年度中に開始し終了した契約および②比較年度期首までに完了した契約を修正再表示する必要はない。
- 比較年度中に完了した契約のうち変動対価のある契約について，企業は，変動対価金額を見積もらずに，契約が完了した日における取引価格を使用することができる。
- 比較年度期首より前に契約変更が行われた契約について，個々に遡及して契約変更の処理を行う必要はない。遡及しない場合には，比較年度の期首時点で一括して契約変更の処理を行い，以下の影響を合算して反映する。
  - 履行義務の充足／未充足の識別
  - 取引価格の決定
  - 取引価格の充足した履行義務と未充足の履行義務への配分
- 最初のIFRS報告期間の期首の前となる表示するすべての報告期間について，企業は，残存する履行義務に配分した取引価格の金額および企業が当該金額をいつ収益として認識すると見込んでいるのかの説明を開示する必要はない。

ただし，上記4つのいずれかの実務上の便法を使用した場合，財務諸表上表示するすべての報告期間内のすべての契約に，選択した便法を首尾一貫して適用しなければならない。また，使用した便法と，合理的に可能な範囲で当該便法のそれぞれの適用について見積もった影響の定性的評価を開示しなければならない。

PwC's Eyes

完了した契約とは，企業が従前の会計原則に従って識別した財またはサービスのすべてを移転している契約である。例えば，2018年4月1日が最初のIFRS報告期間の期首で，IFRS移行日が2017年4月1日となる場合には，従前の会計原則に従って識別している契約について2017年3月31日までに契約上の履行が完了している場合には，IFRS第15号を遡及して適用して会計処理することは要求されていないと考えられる。

なお，トピック606では，完了した契約を従前の収益の基準に従って，ほとんどすべての関連する収益が認識されている契約と定義しているため，取扱いに差異が生じる可能性があると考えられる。

(図表Ⅰ-2-2) IFRS初度適用企業の経過措置

設例：3月決算会社の場合
2018年4月1日開始する事業年度よりIFRSを適用する場合(IFRS移行日：2017年4月1日)

2014年5月　　　　　　　2017年4月1日　　　　　　2018年4月1日
　　　　　　　　　　　　　　　　比較年度　　　　　適用開始年度

新基準の公表　　　　　　IFRS移行日　　　　　　新基準の適用開始

比較年度（2017年度）	適用開始年度（2018年度）
新基準を遡及適用 以下の実務上の便法を1つまたは複数を利用可（要開示） ・同一年度中に完了した契約／IFRS移行日までに完了した契約は修正再表示不要 ・比較年度に完了した契約の変動対価に契約完了時の取引価格を使用 ・IFRS移行日までの契約変更を一括して修正して取引価格を配分 ・適用開始前の残存履行義務の注記省略	新基準を適用

第Ⅱ部

5つのステップの適用

　第Ⅱ部では，第Ⅰ部で述べたIFRS第15号の中心となる原則に従って，顧客との契約から生じた収益を認識するために設けられた5つのステップについて，ステップごとに，ケーススタディを参照しながら適用方法を解説する。

第1章 ステップ1：顧客との契約を識別する

1．顧客の識別

　IFRS第15号に基づいて収益認識の会計処理をするためのステップ1は，顧客との契約を識別することである。第Ⅰ部第1章でも解説しているが，IFRS第15号の対象は，契約の相手方が顧客である場合に限られている（IFRS第15号第6項）。このため，IFRS第15号の適用を考えるうえで，顧客を識別することは非常に重要である。

　一般的に，顧客とは，企業の財またはサービスを購入する契約当事者のことであるが，IFRS第15号では，顧客の定義を以下のように定めている（IFRS第15号付録A）。

> **顧客**
> 　企業の通常の活動のアウトプットである財又はサービスを対価と交換に獲得するために企業と契約した当事者

　多くの場合は，顧客を識別することに困難が伴うことはないが，契約の実質等によっては，顧客を識別することが難しい場合もある。例えば，契約の相手方が企業と契約した目的が，提携契約に基づいた新製品の開発において，生じるリスクや便益を契約当事者間で共有する活動や開発のプロセスに参加することである場合が考えられる。このように，契約の実質が企業の通常の活動のアウトプットを獲得することではない場合には，当該契約の相手方は顧客ではな

い（IFRS 第15号第6項）。この結果，当該契約は，IFRS 第15号の範囲に含まれないことになる。

ケーススタディⅡ－1－1では，共同事業者との契約が，IFRS 第15号の範囲に含まれる場合と含まれない場合について解説する。

ケーススタディⅡ－1－1 ▶ 共同事業者との契約

前 提

企業Ａは，企業Ｘとの間で，対等な立場により，特定の新薬を共同開発することを定めた契約を締結している。

この契約は，IFRS 第15号の範囲に含まれるかどうか。

ポイント

共同事業者または協力者との契約である場合でも，その共同事業者または協力者が，特定の契約内容については契約条件の一部または全部について顧客の定義に該当することがある。このような場合には，IFRS 第15号の範囲に含まれる可能性があるため，慎重な検討が必要である。

考え方

共同事業者または協力者との契約が IFRS 第15号の範囲に含まれるのかどうかは，契約内容に含まれる事実や状況によって異なると考えられる。

企業Ａと企業Ｘが，共同で医薬品の開発を行うことのみが契約の目的である場合には，当該契約が IFRS 第15号の範囲に含まれる可能性は低いと考えられる。そのような場合には，企業Ｘは，企業Ａの顧客に該当しないため，当該契約は顧客との契約には該当しない。他方で，当該契約に基づく取引が，共同事業に該当する可能性があるため，他の IFRS（例えば，IFRS 第11号「共同支配の取決め」）の範囲に含まれるかどうかを検討しなければならない。

例えば，契約の実質が，企業Ａが企業Ｘにその新薬に必要な化合物を販売していること，もしくは，研究開発サービスを提供していることにあり，このような

活動が企業Aの通常の活動の一部である場合には，企業Xは，企業Aの顧客に該当し，IFRS第15号の範囲に含まれるものと考えられる。

2．複数の契約当事者との取決め

企業は，契約の相手方となる契約当事者が複数いる場合に，顧客を識別することがより困難になる。このような場合には，取引に関与するすべての契約当事者との関係の実質を理解し分析することが必要となる。企業の直接の顧客以外の契約の相手方がいる場合，特に，顧客の顧客が存在する取決めについては，慎重な判断が必要になる。このような取決めにはケーススタディⅡ－1－2のような場合が考えられる。

ケーススタディⅡ－1－2▶企業の顧客の顧客に提供する財またはサービス

前提

企業Bは製造業者であり，製品を販売業者に販売する際に，販売業者の顧客に当該製品のメンテナンスのサービスを提供することも，契約上，販売業者に約束している。

この場合，販売業者の顧客に提供するメンテナンスサービスについても顧客に移転を約束する財またはサービスとして取り扱うか。

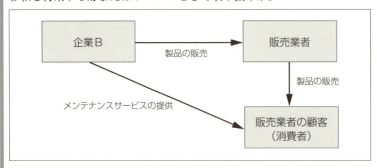

ポイント

企業が顧客の顧客に提供する財またはサービスについて，明示的または黙示的に顧客との契約において識別できる場合には，顧客に約束した財またはサービスとして取り扱う。

第1章　ステップ1：顧客との契約を識別する　33

> 考え方

当該取引においては，販売業者の顧客に提供するメンテナンスサービスについても，顧客に約束した財またはサービスとして取り扱う。

企業Bは，販売業者（顧客）との契約上，販売業者の顧客へメンテナンスサービスを提供することを約束しており，顧客の顧客へのサービスについても，顧客である販売業者に提供するサービスとして取り扱うこととなる。この場合，製品の販売とメンテナンスサービスはそれぞれ独立した履行義務かどうかを検討し（第2章1.「履行義務の識別」(58頁）を参照のこと），それぞれ独立した履行義務と判断される場合，それぞれ異なる時点で収益を認識することが考えられる。

> 日本基準の実務における取扱い

日本基準においては，工事契約や受注制作のソフトウェアに関する収益認識の単位に関する定めはある。しかしながら，取引の会計処理単位の分割に関する一般的な定めはなく，契約の直接的な当事者である顧客の顧客に提供する財またはサービスに関する定めはない。財またはサービスの提供相手に関係なく，製品販売後に発生するコストについては，引当金計上の要件を満たす場合に引当金を計上する会計処理や，サービスが提供される際に費用を計上する会計処理が行われていることが考えられる。

PwC's Eyes

複数の契約当事者との取決めについて，異なる複数の契約が契約当事者間で締結されている場合は，この取決めに基づいた複数の契約当事者間の関係の分析には判断が必要である。この判断にあたっては，特に以下の点を留意することが必要である。

ⅰ．契約の結合

いずれの契約についてもIFRS第15号の範囲に含まれる場合には，これらの複数の契約を結合すべきかどうかについて，IFRS第15号の要求事項に基づいて検討することが必要である。なお，契約の結合の詳細については，本章5.「契約の結合」（44頁）を参照のこと。

ⅱ．本人・代理人取引

企業は，複数の契約当事者との取決めにおいて，本人なのか代理人なの

かを判断することも必要である。この判断の結果，本人であれば，収益を総額表示することになるが，代理人であれば，純額表示することになる。なお，本人・代理人取引の詳細については，第Ⅲ部第3章「本人／代理人取引」(200頁)を参照のこと。

ⅲ．顧客に支払われる対価

　企業は，複数の当事者との取引において，当事者に対する支払が，IFRS第15号の「顧客に支払われる対価」に該当するか否かを決定するために，どの当事者が顧客であるかを判断することが必要である。なお，顧客に支払われる対価の詳細については，第Ⅱ部第3章5．「顧客に支払われる対価」(105頁)を参照のこと。

3．契約の識別

(1) 契約の定義

　IFRS第15号では，契約の定義を以下のように定めている（IFRS第15号付録A）。

> **契約**
> 　強制可能な権利及び義務を生じさせる複数の当事者間の合意

　この契約における権利および義務の強制力は法律上の問題であるが，これを定める契約は，文書による場合もあれば，口頭による場合や取引慣行により含意される場合もある。例えば，締結された契約に係る追加的な権利および義務（例えば，解約，更新，返品などの取扱い）が，取引慣行により含意されている場合も考えられる。こうした権利および義務も，IFRS第15号の契約の一部と考え，契約全体を見て会計処理を判断することになる。

　また，顧客との契約の成立に関する慣行およびプロセスは，法域，業種および企業により異なる。このため，同一企業内で，類似の内容の契約を締結したとしても，異なる業種に属する取引や顧客である場合には，それぞれの取引慣行に照らして検討した結果，契約の実質が異なると考えられる場合がある

(IFRS 第15号第10項)。

> **PwC's Eyes**
>
> どのような形態の契約当事者間の合意であっても，顧客との契約が法律上の強制可能な権利および義務を生じさせる場合には，IFRS 第15号の契約の定義に合致するものと考えられる。ただし，法的に強制可能かどうかについては，法律上の解釈によることから，各法域によって相違が生じるものと考えられる。特に，異なる法域の複数の契約当事者が含まれる契約上の権利については，すべての法域で同様に解釈されない可能性もある。このような場合には，特定の状況に係る契約上および法域における法解釈上の取扱いを吟味することが必要となる。

> **Short Break** 完全に未履行の契約
>
> IFRS 第15号では，各契約当事者が他の当事者に補償することなしに完全に未履行な契約を解約することができる一方的で強制可能な権利を有する場合には，IFRS 第15号における契約は存在していないと定めている。また，以下の2つの要件の双方に該当する場合は，完全に未履行の契約である。
> - 企業がまだ，約束した財またはサービスを顧客に移転していない。
> - 企業が，約束した財またはサービスと交換に，いかなる対価もまだ受け取っておらず，受け取る権利もまだ得ていない。
>
> このような完全に未履行の契約は，いずれかの当事者が履行するまでは企業の財政状態または業績に影響を与えないため，IFRS 第15号に基づいて収益を認識すべきではない。

(2) 顧客との契約

企業は，以下のすべての要件を満たす契約のみを IFRS 第15号の範囲に含まれる「顧客との契約」として会計処理しなければならない（IFRS 第15号第9項）。

① 契約の契約当事者が，契約を承認（書面で，口頭で，または，他の取引慣行に従って）しており，それぞれの義務の履行を確約している（契約の承認と義務の履行の確約）。

② 企業が，顧客に移転すべき財またはサービスに関する各契約当事者の権利を識別できる（権利の識別）。
③ 企業が，顧客に移転すべき財またはサービスに関する支払条件を識別できる（支払条件の識別）。
④ 契約に経済的実質がある。すなわち，契約の結果として，企業の将来キャッシュ・フローのリスク，時期または金額が変動すると見込まれる（経済的実質）。
⑤ 企業が，顧客に移転する財またはサービスと交換に権利を得ることとなる対価を回収する可能性が高い（対価の回収可能性）。

IFRS第15号において，上述の要件が明示され，契約の定義を補完することとしたのは，これらの要件の一部または全部が満たされない場合には，契約が強制可能な権利および義務を設定しているかどうかに疑問が生じうると考えられたためである。これらの要件については，以下で個別に解説する。

① **契約の承認と義務の履行の確約**

この要件には，相関関係のある2つの要素が含まれている。

ⅰ．契約の承認

取引に関与する契約当事者に承認された契約のみが，IFRS第15号の適用範囲に含まれる。これは，すべての契約当事者が承認しない限りは，契約上の権利および義務が強制可能なものかどうかの判断をすることができないと考えられることによる。

また，契約の締結は，文書，口頭，または，取引慣行により含意されることもある。すなわち，契約の形態では，契約当事者が契約を承認しているかどうかの判断を決定付けることはできない。他方で，契約の性質によっては，契約当事者間において，契約の承認を判断するためには，文書での契約が必要とされる場合もある（IFRS第15号 BC35項）。このため，契約が承認されているかどうかを判断するときには，あらゆる事実と状況を考慮し，取引慣行に基づいた合理性をもって判断することが重要になる。例えば，企業間の契約では，口頭による約束がある場合には，通常，その前提となる文書による契約が存在す

るものと考えられる。

> **PwC's Eyes**
>
> 原則として，契約当事者間において強制可能な権利および義務を確定させる合意がすでに存在しているときに，文書による契約が最終化されていないことを理由に，収益の認識を遅らせることは，適切なものとは考えられない。

ケーススタディⅡ－1－3では，顧客との契約条項には含まれていない契約更新をどのように会計処理すべきかを解説する。

ケーススタディⅡ－1－3▶契約条項に含まれていない契約更新の取扱い

[前　提]

企業Cは，20X5年12月1日から12か月間，以下の契約に基づいて顧客に保守サービスを提供している。
- 顧客は当該サービスに対して月10千円を支払う。
- 自動更新条項は含まれていない。
- 契約は20X6年11月30日に終了する。

企業Cは同一の顧客と，20X7年2月28日に新しい契約を締結し契約書に署名した。顧客は，この新しい契約に基づいて，20X6年12月1日まで遡及して月12千円のサービス料を支払うことになった。しかしながら，顧客は，20X6年12月から20X7年2月までの3か月間の契約未締結の期間中も，月10千円の支払を継続し，企業Cは，当該期間中に保守サービスを提供し続けた。この契約未締結の期間中，両契約当事者間で履行に関する争点はなく，新契約の価格交渉のみが行われていた。

新契約締結前となる20X6年12月から20X7年2月に契約は存在するか。

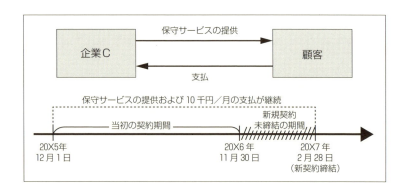

> [ポイント]

　新契約締結前の期間においても，企業Cと顧客との間に強制可能な権利および義務を生じさせる合意があったかどうかについての検討が必要となる。

> [考え方]

　新契約締結前の契約の未締結期間中も，従前の契約に従って，企業Cが保守サービスの提供を継続し，顧客は月10千円を支払い続けたことから，この状況において書面による契約はないが，契約は実質的には存在していたと考えられる。しかしながら，当初の契約期間は終了しており，その契約には自動更新条項が含まれていないため，20X6年12月から20X7年2月までの期間に契約が存在していたかどうかの決定には判断が要求される。この判断においては，関連する法域における契約の法的強制力を分析する必要がある。このような判断に基づいて，新契約の交渉完結前に強制力のある権利および義務が確定していると考えられる場合には，新契約締結前の期間に提供した保守サービスに係る収益認識を契約書の署名された20X7年2月28日まで繰り延べるべきではない。

> [日本基準の実務における取扱い]

　実現主義のもとで，「財貨の移転又は役務の提供の完了」と「対価の成立」の2要件をより厳格に解釈して収益認識する場合には，実務上，取引当事者間の権利義務関係を明確にすることが必要であると考えられる。本ケースの場合，新契約の交渉完結前に強制力のある権利および義務が確定しているか否かを検討し，当該交渉完結前の期間において強制力のある権利および義務が存在していたと判断されるのであれば，当該期間においてもサービスの提供に応じて収益を認識することが考えられる。

ii．義務の履行の確約

　契約当事者が，契約上の義務を履行することについて確約しているかどうかを判断するためには，あらゆる事実と状況を考慮することが必要となる。

　この義務の履行の確約について判断するときに，解約条項の内容がカギになる場合がある。例えば，各契約当事者が，他の契約当事者に補償することなしに完全に未履行の契約を解約することができる一方的で強制可能な権利を有する場合には，契約は存在していない（IFRS第15号第12項）。

② 権利の識別

　企業は，顧客へ移転すべき財またはサービスに関する各当事者の権利を識別できなければならない。企業が財またはサービスに関する各当事者の権利を識別できない場合には，企業は，財またはサービスの移転を評価することができないため，このような要求が含まれている。例えば，企業が，顧客から現金で対価を受領し，コンサルティングサービスを提供している場合に，契約内容を依然として交渉しているために，契約条項に基づいた当事者間の権利および義務が明確にならない状況では，収益を認識することはできない。

③ 支払条件の識別

　企業は，顧客へ移転すべき財またはサービスに関する支払条件を識別できなければならない。企業が約束した財またはサービスと交換に受領する対価に関わる支払条件が識別できない場合は，企業は取引価格を算定できないことから，このような要求が含まれている。ただし，この要求は，取引価格が，固定であることや明示的に金額が定められていることまで求めるものではない。変動性のある対価が取引価格に含まれる場合の取扱いは，第Ⅱ部第3章「ステップ3：取引価格を算定する」（78頁）を参照のこと。

④ 経済的実質

　顧客と締結する契約に経済的実質があることが要求される。すなわち，契約の結果として，企業の将来キャッシュ・フローのリスク，時期または金額が変動することが見込まれている必要がある。もし，ここで示したような変動が一

切生じない場合，すなわち，契約に企業の合理的な事業目的の裏付けがない場合には，契約に経済的実質がないということになる。複数の企業が収益を人為的に水増しする循環的な取引を行うおそれがあることから，このような要求が含まれている。

> **PwC's Eyes**
>
> 契約に経済的実質があるかどうかの検討において，企業の将来キャッシュ・フローが顧客との取引による変動の影響を受けないと判断するために，必ずしも現金による対価を受領することを求めるものではない。例えば，現金以外の対価を受領することにより将来の現金支出が減少する場合には，この現金以外の対価の受領は，企業の将来キャッシュ・フローに影響を与えるものである。通常，このような取引が行われる場合には，事業上の合理的な理由が存在するものと考えられる。契約に経済的実質があるかどうかの決定には，判断が要求される。

⑤ 対価の回収可能性

企業が，顧客に移転する財またはサービスと交換に権利を得ることとなる対価を回収する可能性が高いことが要求される。顧客の信用リスクの評価が，契約が有効であるかどうかの判定の重要な部分であると考えられていること，および，顧客の信用リスクが収益の測定または表示に影響を与えるべきでないと考えられていることから，この要求が含まれている。この要求における回収可能性が高いかどうかの評価は，以下の２つの事項のみを評価することになる。

(a) 企業が移転する財またはサービスと交換に権利を得ることとなる対価の金額を顧客が支払う能力（すなわち，財務的能力）
(b) 顧客が当該金額を支払う意図

特に，(b)における顧客の支払う意図を評価する際には，顧客との過去の取引状況や担保の付帯状況など，すべての関連する事実と状況を考慮することが必要である。

なお，この評価は，顧客が対価を支払う期限が到来するという仮定で行うこととなる。すなわち，企業が対価に対応する履行義務を充足しており，当該対

価に対する企業の権利に影響を与えるおそれのある他の変動可能性が生じることがない状況で，顧客の支払期限が到来するという前提で考えることとなる。

> *PwC's Eyes*
>
> 　IFRS 第15号の要求事項における回収可能性は，企業が顧客に価格譲歩を提供することにより対価の金額が変動する場合には，その影響を考慮した後の対価について評価することになる。この結果，企業が顧客から得ることとなる対価の回収可能性は，顧客が支払義務を負っている金額よりも低い金額で評価する可能性もある。例えば，過去からの企業の取引慣行により，特定の顧客との取引においては，契約で合意した価格より低い価格で対価を得ている場合が考えられる。このような場合には，企業の取引慣行に基づいて，当初合意した取引価格より低い価格で，回収可能性を検討することになる場合がある。
>
> 　価格譲歩と顧客の信用リスクの区別には，判断が要求される。その評価にあたっては，企業が許容する対価の金額に関する，企業の取引慣行，方針，声明などを考慮することが必要であるが，過去の取引慣行のみに限定すべきでない。例えば，新規顧客の場合には，関係構築のために価格譲歩を提供する場合があるからである。

　この要求事項における回収可能性の閾値である「可能性が高い（Probable）」は，米国会計基準と IFRS とでは異なる意味を有している。IFRS では，「可能性が高い」は，「発生する可能性のほうが高い」（50％超）と定義されているが，米国会計基準では，「発生する可能性が高い」（トピック450「偶発事象」）と定義され，75％から80％の確度であると通常考えられている。この点について，IFRS 第15号の作成時に両審議会は，両基準間の閾値が異なることにより適用上の相違が生じる可能性があることは議論したものの，それぞれの従前の収益認識の基準に基づいた実務との整合性を維持することを重視することとした。なお，両審議会は，多くの取引については，顧客に重大な信用リスクがある場合には，契約を締結するにあたって，対価を回収するために適切な経済的な対策が取られていると考えているため，この閾値の差異による実務への影響は限定的であると考えられている（IFRS 第15号 BC44項）。

> **Short Break　契約の識別における回収可能性**
>
> 　企業は，契約の識別における回収可能性について，顧客に移転する財またはサービスと交換に権利を得ることとなる対価だけを評価すべきである。したがって，顧客が対価を約束どおりに支払わない場合，企業がそれ以上の財またはサービスの移転を行わないことによって対応するのであれば，対価の回収可能性が高いか否かの判断にあたっては，企業は移転されない財またはサービスに対する回収可能性を考慮しないことになる。これについて，IASBは，すでにIFRS第15号においては十分に説明されていることを理由に2016年4月に公表した「IFRS第15号『顧客との契約から生じる収益』の明確化」においても特段の修正を行わなかった。一方で，FASBは，この点の修正を2016年5月に公表したASU2016-12に含めている。

(3) 顧客との契約の要件すべてに該当しない契約

　上記(2)にて解説したIFRS第15号第9項の5つの要件のすべて，もしくは，いずれかの要件に該当しない契約は，IFRS第15号の顧客との契約の会計処理の対象に含まれない。このようにいずれかの要件に該当しない契約について，企業は，その後に要件が満たされるようになったかどうかを判定するために，引き続き契約を評価しなければならない（IFRS第15号第14項）。

　また，契約が，IFRS第15号第9項の要件に該当せず，企業が顧客から対価を受け取っている場合には，次のいずれかの事象が発生しているときにのみ，企業は，受け取った対価を収益として認識しなければならない（IFRS第15号第15項）。

(a) 企業が顧客に財またはサービスを移転する残りの義務を有しておらず，かつ，顧客が約束した対価のすべてまたはほとんどすべてを企業が受け取っていて返金不要なとき

(b) 契約が解約されており，顧客から受け取った対価が返金不要なとき

　したがって，企業は，契約がIFRS第15号第9項の要件すべてに該当するようになるか，または，上述したIFRS第15号第15項で示される(a)か(b)のいずれかの事象が発生するまで，収益は認識せず，顧客から受け取った対価を負債として認識することになる（IFRS第15号第16項）。

> **Short Break**　顧客から受け取った対価を収益として認識しなければならない事象の追加
>
> 　上記(3)で説明したように，IFRS 第15号では，契約が IFRS 第15号第9項の要件に該当しないときに，顧客から対価を受け取っている場合には，企業の履行義務の充足とは関係なく収益認識する事象として，2つの事象を示している。これについて，FASB は，契約が解約されているかどうかの解釈に多様性が生じているとして，2016年5月に公表した ASU2016-12において，以下の事象を追加した。
> - 企業が受け取った対価に関連した財またはサービスの支配の移転を完了し，顧客に追加の財またはサービスの移転を中止し，当該契約において追加の財またはサービスを顧客に移転する義務はなく，かつ顧客から受け取った対価は返金不要であるとき
>
> 　IFRS 第15号では，この事象は基準本文に追加されていない。しかしながら，顧客への財またはサービスの提供を中止したときには，企業は契約を解約したと結論づけることになることを結論の背景に記載することとした。

(4) 顧客との契約の要件の再評価

　契約開始時において，上記(2)にて解説した，契約が顧客との契約の要件すべてに該当する場合には，事実および状況の重大な変化の兆候がない限り，企業は当該要件の再判定をしてはならないこととされている（IFRS 第15号第13項）。事実および状況の重大な変化があるか否かの判断は，個別の状況によるものであり，判断が要求される。

> *PwC's Eyes*
>
> 　例えば，企業が継続的に取引している顧客について，当初の契約開始時は，IFRS 第15号の顧客との契約の要件すべてに該当していた場合を考える。その後，顧客の対価を支払う能力が著しく低下し，それ以降に，顧客へ財またはサービスを企業が移転する場合には，その交換で権利を得ることとなる対価について回収する可能性が依然として高いかどうかを改めて判定しなければならない特別な状況を，IFRS 第15号第13項は規定している。もし，この事後の判定において，残りの財またはサービスの移転と

> 交換で権利を得ることとなる対価について回収する可能性が高くないと考えられた場合には，契約に基づいた残りの財またはサービスの移転については，IFRS 第15号の顧客との契約の要件に該当していないものとして会計処理することとなる。この再判定の結果は，すでに充足した履行義務に関わる収益や資産には影響を与えるべきではない。
>
> なお，すでに認識している売上債権については，IFRS 第9号に基づく金融商品に関わる減損の規定に従って会計処理することになる。

4．契約期間の決定

契約期間は，契約の当事者が現在の強制可能な権利および義務を有している契約の存続期間である（IFRS 第15号第11項）。契約期間の決定は，取引価格の算定や配分，さらに収益の認識に影響するため，重要である。

企業は，契約期間を評価する際に解約条項を考慮しなければならない。もし，契約を違約金なしでいつでも解約できるのであれば，当事者は，契約上，明記されている期間に関係なく，強制可能な権利および義務を有していない。しかしながら，早期解約できるが，実質的な違約金の支払が必要となる契約は，契約上，明記されている期間が契約期間である可能性が高い。

経営者は，解約権とその違約金などの契約条件について，事業の目的や過去の実務などを考慮して，解約違約金が実質的であるか否かを判断することが必要である。解約違約金は，必ずしも，その呼称によるものではなく，例えば，顧客が契約を解約する場合に前渡金が実質的な解約違約金に充当されることもある。

5．契約の結合

企業が，顧客との複数の契約を締結した場合に，これらを単一の契約として会計処理することが求められることがある。それは，企業が，同一の顧客（または，顧客の関連当事者）と同時またはほぼ同時に締結した複数の契約について，以下の要件のいずれかに該当する場合である（IFRS 第15号第17項）。

(a) 契約が単一の商業的目的を有するパッケージとして交渉されている。
(b) 1つの契約で支払われる対価の金額が，他の契約の価格または履行に左右されている。
(c) 複数の契約で約束した財またはサービス（または，各契約で約束した財またはサービスの一部）が，IFRS 第15号第22項から第30項（第Ⅱ部第2章「ステップ2：契約における履行義務を識別する」（58頁）を参照のこと）の規定に従って，単一の履行義務として会計処理される。

(図表Ⅱ－1－1) 契約の結合の要件

契約の結合とは？
同一の顧客（または関連当事者）と同時またはほぼ同時に締結された複数の契約が，以下の要件いずれかを満たす場合には単一の契約として会計処理する • 単一の商業的な目的をもってまとめて交渉されている • 支払われる対価の金額がその他の契約の価格や履行に依存する • 契約で約束された財またはサービスが単一の履行義務とされる

PwC's Eyes

　顧客との複数の契約を単一の契約として会計処理するかどうかの決定は，契約開始時に行うことになる。これらの契約は，企業と顧客もしくは顧客の関連当事者（IAS 第24号「関連当事者についての開示」で定義されるもの）との間の契約であり，同時またはほぼ同時に締結されたものであることが要求される。
　この同時またはほぼ同時に締結されたものであることについては，判断が必要となる。これは，契約締結の時期の間隔が長ければ，契約交渉に影響を与える事実関係などが変化している可能性が高まるものと考えられる

からである。したがって、契約開始時において予期していない事後的に生じた顧客との約束は、一般的には、契約の変更として会計処理するものと考えられる（契約変更については、下記6．を参照のこと）。

6．契約変更

(1) 定　義

企業と顧客との契約について、契約開始時の後で変更を加える場合がある。IFRS第15号において、契約変更を以下のように定義している（IFRS第15号第18項）。

> **契約変更**
> 　契約の当事者が承認した契約の範囲又は価格（あるいはその両方）の変更である。

　上記のように定義される契約の変更が存在するのは、契約の当事者が、契約の当事者の強制可能な権利および義務を新たに創出するかまたは既存の強制可能な権利および義務を変更する改変を承認した場合である。この契約変更の承認は、書面や口頭で合意される場合だけではなく、取引慣行によって含意される場合もある。契約変更には、契約の範囲または価格、もしくはその双方の変更が考えられる。

　契約変更は、その契約変更の条件に基づいて異なる会計処理を行うことになる。次頁の図表Ⅱ－1－2では、契約変更の条件と会計処理をフローチャートで示している。

(2) 契約変更の承認の有無

　契約変更については、契約の当事者に契約変更の範囲や価格について争いがある場合や、契約の変更の範囲が承認されているものの、これに対応する価格の変更がまだ決定していない場合に論点となる。このような未確定の事項があ

（図表Ⅱ－1－2）契約変更の条件と会計処理のフローチャート

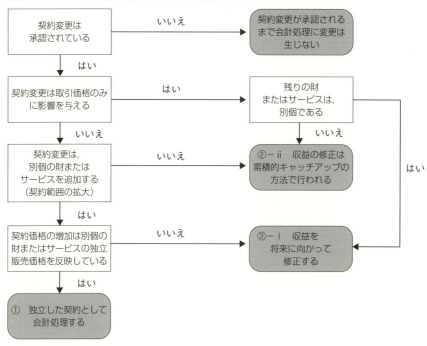

るときに，契約変更がすでに存在するか否かを検討するためには，企業は，契約条件および他の証拠を含めて，すべての関連性のある事実および状況を考慮しなければならない（IFRS 第15号第19項）。なお，契約の当事者が契約変更の範囲について承認しているが，これに対応する価格を決定していない場合には，企業は，契約変更から生じる取引価格の変更の見積りを変動対価の見積りとその制限に関する規定（IFRS 第15号第50項から第54項および第56項から第58項）に従って会計処理することになる（変動対価の取扱いについては，第Ⅱ部第3章2.「変動対価」(80頁) を参照のこと）。

ケーススタディⅡ－1－4では，契約変更の承認時に価格が定められていない場合にどのように会計処理すべきかを解説する。

ケーススタディⅡ－1－4 ▶ 価格未定の契約変更

前提

企業Dは,顧客と倉庫の建設請負契約を締結している。企業Dは,建設地の造成中に環境問題を発見しており,建設着工前に改善措置を採らなければならない。企業Dは,改善措置を採ることについて顧客から承認を得ているが,改善措置に係るサービスの価格は将来合意される予定である。したがって,契約変更の承認時においては,当該サービスに係る価格は未確定の状況となっている。

その後,企業Dは,改善措置を完了させ,発生コストにプロジェクト全体で見込まれるマージン相当の利益マージンを加算した金額に基づき,200百万円を顧客に請求している。しかしながら,この請求額は顧客の想定していた支払予定額を超過しているため,顧客は請求額に異議を唱えている。社外弁護士からの助言および企業Dの通常の取引慣行に基づき,企業Dは,改善措置に係るサービスの実施は強制可能な権利を発生させるものであり,請求額は実施したサービスに対して合理的な金額であると結論付けている。

企業Dは,この契約変更を承認されたものとして会計処理することはできるか。

ポイント

企業Dと顧客は,価格以外の点については,契約変更について双方が承認している。このため,承認時に未確定の価格について,IFRS第15号においてどのように会計処理すべきかを検討することになる。

考え方

当該契約変更は,当事者間の承認があることを前提に会計処理すべきである。企業Dが改善措置に係るサービスに対して受け取る具体的な金額についての合意はないが,契約変更自体は承認されているため,企業Dは当該変更を会計処理できる。なお,作業範囲は承認されていることから,企業Dは,変動対価に関するガイダンスに従って取引価格の変動に相当する額を見積もる必要がある。変動対価の会計処理(変動対価の制限を含む)は,第Ⅱ部第3章2.「変動対価」(80頁)を参照のこと。

第1章 ステップ1：顧客との契約を識別する　49

> 日本基準の実務における取扱い
>
> 　企業Dは顧客から承認を得たうえで改善措置に係るサービス提供を行っていることから，実現主義の2要件のうち，「役務の提供の完了」は満たされているものと考えられる。そのため，改善措置に係るサービス提供について収益を認識できるか否かについては，当該サービス提供が実現主義のもう1つの要件である「対価の成立」を満たしているか否かによることとなる。本ケースでは，当該サービス提供についての書面による契約はないが，企業Dが過去からの取引慣習や口頭等による事実上の合意等に基づき対価を見積もることができるのであれば，当該見積りに基づき収益を認識することになるものと考えられる。
> 　ただし，対価を合理的に見積もることができない場合には，それを合理的に見積もることができるまで，収益を認識することはできない点には留意が必要である。

(3) 契約変更の会計処理

　IFRS第15号では，契約変更の形態に応じて異なる会計処理が定められている。図表Ⅱ－1－3では，異なる契約変更の形態に応じた会計処理の方法を図表Ⅱ－1－2に示されるフローチャートとは異なる形式で示している。

(図表Ⅱ－1－3) 契約変更の形態と会計処理

① 契約範囲の拡大と取引価格（独立販売価格）の追加の両方がある場合（イメージとしては，既存の契約へ新規の契約が追加されているとみなせるような状況）	② ①以外で既存の契約の変更（取引価格のみの変更を含む）の場合		左記のような契約の変更が複合的に生じた場合等
	ⅰ すでに充足された履行義務と変更後の残りの履行義務とを区別できる場合	ⅱ すでに充足された履行義務と変更後の残りの履行義務とを区別できない場合	
契約変更により追加された約束された財またはサービスを独立した契約として処理	取引価格を配分して，変更による影響（収益）を将来に向けて処理 ↓ 既存の契約を解約して新契約を創出したかのように処理	変更による影響（収益）を累積的にキャッチアップ ↓ 既存の契約の一部であるかのように処理	左記に示した原則を適用

① **契約の変更を独立した契約として会計処理する場合**

契約変更を独立した契約として会計処理する場合とは，契約変更により生じる当事者間の約束は，契約の当事者が新たに独立した契約を承認することと経済的実態が変わらない場合である。IFRS第15号では，以下の両方の条件が存在している場合には，契約変更を独立した契約として会計処理しなければならないとしている（IFRS第15号第20項）。

(a) 別個のものである約束した財またはサービスの追加により契約の範囲が拡大する。

(b) 契約の価格が，追加的に約束した財またはサービスについての企業の独立販売価格と具体的な契約の状況を反映するための当該価格の適切な調整とを反映した対価の金額の分だけ増額する。

ケーススタディⅡ－1－5では，契約範囲の変更を独立した契約として会計処理すべきかどうかをどのように判断すべきかについて解説する。

ケーススタディⅡ－1－5 ▶契約変更を独立した契約として会計処理する場合

前提

企業Eは，顧客との間で，X1年4月1日に単価100円の製品を100個10千円で販売する契約を締結した。この製品は1製品ごとが別個のものであり，6か月間にわたり顧客に移転される。X1年7月1日に，同じ製品を単価95円で20個追加販売するようにこの契約を変更することを当事者間で承認した。追加の製品の価格は，契約変更日における独立販売価格を表している。

企業Eは，この契約変更を独立した契約として会計処理すべきか。

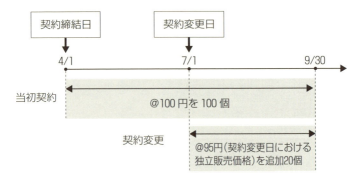

> ポイント

　当該契約変更を，独立した契約として会計処理すべきかどうかを判断するためには，IFRS第15号第20項の2つの条件（前述①(a)，(b)）を満たしているかどうかを検討することになる。

> 考え方

　追加の製品20個を単価95円で販売する契約変更について，追加の製品は，契約変更前の当初の契約とは別個のものであり，その価格は契約変更日における追加の製品の独立販売価格を反映している。したがって，当初の契約がこの契約変更の影響を受けることはないことから，契約変更を独立した契約として会計処理すべきである。

> 日本基準の実務における取扱い

　日本基準では，工事契約やソフトウェアの受注制作契約を除き，契約変更に関する一般的な定めはない。このため，個々の契約の変更の内容を勘案して会計処理することになるものと考えられる。すなわち，当該契約変更を当初契約とは独立の契約として会計処理するか，当該契約変更を当初契約の価格と数量を変更するものと捉えて，契約変更時にその影響を認識する会計処理が考えられる。
　この点，例えば，契約変更時点において，すでに当初の契約による100個の製品をすべて顧客に移転済みであるようなケースでは，通常，契約変更は当初契約とは独立の契約として会計処理されているものと考えられる。

② 契約変更が独立した契約として会計処理されない場合

　契約変更が，①で示した2つの条件を満たすことができない場合には，当該契約変更は，独立した契約として会計処理されないことになる。このような場合には，当該契約変更は，既存の契約を解約して新契約を創出したかのように会計処理するか，既存の契約の一部であるかのように会計処理しなければならない。
　ケーススタディⅡ－1－6では，サービス契約の契約期間の延長を独立した契約として会計処理するかどうかをどのように判断すべきかについて解説する。

ケーススタディⅡ-1-6 ▶ サービス契約の契約期間の延長(1)

前 提

企業Fは，X1年1月1日に顧客との間で，450千円でサービスを提供する3年契約（年間150千円）を締結している。契約開始時のサービスの独立販売価格は，年間150千円である。X2年12月31日に，両当事者は当該契約を以下のように変更することに合意した。

- 3年目の報酬を120千円に減額する。
- 顧客はさらに3年間300千円（年間100千円）で契約を延長する。

なお，契約変更日のサービスの独立販売価格は，120千円である。
企業Fは，この契約変更を独立した契約として会計処理すべきか。

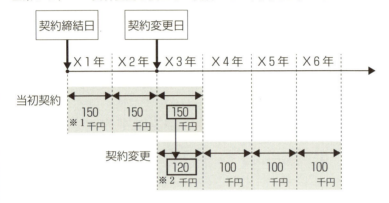

※1 契約開始時の独立販売価格
※2 契約変更日の独立販売価格

ポイント

上述したIFRS第15号第20項の2つの条件（前述①(a)，(b)）は，いずれか一方を充足したとしても，他方の要件を充足しない限りは，契約変更を独立した契約として会計処理すべきではない。このため，契約変更時には，2つの条件の双方に該当しているかを検討することが必要であることに留意する。

考え方

本契約変更は，追加のサービスを区別できたとしても，契約価格は，追加のサービスの独立販売価格を反映する対価の金額について増額していないため，独立した契約として会計処理すべきではない。

> 日本基準の実務における取扱い
> 　ケーススタディⅡ－1－5と同様に，当該契約変更を当初契約とは独立の契約として会計処理するか，当該契約変更を当初契約の契約期間と報酬の変更と捉えて，契約変更時にその影響を認識する会計処理することが考えられる。

　契約変更が，独立した契約として会計処理されない場合に，契約変更日現在でまだ企業が移転していない約束した財またはサービスがある場合，それらについて，以下のⅰもしくはⅱのいずれかの方法で会計処理することになる（IFRS第15号第21項）。

ⅰ．契約変更を将来に向かって会計処理する場合
　顧客に移転していない残りの財またはサービスが，契約変更日以前に移転したものと別個の財またはサービス（第Ⅱ部第2章2．(1)「定義」(58頁)を参照）である場合には，企業は，契約変更を既存の契約を解約して新契約を創出したかのように会計処理しなければならない。また，残存履行義務（または，ほぼ同一で，顧客への移転のパターンが同じである一連の別個の財またはサービスの残りの別個の財またはサービス）に配分すべき対価の金額は，以下の合計額となる。
　　●顧客が約束した対価（顧客からすでに受け取った金額を含む）のうち，取引価格の見積りに含まれていて，収益として認識していなかったもの
　　●契約変更の一部として約束された対価

　ケーススタディⅡ－1－7では，ケーススタディⅡ－1－6で示したサービス契約の契約期間の延長をどのように会計処理すべきかについて解説する。

ケーススタディⅡ－1－7▶サービス契約の契約期間の延長⑵

前　提
　ケーススタディⅡ－1－6と同様の前提とする。

> **ポイント**
>
> 契約変更日現在で顧客に移転していない残りの財またはサービスが，契約変更日以前に移転した財またはサービスと別個のものである場合には，契約変更を当初の契約を解約して新契約を創出したかのように会計処理すべきかどうかを検討する。

> **考え方**
>
> 本契約変更は，当初の契約が終了し新しい契約が創出されたかのように会計処理することとなる。企業Fは，これから提供する残りのサービス全体（すなわち，当初契約の残余の義務と新しい義務）に対して，残りの対価を再配分しなければならない。企業Fは，残存サービス期間である4年間（当初契約のもとでの残りの1年と追加の3年）にわたり合計420千円（120千円＋300千円），すなわち1年当たり105千円を収益として認識することになる。

当初の契約（残り1年）	延長契約（3年）
120千円／年×1年	100千円／年×3年

契約変更を当初の契約から独立した契約として会計処理しない

当初の契約（残り1年）＋延長契約（3年）
420千円（120千円×1年＋100千円×3年）÷4年＝105千円／年

ⅱ．契約変更を累積的キャッチアップの方法で会計処理する場合

　顧客に移転していない残りの財またはサービスが別個のものではなく，契約変更日現在で部分的に充足されている単一の履行義務の一部を構成する場合には，企業は，契約変更を既存の契約の一部であるかのように会計処理しなければならない。契約変更が，取引価格および当該履行義務の完全な充足に向けての進捗度の測定値に与える影響は，契約変更日において，収益の修正（増額または減額）として認識される。すなわち，契約変更日において，収益の修正は累積的キャッチアップの方法で行われる。

　ケーススタディⅡ－1－8では，契約変更による収益の修正を累積的キャッチアップの方法で会計処理する場合について解説する。

ケーススタディⅡ-1-8 ▶ 追加の財またはサービスが別個のものでない場合

前提

企業Gは，X1年4月1日に顧客との間で，1,000百万円で製造施設を建設する2年契約を締結した。製造施設の建設は一定の期間にわたって充足される履行義務である。

企業Gは，契約開始時に，以下を見込む。

	（百万円）
取引価格	1,000
予想原価	700
予想利益（30%）	300

企業Gは，発生した原価を基礎としたインプット測定値が履行義務の完全な充足に向けての進捗度の適切な測定値を提供すると判断した。X2年3月31日までに発生した原価は420百万円であり，企業Gが認識した累計の収益および原価は以下のとおりとなる。

	（百万円）
収益	600
原価	420
利益	180

企業Gと顧客は，X2年3月31日に当初のフロアプランを修正することに合意し，これにより，取引価格200百万円および予想原価120百万円がそれぞれ増加することになった。

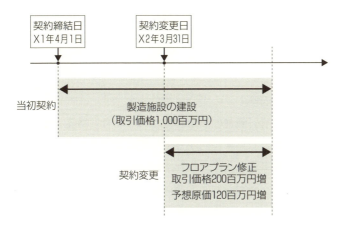

> **ポイント**
>
> 　契約変更により追加的に約束した財またはサービスが生じることがなく，原契約の一部としてすでに充足されている履行義務と単一の履行義務となる場合に，どのように会計処理すべきかを検討する。

> **考え方**
>
> 　企業Gは，当該変更を契約変更が当初契約の一部であるかのように会計処理しなければならない。契約変更後の契約のもとで提供される残りの財およびサービスは別個のものではないため，この契約変更により新たな履行義務は生じない。企業Gは，契約変更の影響を会計処理するために，取引価格の見積りおよび進捗度の測定を見直して，履行義務の51.2％（発生した実際原価420百万円÷変更後の予想原価820百万円）を充足していると見積もる。企業Gは，追加の収益14百万円（変更後の取引価格1,200百万円×51.2％－現在までに認識した収益600百万円）を契約変更日時点で累積的にキャッチアップして認識することになる。

ⅲ．契約変更が，上述ⅰおよびⅱの特徴を有する場合

　顧客へ移転していない残りの財またはサービスが上述したⅰおよびⅱの特徴を有する場合には，契約変更が変更後の契約の中の未充足の履行義務に与える影響について，上述したⅰおよびⅱの場合の会計処理と整合するような方法で会計処理することとなる。例えば，契約変更の内容の一部は，すでに提供されたサービスに関わるものの，他の部分は追加的なサービスの提供となると考えられるような場合である。

ⅳ．契約変更が取引価格のみの場合

　契約変更により，取引価格のみが変更される場合もある。このような場合には，取引価格の変更を，将来に向かって会計処理するか，累積的キャッチアップの方法で会計処理することになる。すなわち，顧客へ移転していない残りの財またはサービスが，別個のものである場合には，取引価格の変更を将来に向かって会計処理することになり，別個のものとならない場合には，累積的キャッチアップの方法で会計処理することになる。

> *PwC's Eyes*
>
> 　取引価格は，状況の変化や不確実性が解消されることによって，変更される場合がある。このような取引価格の変更は，契約変更ではなく，変動対価として会計処理することとなる（変動対価については，第Ⅱ部第3章2．「変動対価」（80頁）を参照のこと）。
>
> 　また，取引価格が，契約変更後，状況の変化や不確実性の解消により変更になる場合には，会計処理は複雑になる（IFRS第15号第90項）。詳細は，第Ⅱ部第4章5．「取引価格の変動」（122頁）を参照のこと。

第2章 ステップ2：契約における履行義務を識別する

1．履行義務の識別

(1) 定　義

　ステップ2では，顧客との契約から生じる収益を会計処理するために，顧客との契約における履行義務を識別する。IFRS第15号では，履行義務を以下のように定義しており，企業は，契約開始時に，顧客と契約において約束した財またはサービスを評価して，履行義務を識別しなければならない（IFRS第15号第22項，付録A）。

履行義務
　顧客に次のいずれかを移転するという当該顧客との契約における約束
- 別個の財又はサービス（あるいは財又はサービスの束）（以下，(3)で解説する）
- ほぼ同一で顧客への移転のパターンが同じである一連の別個の財又はサービス（以下，(4)で解説する）

　IFRS第15号における履行義務は，収益認識の会計単位を示しており，その単位ごとに収益の測定方法や認識時期を決めることになる。履行義務の識別にあたっては，顧客との約束である複数の履行義務をまとめて1つのグループとして会計処理すべきか，それとも，いくつかのグループに分けてそれぞれ個別に会計処理すべきかについて決定することになるが，これには重要な判断が要

求される。

本章では，このような履行義務の識別に必要となる重要な判断に関する，IFRS 第15号のガイダンスについて解説する。

下記の**図表Ⅱ－2－1**では，IFRS 第15号における履行義務の種類とその例を示している。

(図表Ⅱ－2－1) 履行義務の種類

別個の 財またはサービス	区分できない 財またはサービスの束	一連の別個の サービス
例：消費財	例：ビル建設	例：毎日の清掃業務

(2) 顧客との契約における約束

多くの場合，顧客との契約は，企業が顧客に移転すると約束している財またはサービスを明示している。しかしながら，状況によっては，顧客との契約で識別される履行義務が，当該契約で明示されている財またはサービスに限定されず，企業の取引慣行などで含意されているものを含む場合もある（IFRS 第15号第24項）。ただし，契約当事者が契約を合意した時点で，一部の約束した財またはサービスについて当該約束が明示的または黙示的に存在していない場合には，その一部の財またはサービスを提供する履行義務を表さない場合がある（IFRS 第15号 BC92項）。なお，顧客との契約において明示されていない場合についての詳細は，本章3．(2)「契約で明示されていない顧客との約束」(73頁) を参照のこと。

約束した財またはサービスには，以下のようなものが含まれるが，これらに限定するものではない（IFRS 第15号第26項）。

- ●企業が製造する財の販売（例えば，製造業者の棚卸資産）
- ●企業が購入する財の再販売（例えば，小売業者の商品）

- 企業が購入した財又はサービスに対する権利の再販売（例えば，本人として行動している企業が再販売するチケット）
- 顧客のための契約上合意された作業の履行
- 財又はサービスを提供できるように待機するサービスの提供（例えば，利用可能になった時点で提供されるソフトウェアの不特定のアップデート）又は顧客が使用を決定した時点で顧客が財又はサービスを使用できるようにするサービス
- 別の当事者が財又はサービスを顧客へ移転するよう手配するサービスの提供（例えば，別の当事者の代理人として行動すること）（第Ⅲ部第3章「本人／代理人取引」（200頁）を参照）
- 顧客が再販売するか又は自らの顧客に提供することのできる将来において提供される財又はサービスに対する権利の付与（例えば，小売店に製品を販売する企業が，当該小売店から製品を購入する個人に追加的な財又はサービスを移転することを約束している場合）
- 顧客に代わっての資産の建設，製造又は開発
- ライセンスの付与（第Ⅲ部第2章「ライセンス」（175頁）を参照）
- 追加の財又はサービスを購入するオプションの付与（当該オプションが，重要な権利を顧客に提供する場合）（第Ⅲ部第4章「追加の財サービスに対する顧客のオプション」（213頁）を参照）

なお，企業が契約を履行するために行わなければならない活動で，当該活動を顧客に財またはサービスとして移転する約束がない場合には，履行義務に含まれない（詳細は，本章3．(1)「履行義務ではない活動」（73頁）を参照のこと）。

(3) 別個の財またはサービスの移転

顧客に対して別個の財またはサービスを移転するものとして識別された企業の約束は，履行義務である。財またはサービスが別個のものではない場合には，他の財またはサービスと組み合わせることによって，企業が，別個の財またはサービスの束を識別するまで，複数の財またはサービスを結合させなくてはならない。状況によっては，契約に含まれている約束した財またはサービスのすべてを結合させ，単一の履行義務として会計処理することが必要な場合もある

(IFRS 第15号第30項)。

　この履行義務の識別において，重要性に基づいた判断により，別個の履行義務として識別しないことが容認される場合があるかどうかについては，IAS 第8号「会計方針，会計上の見積りの変更及び誤謬」で記述する以下の重要性（IAS 第8号第5項）に基づいて判断することになる（IFRS 第15号 BC90項）。

> **重要性がある**
> 　項目の脱漏及び誤表示は，利用者が財務諸表を基礎として行う経済的意思決定に，単独で又は総体として影響を与える場合には，重要性がある。重要性は，それを取り巻く状況において判断される脱漏や誤表示の大きさや性質により決定される。当該項目の大きさや性質，又はその両方が重要性を判断する要因となり得る。

> *Short Break*　**重要性のない約束した財またはサービスの識別**
> 　従来，米国の実務では，重要性のない財またはサービスを識別する必要がないとする SEC ガイダンスが存在していた。他方で，IFRS 第15号およびトピック606では，当初，これと同様の免除規定を認めず，IAS 第8号および財務会計概念書第8号「財務報告に関する概念フレームワーク」で示されている重要性の一般的重要性の概念に基づき検討することが求められていた（IFRS 第15号 BC90項）。そのため，IFRS 第15号のもとでは，個別には重要性がない財またはサービスであっても，それらを合算した履行義務が財務諸表に対して重要性があるかどうかの判断を求められることになることから，TRG では費用対効果の観点から疑問が呈された。この結果，IASB は，当初の取扱いから変更せず，IAS 第8号の一般原則に従って判断することとしている。一方，FASB は，実務に配慮して，顧客との契約の観点において重要性がないと評価された財またはサービスについては，累計して財務諸表レベルでそれらの重要性を評価することは要求されないこと，さらに，契約の観点において重要性がない財またはサービスが顧客に移転される前に，履行義務に関連した収益を認識する場合には，財またはサービスの移転に関連するコストを引当計上することが必要になることを明確にするよう，ASU2016-10で追加の修正を行った。

(4) 一連の別個の財またはサービス

企業が顧客に移転する財またはサービスの中には,例えば,ビルの清掃サービスのように,実質的に同一の財またはサービスを一定の期間にわたって連続的に移転するようなものがある。このような一連の財またはサービスの移転が,ほぼ同一で,顧客への移転のパターンが同じである場合には,当該一連の財またはサービスを単一の履行義務として会計処理することになる。以下の要件の両方に該当する場合に,一連の財またはサービスが,同じパターンで顧客へ移転するものとして会計処理される(IFRS 第15号第23項)。

(a) 企業が顧客への移転を約束している一連の別個の財またはサービスのそれぞれが,一定の期間にわたり充足される履行義務の要件(詳細は,第Ⅱ部第5章3.「一定の期間にわたり充足される履行義務」(126頁参照))を満たす。
(b) 一連の別個の財またはサービスのそれぞれを顧客に移転する履行義務の完全な充足に向けての企業の進捗度の測定に,同一の方法が使用される。

> *PwC's Eyes*
>
> 上述した一連の別個の財またはサービスの概念が IFRS 第15号に含められている趣旨は,収益認識のモデルを単純化するとともに,企業が実質的に同一の財またはサービスを一定の期間にわたり連続的に提供する状況にある取引について,首尾一貫性をもって履行義務を識別するためである。IFRS 第15号において識別の条件は定められているが,実務上,一連の別個の財またはサービスが同じパターンで顧客へ移転するものかどうかの決定にあたっては,企業の判断が要求されることが多い。
>
> また,一連の別個の財またはサービスを単一の履行義務として IFRS 第15号における会計処理を判断する場合には,原則として,別個の財またはサービスに着眼せずに,単一の履行義務として会計処理を検討することに留意する必要がある。ただし,契約変更や変動対価を配分する会計処理を検討する場合には,単一の履行義務である一連のものとしてではなく,別個の財またはサービスそれぞれとして検討するものと考えられる。
>
> なお,この規定は任意での選択適用は認められておらず,一連の別個の財またはサービスの要件に該当する場合には,単一の履行義務として取り扱わなければならない。

2. 財またはサービスが別個のものであるか否かの判定

(1) 定　義

　顧客との複数の約束が含まれる契約について，企業は，当該契約に含まれる財またはサービスが別個のものかどうかを評価することが必要である。以下の2つの要件の両方に該当する場合には，別個のものであるとして会計処理することとなる（IFRS第15号第27項）。

①　財またはサービスが別個のものとなりうる場合
　　顧客がその財またはサービスからの便益を，それ単独でまたは顧客にとって容易に利用可能な他の資源と組み合わせて得ることができる。
②　財またはサービスを移転する約束が契約の観点において別個のものである場合
　　財またはサービスを顧客に移転するという企業の約束が，契約の中の他の約束と区分して識別可能である。

　図表Ⅱ－2－2は，契約における顧客との約束を識別する要件の検討の概要を示している。

（図表Ⅱ－2－2）契約における顧客との約束を識別する要件の検討

1.または2.を満たす場合，それぞれを履行義務として識別する		検討ポイント	一般的な取引の例
1.	(a) 別個のものとなりうる　　かつ	・単独で便益を得られるか ・容易に利用可能な他の資源と組み合わせて利用できるか	・製品販売と追加の保守サービス ・ライセンスとアップグレードサービス
	(b) 契約の観点において，別個のものである	・結合したアウトプットに統合する重要なサービスは提供されない ・大幅な仕様変更やカスタマイズによらない ・高い相互依存性や相互関連性がない	
2.	一連の別個の財またはサービス	・ほぼ同一で，顧客への移転のパターンが同じ ・一定の期間にわたり充足される履行義務の要件を満たす	・コールセンターのサービス ・運送サービス ・ビルの清掃

(2) 顧客が財またはサービスからの便益を得ることができる

顧客が財またはサービスの使用,消費またはスクラップ価値より高い金額で売却することができるか,または経済的便益を生み出す他の方法で保有することができる場合に,IFRS 第15号では,顧客が財またはサービスからの便益を得ることができることになる(IFRS 第15号第28項)。

また,財またはサービスの中には,単独で顧客が便益を得ることができるものもあるが,一部の財またはサービスについては,顧客が容易に利用可能な他の資源と組み合わせてはじめて当該財またはサービスから便益を得ることができる場合がある。この場合において,容易に利用可能な資源とは,当該企業や他の企業が独立に販売している財またはサービス,顧客がすでに企業から得ている資源(企業が契約に基づいてすでに顧客に提供している財またはサービスを含む),または,他の取引や事象から得ている資源である。

> **PwC's Eyes**
>
> 一般的に,企業が単独で販売している財またはサービスについては,顧客が単独で便益を得ることができるものと考えられる。また,財またはサービスが提供される時期(順番)は,顧客が財またはサービスから便益を得ることができるかどうかの判断に影響を与えるものである。例えば,一方の財の納入後,しばらく時間をおいて,他の財またはサービスが同一の顧客へ提供される場合には,先に納入されている財は,他の財またはサービスの提供の有無にかかわらず,顧客はその便益を得られていると一般的に考えられる。

ケーススタディⅡ-2-1では,追加の財またはサービスが含まれる契約における履行義務の考え方について解説する。

ケーススタディⅡ-2-1 ▶ 追加の財またはサービスが含まれる契約の場合

[前提]

　企業Hは，顧客との間で，特注品ではない工具および当該工具専用の交換部品の売買契約を締結している。企業Hは，工具と交換部品とを一緒に販売しており，他の企業はいずれの製品も販売していない。顧客は，交換部品を使わずに工具を使用することができるが，交換部品には工具の部品交換以外の用途はない。

　契約にはいくつの履行義務が含まれているか。

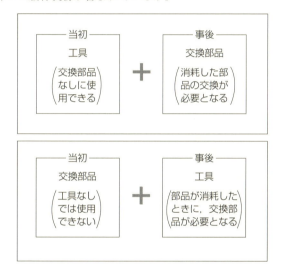

[ポイント]

　企業Hから顧客に提供される工具と交換部品が，どの時点で顧客に提供されているのかに焦点を当て，履行義務がいくつあるのかを判断する。

[考え方]

　企業Hが，最初に工具を顧客に提供した場合には，顧客は工具からの便益を単独で得ることができる。さらに後から入手する交換部品については，先に納入されている工具（顧客が容易に利用可能な資産）を使用することによって交換部品からの便益を得ることができる。このため，企業Hが提供する当該工具と交換部品は，1つに統合され結合したアウトプットとして顧客へ提供されるものではない。この場合には，2つの履行義務が存在すると考えられる。

　一方，企業Hが，工具よりも先に交換部品を顧客に提供した場合には，顧客は交換部品だけでは便益を得ることができない。このため，企業Hが先に提供した

交換部品は，後に提供される工具と統合したアウトプットとして顧客に提供されるものと考えられる。したがって，この場合には，単一の履行義務になるものと考えられる。

> **日本基準の実務における取扱い**
>
> 　日本基準では，工事契約や受注制作のソフトウェアに関する認識の単位に関する個別の定めがあるのみで（工事契約に関する会計基準第7項，ソフトウェア取引の収益の会計処理に関する実務上の取扱い3），取引の会計処理単位の分割に関する一般的な定めはない。
>
> 　本ケースのように，工具と交換部品の顧客への提供時期が異なる場合，契約において対価の支払について双方の完納が条件となっているような場合を除き，一般的には，工具と交換部品それぞれを顧客に提供した時点で収益を認識するものと考えられる。

(3) 契約の観点から顧客に財またはサービスを移転する約束が区分して識別可能な場合

　最終的に移転する財またはサービスをどのようなものとして顧客が期待しているのかを理解することは，顧客に財またはサービスを移転する約束を単一の履行義務として会計処理するかどうかを検討するうえで重要である。契約の中には複数の財またはサービスが含まれていたとしても，顧客は，そのうち，いくつかの財またはサービスを結合させて単一のものとして購入している場合もあれば，複数のものとして購入している場合もあると考えられる。このような検討には，企業の判断が必要となる。

　IFRS第15号では，顧客に財またはサービスを移転する複数の約束が区分して識別可能であるか否かを判定するにあたっては，契約の中の約束の性質が個別の財またはサービスを移転するものであるか，または約束した財またはサービスをインプットとする統合された項目を移転するものであるかを決定することを求めている（IFRS第15号第29項）。財またはサービスを顧客に移転するという複数の約束が，契約の観点から区分して識別可能でないことを示す要因として，以下のものを示している。ただし，これらに限定されるものではない（IFRS第15号第29項）。

(a) 企業が，当該財またはサービスを契約において約束している他の財またはサービスとともに，顧客が契約した結合後のアウトプットを示す財またはサービスの束に統合する重要なサービスを提供している。言い換えると，企業が当該財またはサービスを，顧客が指定した結合後のアウトプットの製造または引渡しのためのインプットとして使用している。統合後のアウトプットには，複数のフェーズ，要素または単位が含まれていることもある。
(b) 1つ以上の当該財またはサービスが，契約で約束した1つ以上の他の財またはサービスの大幅な修正またはカスタマイズをしている，あるいは当該他の財またはサービスにより大幅に修正またはカスタマイズされる。
(c) 当該財またはサービスについて，相互依存性や相互関連性が高い。言い換えると，当該財またはサービスのそれぞれが，契約における1つ以上の他の財またはサービスにより重大な影響を受ける。例えば，複数の財またはサービスは，企業が当該財またはサービスのそれぞれを移転する約束を独立して履行できないために相互に重大な影響を受けることがある。

PwC's Eyes

　上述したIFRS第15号第29項の3つの要因は，契約の中の複数の財またはサービスを移転する企業の履行が，顧客との単一の約束を履行することであるか否かを企業が判断するときに有用な助けとなるものである。
　しかしながら，これらの要因は包括的なリストではないため，チェックリストとして使用するべきではない。
　経営者は，個別の財またはサービスを単純に足し合わせたものよりも統合したもののほうがより大きい，もしくは実質的に異なるものであるかを検討する必要がある。例えば，壁を構築する契約は，材木，労力および石膏ボードを提供する約束を含んでいる可能性がある。個々のインプット（材木，労力および石膏ボード）は，これらを足し合わせたものとは実質的に異なる「壁」を構築するのに使用される。この「壁」を構築するという約束は，単一の履行義務である。
　経営者は，複数の財またはサービスを移転するという約束について，統合の有無や程度，相互関連性および相互依存性の水準を検討することが必要となる。財またはサービスは，契約の中の他の財またはサービスがない

と購入されないということだけを理由に，これらの財またはサービスを結合して単一の履行義務とすべきではない。

例えば，機器の購入と通常のインストールサービスを含む契約は，たとえ，顧客が機器を購入しなければ，インストールサービスを購入しないとしても，必ずしも単一の履行義務であるとは限らない。

ケーススタディⅡ－2－2では，財またはサービスの束に結合されると判断する場合について解説する。

ケーススタディⅡ－2－2 ▶財またはサービスの束に結合される場合(1)

前　提

企業Ｉは，新しい住宅購入者のために住宅の設計・建設契約を締結している。企業Ｉは，プロジェクトの全体的な管理を担当し，建築設計，宅地造成，住宅の建設，配管工事，電気工事，内装工事等のさまざまな財およびサービスを識別している。企業Ｉは，通常，顧客にこれらの財およびサービスの個別販売も行っている。

本契約には，いくつの履行義務が含まれているか。

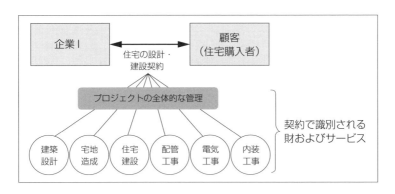

ポイント

識別された財またはサービスが，単一の履行義務かどうかについては，顧客がどのような財またはサービスを得ることを期待しているかを検討し，契約条項やその他の関連する事実などを考慮して判断する。

> 考え方

　本契約では，識別された財およびサービスの束を単一の履行義務に結合しなければならないと考えられる。
　住宅購入者は，財またはサービスを単独で，または，容易に利用可能なその他の資源と一緒にして，いずれの方法でも便益を得ることができるため，約束された財およびサービスは別個のものとすることができる。これは，企業Ⅰは，通常，他の住宅購入者に財またはサービスを独立して販売しており，また，住宅購入者は，それらを利用，消費，もしくは売却することによって個別の財およびサービスからの経済的便益を受けることができるためである。
　しかしながら，住宅購入者は，契約上は企業Ⅰからすべての財またはサービスを統合し結合した1つのアウトプットとして住宅を購入している。したがって，これらの財およびサービスを顧客に移転する約束は，当契約中の他の約束とは区分して識別できないため，当該契約の中においては別個のものではないと考えられる。すなわち，企業Ⅰは，住宅購入者が購入契約をしている住宅（結合したアウトプット）を提供するために，さまざまな財およびサービス（インプット）を統合する重要なサービスを提供していると考えられるからである。

> 日本基準の実務における取扱い

　工事契約については，当事者間で合意された実質的な取引の単位に基づくとされているため，契約上の取引を実質的な取引単位を反映するように分割することが必要となる（工事契約会計基準第7項）。また，実質的な取引の単位は，工事義務の履行により対価に対する請求権が確定的となる範囲を考慮することが必要とされていることから，必ずしも，契約書において示された取引単位とならない可能性がある（工事契約会計基準第43項）。

　ケーススタディⅡ-2-3では，財またはサービスの束が別個のものであるかどうかを判断する場合について解説する。

ケーススタディⅡ－2－3 ▶ 財またはサービスの束に結合されない場合

前提

企業Jは，顧客との間で，無期限のソフトウェア・ライセンス，インストールサービス，および3年間の契約後カスタマーサポート（未確定の将来のアップグレードおよび電話サポート）を提供する契約を締結している。インストールサービスは，企業Jがソフトウェアの特定部分の設定を行うことを要求するものだが，ソフトウェアを大幅に変更するものではない。これらのサービスには，特有な専門知識を必要としないため，一定の技術力を有するソフトウェア技術者であれば同様のサービスを行うことができる。アップグレードや電話サポートによって，この顧客にとっての便益や価値は重大な影響を受けることはない。

本契約にはいくつの履行義務が含まれているか。

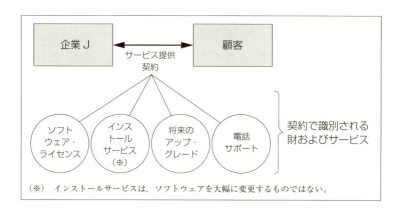

ポイント

上述した**ケーススタディⅡ－2－2**と同様である。

考え方

本契約では，(1)ソフトウェア・ライセンス，(2)インストールサービス，(3)未確定の将来のアップグレード，および(4)電話サポートの4つの履行義務が含まれている。

このソフトウェアは，インストールサービス，未確定の将来のアップグレード，または電話サポートがなくても機能性を維持できるため，顧客は（最初に引き渡

された）ソフトウェアから便益を得ることができるものと考えられる。顧客は，入手済のソフトウェアと一緒に，その後に提供されるインストールサービス，未確定の将来のアップグレード，および電話サポートからの便益を得ることができると考えられる。

企業Jは，インストールサービス，未確定の将来のアップグレードや電話サポートは，ソフトウェアを大幅に変更またはカスタマイズするものではないため，それぞれの財およびサービスは区分して識別できると結論付けるものと考えられる。さらに，ソフトウェアと各サービスは，いずれも，顧客が受け取ることを約束しているアウトプットとして統合されていないと考えられる。

日本基準の実務における取扱い

ソフトウェア取引の複合取引については，収益認識時点が異なる複数の取引が1つの契約に含まれている場合には，財またはサービスの内容や個々の金額の内訳が顧客との間で明らかにされている場合や，それ以外でも管理上の適切な区分に基づいて，対価を分割することができる（ソフトウェア取引の収益の会計処理に関する実務上の取扱い3）。ただし，当該複合取引において，無期限のソフトウェア・ライセンスが主たる取引であり，その他のサービスが付随的なものと判断される場合には，全体をまとめて1つの会計単位として取り扱うことになる場合もあると考えられる。

ケーススタディⅡ－2－4では，上述したケーススタディⅡ－2－3の前提となった事実関係に，追加的な前提を加え，財またはサービスが束に結合されるか，または，それぞれ別個のものとされるかを判断する場合について解説する。

ケーススタディⅡ－2－4 ▶財またはサービスの束に結合される場合(2)

前 提

ケーススタディⅡ－2－3と同じケースを想定する。ただし，インストールサービスは，企業Jが顧客の所有する他のコンピュータシステムとの連携を可能にする重要な新機能をソフトウェアに追加することにより，ソフトウェアの実質的なカスタマイズを行うものである。

本契約にはいくつの履行義務が含まれているか。

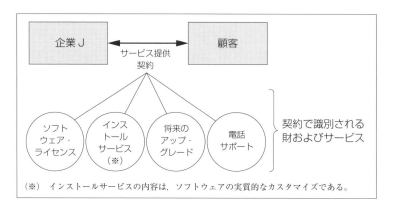

ポイント

上述した**ケーススタディⅡ－2－2**と同様である。

考え方

本契約では，(1)カスタマイズされたソフトウェアに対するライセンス，(2)未確定の将来のアップグレード，(3)電話サポートの3つの履行義務が含まれている。

企業Jは，顧客との約束はカスタマイズされたソフトウェア・ソリューションを提供することであると考えている。ソフトウェアとインストールサービスは，顧客と契約した結合したアウトプットのためのインプットである。結果として，ソフトウェア・ライセンスとインストールサービスは区分して識別できないため，単一の履行義務に結合すべきと考えられる。この結論は，企業Jが顧客のその他のコンピュータシステムとライセンスされたソフトウェアを統合する重要なサービスを行っているという事実によってさらに裏付けられる。

また，インストールサービスの性質は，当該サービスによりソフトウェアに大幅な変更とカスタマイズをもたらすものである。

なお，未確定の将来のアップグレードおよび電話サポートは，ソフトウェアを大幅な変更またはカスタマイズするものではないため，区分して識別することができ，それぞれを履行義務として区別して会計処理することになると考えられる。

3. その他の考慮事項

(1) 履行義務ではない活動

　企業が契約を履行するうえで実施する活動の中には，顧客に財またはサービスを移転するものではないために，履行義務に該当しないものもある。例えば，契約締結のための事務手続や資材の移管などは，企業が契約を履行するために行わなければならない活動ではある。しかしながら，この活動が顧客へ財またはサービスを移転するものではない場合には，履行義務に該当しないため，このような活動を実施することでは，顧客との契約により生じる収益は認識されることはない（IFRS第15号第25項）。

(2) 契約で明示されていない顧客との約束

　契約で明示されていない顧客との約束が履行義務に該当するかどうかを判断する場合には，企業は，顧客の観点で判断することになる。例えば，契約に明示されていない約束について，顧客が，企業の取引慣行に基づき，特定の財またはサービスを提供することを企業が約束していることを期待して，当該財またはサービスを企業から購買することを決定している場合も考えられる。このような場合には，企業の取引慣行やその他の関連する事実に含まれる約束までを考慮することとなる。契約に明示されていない追加的な財またはサービスが提供されるという顧客の妥当な期待が創出されている場合には，企業はそうした約束を履行義務として識別することになる（IFRS第15号第24項）。

　なお，IFRS第15号では，上記のような契約で明示されていない顧客との約束について，法律によって定められていることまでは要求されていない。そのため，契約で明示されていない顧客との約束について，強制可能な権利義務の存在が明確に保証されていない場合であっても，顧客が企業の履行を期待している場合には，契約当事者間の契約上の合意に基づいた履行義務として会計処理されることになる。

> *PwC's Eyes*
>
> 　多くの場合には，顧客との契約は，企業が顧客に移転すると約束している財またはサービスを明示している。しかしながら，前述したように，顧客との契約において明示されていない場合でも，企業や企業の属する業界の取引慣行，公表している方針などにより含意される約束について，顧客との契約に含まれているという顧客の妥当な期待が創出されている場合がある。この取引慣行や公表している方針などは，取引を行う法域，顧客の分類，財またはサービスの性質やその他の関連する事象により異なることから，企業は個別の事象や状況に応じて慎重に判断することが必要となる。

(3) 製造責任に基づいた保証および特許権侵害に対する保護

　企業は，法律や判決などにより，顧客が製品を意図したとおりに使用した場合に生じる損害や傷害により生じた損失に対する支払を要求される場合がある。このように，損害を受けた当事者に対して賠償金を支払う義務は，履行義務ではない。このような企業の債務に係る負債の会計処理は，IAS第37号「引当金，偶発債務及び偶発資産」の偶発損失に対する規定に基づいて検討することになる（IFRS第15号B30）。詳細については，第Ⅲ部第5章2.「製品保証」（241頁）を参照のこと。

　また，特許権，著作権，商標権などの侵害から顧客を保護する補償を企業が約束する場合があるが，企業が補償行為を事業として行っていない限りは，区分して識別可能な履行義務にはならない。このような補償に係る負債についても，上述した製造責任に基づいた製品保証と同様に，IAS第37号の偶発損失に対する規定に基づいて会計処理することになる。

(4) 追加的な財またはサービスに対する顧客のオプション

　顧客との契約の中には，追加的な財またはサービスを無料や割引により提供する顧客のオプションを含むものもある。こうした顧客のオプションが，契約における履行義務を生じさせるのは，そのオプションが，当該契約を締結しなければ，顧客が受け取れない重要な権利を顧客に提供する場合のみである（IFRS第15号B40項）。詳細については，第Ⅲ部第4章「追加の財またはサー

ビスに対する顧客のオプション」(213頁)を参照のこと。

(5) 顧客への配送サービス

顧客に商品を販売する契約の中には，当該商品を顧客の指定した場所まで配送するサービス（出荷および配送活動）が含まれ，当該サービスが区分して識別可能な履行義務となる場合がある。企業は，契約に基づいて，どの時点で顧客に商品の支配が移転するのか，また，配送サービスが履行義務となるのかについて，契約に明示的に定められた条項を評価することが必要である。配送サービスは，財の支配が配送前に顧客に移転するが，企業が財を配送する（もしくは，財の配送を手配する）ことを顧客と約束している場合には，独立した履行義務とみなされる可能性がある。一方，財の支配が配送前に顧客に移転していない場合には，配送は顧客に約束した別個のサービスではない。この場合，配送は顧客に財を移転する過程でコストが生じる履行活動である。

ケーススタディⅡ－2－5では，契約条項に明示されていない配送サービスの会計処理について解説する。

ケーススタディⅡ－2－5 ▶ 配送サービス

前提

企業Kは，顧客との間で，フラットスクリーンのテレビ5台の販売契約を締結している。顧客は，企業Kにテレビの配送の手配を要請している。契約上の引渡条件では，所有権と危険負担はテレビが配送業者に引き渡された時点で顧客に移転すると定められている。

顧客は，テレビが出荷された時点でテレビの支配を有しており，他者にテレビを売却することができる。企業Kは，配送業者が企業Kの搬出所でテレビを引き取った時点で他の顧客にテレビを販売（例：出荷の再指示）できなくなる。

本契約にはいくつの履行義務が含まれているか。

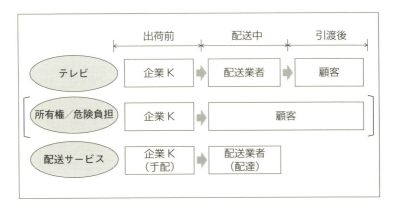

> [ポイント]

　契約上明示されている顧客との約束以外に，いくつの黙示的な約束があるのかを，企業の取引慣行などに基づいて検討することが必要である。

> [考え方]

　本契約には，(1)テレビの販売，および(2)配送サービスの2つの履行義務が含まれている。配送サービスは別個であるため，配送サービスはテレビの支配を顧客がいつ獲得するかについては影響しない。

　本契約では，企業Kは，支配が顧客に移転したとき（すなわち，出荷時）にテレビの販売に配分された収益を認識し，配送サービスを履行するに従ってそれらに配分された収益を認識することになる。

　また，企業Kは，第三者の配送業者がテレビの配送を行うように手配しているため，配送サービスに配分された収益を本人として総額で計上するか，もしくは，代理人として純額で計上するかを検討することも必要となる。本人・代理人の判定については，第Ⅲ部第3章「本人／代理人取引」（200頁）を参照のこと。

> [日本基準の実務における取扱い]

　日本基準では，工事契約や受注制作のソフトウェアに関する認識の単位に関する個別の定め（工事契約に関する会計基準第7項，ソフトウェア取引の収益の会計処理に関する実務上の取扱い3）があるが，これ以外に，取引の会計処理単位の分割に関する一般的な定めはない。そのため，本ケースにおいては，実現主義のもとでの収益認識要件の1つと解される「財貨の移転の完了」要件が満たされる時点は，契約において危険負担は配送業者に引き渡された時点で顧客に移転すると定められていることから，通常，配送業者に引き渡した時点と考えられる。

すなわち，原則として出荷時点であると考えられるため，出荷時点における収益の認識は適切な会計処理と考えられる。

> ### *Short Break* 　履行義務の識別に係る修正
>
> 　FASB は，契約の観点において重要性のない約束した財またはサービスに関しては識別しないことを認める修正（**Short Break**「重要性のない約束した財またはサービスの識別」（61頁）参照）および出荷および配送活動（配送サービス）に関する会計方針の選択に係る追加的な修正（**Short Break**「配送サービスの取扱い」（211頁）参照）について実務的な取扱いを追加した。IASB は，これらの2つの追加的な修正は，主として，従前の米国会計基準およびこれに関連する SEC のスタッフが公表したガイダンスに基づいた実務からの移行にあたり生じた懸念に対処するものと考えている。このため，IASB は，IFRS 第15号においては，これらの2つの追加的な修正を行っていない。

第3章 ステップ3：取引価格を算定する

1．取引価格算定の必要性

　企業は，履行義務を充足したとき（または，充足するにつれて），取引価格のうち，当該履行義務に配分した金額で収益を認識しなければならない（IFRS第15号第46項）。すなわち，取引価格は最終的に収益として認識される金額となるため，取引価格の算定は収益認識の金額を決める重要なステップである。IFRS第15号では，取引価格の定義を以下のように定めている（IFRS第15号第47項）。

> **取引価格**
> 　顧客への約束した財又はサービスの移転と交換に企業が権利を得ると見込んでいる対価の金額であり，第三者のために回収する金額（例えば，一部の売上税）を除く。

　例えば，消費税や売上税のように企業が第三者のために回収する金額は，取引価格には含まれない。また，取引価格は，固定金額，変動金額，またはその両方が含まれる場合がある。
　取引価格の算定は，顧客が一定の財またはサービスと交換に固定金額を現金で支払うと企業に約束している契約の場合には容易である。しかしながら，例えば，契約金額に業績ボーナスのような変動性があるものが含まれている場合には，取引価格自体に不確実性が存在することになり，その算定にあたって複

雑性が増すことになる。このように，取引価格の算定にあたっては，契約の内容によって，企業は，顧客により約束された対価の性質，時期および金額等，契約の条件および自らの取引慣行を考慮して，取引価格を見積もることが必要になる。IFRS第15号では，取引価格の算定にあたっての具体的な検討事項として，以下を挙げている（IFRS第15号第48項）。

- 変動対価（変動対価の見積りの制限を含む）
- 契約における重大な金融要素
- 現金以外の対価
- 顧客に支払われる対価

(図表Ⅱ－3－1）取引価格に含まれる対価

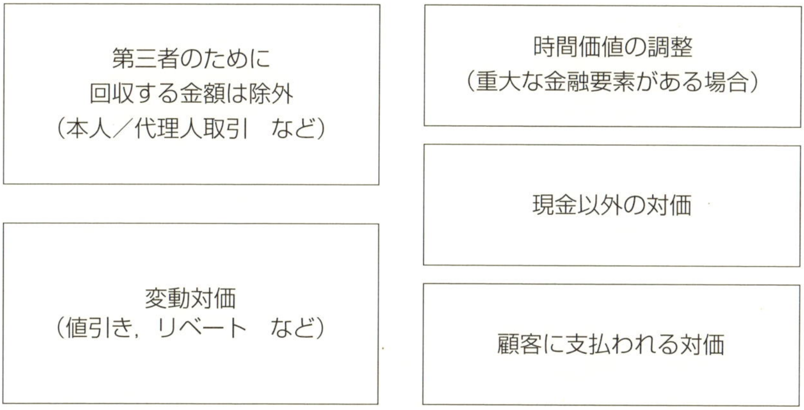

第三者のために回収する金額は除外（本人／代理人取引　など）	時間価値の調整（重大な金融要素がある場合）
	現金以外の対価
変動対価（値引き，リベート　など）	顧客に支払われる対価

　なお，取引価格の算定では，企業は将来の契約の取消し，更新または変更については考慮しない（IFRS第15号第49項）。これは，企業が権利を有しているのは現在の契約に基づく対価のみであり，将来の契約の取消しや変更などについては，顧客の同意が得られたときにはじめて企業はその対価に対する権利を得ることになるからである。

> **Short Break　顧客のオプションの取扱い**
>
> 　IFRS第15号では，取引価格の算定（ステップ3）において，未締結の将来の契約については考慮しない。しかしながら，例えば，更新オプションのように，現在の契約に含まれている顧客が将来の財またはサービスを取得する重要な権利については，取扱いが異なる。すなわち，このような顧客のオプションについては，一定の要件を満たす場合には，当該オプションが将来提供すると予想される財またはサービスおよびそれに対応する予想対価を参照して，当該オプションに取引価格を配分する方法が定められている。詳しくは，第Ⅲ部第4章4．「更新または解約オプション」（226頁）を参照のこと。

　取引価格の算定では，通常，契約において企業が権利を得ることとなる対価を顧客が企業に支払わないという，顧客の信用リスクは考慮されない。他方で，IFRS第15号において，顧客の信用リスクは以下のように取り扱われる。

- 契約の識別で考慮される（第Ⅱ部第1章3．(2)「顧客との契約」（35頁）を参照）。
- 契約に重大な金融要素が含まれている場合には，顧客の信用特性を反映した割引率を使用して，重大な金融要素を算定する（本章3．「契約における重大な金融要素」（96頁）を参照）。
- 契約資産や債権に係る顧客の信用リスクに関連する減損損失については，IFRS第9号「金融商品」に基づいて測定する。

　経営者は，顧客への請求額を減額する場合，その理由が，取引価格の変更であるのか，それとも回収不能額であるのかを，過去の取引慣行や顧客との関係維持を含む事実および状況を勘案して決定することが必要となる。この結果，取引価格の変更と判断された場合は，すでに認識した収益の減額として処理する。

2．変動対価

(1)　変動対価とは

　変動対価は，顧客との契約において約束された対価の金額が変動するもので

ある。契約に変動対価が含まれる場合，取引価格の算定にあたって，企業は約束した財またはサービスの顧客への移転と交換に権利を得ることとなる当該変動対価の金額を見積もることが必要になる（IFRS第15号第50項）。変動対価には，さまざまな形式のものがあるが（IFRS第15号第51項），実務においては，以下が見られる。

- 値引き，リベート，返金，インセンティブなどの項目
- 将来の事象の発生または不発生によって企業の権利が変動するもの。例えば，返品の発生状況によって対価の金額が変動する返品権付き販売契約や，目標達成を条件として支給される固定金額の業績ボーナス

通常，顧客が約束した対価が変動対価である場合には，その旨が契約に明記されているものと考えられる。しかし，契約に明記されていない場合であっても，以下のような状況がある場合には，顧客が約束した対価は変動対価であると考えられる（IFRS第15号第52項）。

- 企業の取引慣行，公表した方針や具体的な声明により，顧客は企業が値引きやリベートなどによる価格譲歩（実質的な値下げ）を提供すると期待している。
- 顧客との契約を締結するために，企業が価格譲歩する意図を示す状況がある。例えば，企業が販売した商品を顧客が第三者に転売する事業を行うとき，企業は将来の当該顧客への販売促進を見込んで，顧客が第三者に販売しやすいように，当該顧客に対して値引きする場合がある。

なお，契約に明示されていない変動対価が存在するかどうかを判断するためには，すべての事実および状況を考慮することが必要となる（IFRS第15号BC193項）。

PwC's Eyes

　IFRS第15号で示されている変動対価のガイダンスの適用範囲は広く，従前のIFRSにおいて変動対価とみなされていなかった金額が適用範囲に含まれる可能性がある。例えば，企業が，特定の事象の達成時にのみ受け取る権利を得る固定金額は，IFRS第15号のもとでは変動対価として取り扱われ，認識した収益の累計額に重大な戻入れが生じない可能性が非常に

> 高い範囲で取引価格に含めることになる。経営者は，対価の金額が固定か変動かにかかわらず，変動対価として会計処理されることになる金額について幅広く検討する必要がある。

(2) 変動対価の見積り
① 変動対価の見積方法

企業は，変動対価について，以下のいずれかのうち，企業が権利を得ることとなる対価の金額がより適切に予測できると見込む方法を用いて見積もることが必要である（IFRS 第15号第53項）。
- 期待値
- 最も可能性の高い金額（最頻値）

ⅰ．期待値

> **期待値**
> 考え得る対価の金額の範囲における確率加重金額の合計

この方法は，企業が特徴の類似した多数の契約を有している場合に，より適切となる可能性がある（IFRS 第15号 BC200項）。理論的には，企業は，期待値を使用してすべての発生しうる結果を検討して数値化することが必要である。しかしながら，実務上，複雑なモデルや技法を用いてすべての考えうる結果を考慮する必要はなく，多くの場合，限定的な数の離散的な結果および確率により，生じうる結果の分布の合理的な見積りを提供できるものと考えられる（IFRS 第15号 BC201項）。

企業が期待値により変動対価を見積もる場合，見積りにおいて契約データのポートフォリオを使用して類似した契約から得た証拠を考慮する。しかしながら，この取扱いは，個々の契約ではなく，特性の類似した契約のポートフォリオにガイダンスを適用することを企業に認める，選択可能な実務上の便法であるポートフォリオ・アプローチ（第Ⅰ部第1章2．Short Break「ポートフォリオによるアプローチ」（16頁）参照）を適用することと同一ではない。類似

の取引の実績を考慮することは，必ずしも企業がポートフォリオ・アプローチによる実務上の便法を適用していることにはならない。

ⅱ．最も可能性の高い金額（最頻値）

> **最も可能性の高い金額**
> 考え得る対価の金額の範囲における単一の最も可能性の高い金額

　この方法は，目標を達成するか否かというように，単一の契約で生じうる結果が2つしかないような場合に，通常，より適切な見積りとなると考えられる（IFRS第15号BC200項）。理論的には，企業は，最も発生の可能性の高い結果を識別するために，すべての生じうる結果を考慮しなければならない。しかしながら，実務上は，可能性の低い結果を数量化する必要はないものと考えられる（IFRS第15号BC201項）。

② **より適切な見積方法**

　変動対価の見積方法は，企業が会計方針として選択するものではない。企業は，どちらの方法が企業にとって権利を得ることとなる対価の金額をより適切に予測するものであるかという観点から決定することが必要である。そのため，企業は，いったんいずれかの方法を決定した後は，同一の契約全体を通じて，その方法を首尾一貫して適用することが必要である。これにより，企業の期間比較可能性が担保されることになる。また，企業は，変動対価の見積りにあたっては，企業が合理的に利用可能なすべての情報を考慮することが必要である。その情報には，以下のようなものがあると考えられる（IFRS第15号第54項）。

- 企業の経営者が入札および提案のプロセスで使用する情報
- 約束した財またはサービスの価格設定に使用する情報

(3) **変動対価の見積りの制限**

　変動対価はその不確実性が高すぎる場合には，見積もった変動対価が企業の顧客に約束した財またはサービスの移転と交換に権利を得ることとなる対価を

忠実に描写しない可能性がある。そこで，そのような状況を回避するために，IFRS第15号では，対価の形態が現金であるか否かに関係なく（IFRS第15号第68項），企業が取引価格に含めるべき変動対価の見積りを制限することを求めている（現金以外の対価については，後述の本章4.「現金以外の対価」（102頁）を参照のこと）。企業は，見積もった変動対価の金額の一部または全部を，当該変動対価に係る不確実性が解消される際に，認識した収益の累計額に重大な戻入れが生じない可能性が非常に高い範囲でのみ，取引価格に含める（IFRS第15号第56項）。この場合の「重大な」の判断のレベルは，履行義務レベルや財政状態の表示項目のレベルではなく，契約レベルで判定することが必要となる。

　企業は，重大な戻入れの可能性を検討するにあたっては，契約に含まれる変動対価だけではなく，固定対価についても検討することが必要となる可能性がある。例えば，単一の契約であって，対価に変動対価と固定対価の両方が含まれている場合，変動対価の戻入れの重大性の評価は，変動対価と固定対価の合計金額の累計額と，戻入れの可能性のある変動対価の金額を比較することによって行うことになるものと考えられる（IFRS第15号BC217項）。

> **Short Break　発生可能性の閾値の考え方**
>
> 　IFRSでは，可能性が高い（probable）は「発生する可能性のほうが高い（more likely than not）」と定義されており（IFRS第5号BC81項，IAS第37号第23項脚注），米国会計基準における「可能性が高い（probable）」とは確度が異なる。そのため，IFRS第15号では，「可能性が非常に高い（highly probable）」を使用して，米国会計基準の「可能性が高い（probable）」と確度を整合させている（IFRS第15号BC211項）。

　企業は，変動対価に関する不確実性が解消される際に認識した収益の累計額の重大な戻入れが生じない可能性が非常に高いかどうかを評価する際には，例えば，以下のような，収益の戻入れの確率や金額的重要性を増大させる可能性のある要因を考慮することが必要であり，そのうえで，総合的に判断することになる（IFRS第15号第57項）。

① 対価の金額が，企業の影響の及ばない要因の影響を非常に受けやすい

企業の影響の及ばない要因として，市場の変動性，顧客を含む第三者の判断または行動，気象状況，約束した財またはサービスの高い陳腐化リスクなどが考えられる。

また，IFRS第15号では，第三者の影響を受ける契約として，顧客の売上高ベースまたは使用量ベースで決まるロイヤルティを対価として受け取る知的財産のライセンス契約を特別に取り上げて，変動対価の見積りの制限について例外的な取扱いを設けている。当該取引については，以下の事象のいずれか遅いほうが発生した時点で（または発生するにつれて），収益を認識するとしている（IFRS第15号B63項）（第Ⅲ部第2章7.「売上高・使用量ベースのロイヤルティに関する例外規定」(195頁) 参照のこと）。

(a) その後の売上または使用が発生する。
(b) 売上高ベースまたは使用量ベースのロイヤルティの一部または全部が配分されている履行義務が充足（または部分的に充足）されている。

② 対価の金額に関する不確実性が長期間にわたり解消しないと見込まれる

一般的には，不確実性が長期間にわたる状況は，認識した収益の累計額に重大な戻入れが発生しない可能性が非常に高いことを主張することを難しくさせる。しかしながら，契約の内容によっては，不確実性が解消するまでに，より長期の期間を有する場合には，企業が認識した収益の累計額に重大な戻入れが生じないと結論付けることをより容易にさせる場合もある。例えば，業績ボーナスが特別な販売目標を契約期間終了までに満たした場合に支払われるケースでは，過去の販売数量にもよるが，契約期間が長くなればなるほど，販売目標を期間中に達成する可能性は高くなるものと考えられる。

③ 類似した種類の契約について企業の経験（または他の証拠）が限定的であるか，または経験（または他の証拠）の予測価値が限定的である

企業の過去の経験が限定的である場合には，変動対価の見積りの変更がある場合，認識した収益の累計額の戻入れの可能性や重大性を予測することができないかもしれない。そのため，類似の契約に関して経験がない企業は，競合他

社の類似の契約や市場情報を参照することが考えられる。この場合，経営者は，参照した情報から得た証拠が自社の契約の結果を描写しているかを評価することが必要となる。

④ 類似の状況における類似の契約において，企業には，広い範囲の価格譲歩または支払条件の変更を提供する慣行がある

企業が固定対価を含む契約条件で契約を締結したにもかかわらず，実務において，事後的に値引きや価格調整を行うことがある。この場合，調整幅が小さければ，過去の企業の経験を生かして対価の金額を見積もることが可能と思われるが，当該調整の幅が大きい場合には，収益の戻入れの可能性や金額を見込むことは難しいと考えられる。

⑤ 契約について，考えうる対価の金額が多数あり，金額の幅が広い

契約に発生しうる多数の幅広い結果がある場合，対価のどの部分を制限すべきであるかを決めることが困難な場合がある。企業が一定の業績を達成したときにだけ受け取ることができる業績達成型ボーナスのように，発生しうる結果のケースが少ない契約においては，企業が類似の契約に十分な経験を有していれば，検討結果として収益を制限する必要はないかもしれない。

(4) 制限の適用

見積もった変動対価の一部について制限を適用する場合，企業はたとえ他の部分が制限されたとしても，制限されないと考える金額があれば，当該金額を変動対価の最小限（上限）の金額として取引価格に含める必要がある。最小限の金額は，その不確実性が解消した際に認識した収益の累計額に重大な戻入れが生じない可能性が非常に高い金額である。企業は，契約に最低保証額の記載がなかったとしても，制限の適用により取引価格に最小限の金額を含める必要がある場合がある。一方，契約に最低保証額がある場合でも，最低保証額を超える変動対価の金額が，認識した収益の累計額に重大な戻入れが生じない可能性が非常に高い金額と考えられる可能性がある。例えば，製品の販売において，顧客が一定期間使用後に一定のコスト削減効果があった場合に製品の販売価格

に追加して企業に対価が支払われる契約においては，企業は最低保証額である製品の販売価格を超える対価を変動対価として取引価格に含める場合がある。

(図表Ⅱ－3－2) 変動対価の取扱い

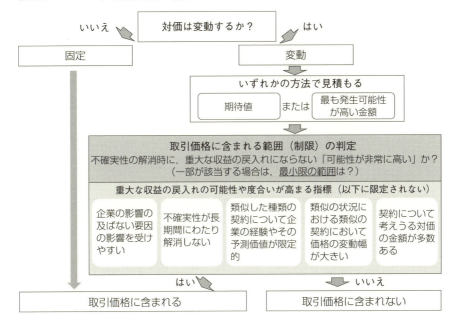

(5) 変動対価の再判定

　企業は，各報告期間末において存在している状況およびその期間中の変化を忠実に反映するために，見積もった取引価格を見直す（変動対価の見積り制限を含む）ことが必要となる（IFRS 第15号第59項）。

　なお，取引価格の変動の会計処理については，第Ⅱ部第4章5．「取引価格の変動」（122頁）を参照のこと。

　ケーススタディⅡ－3－1では，対価に変動金額と固定金額の両方が含まれている場合の取引価格の算定を検討している。

ケーススタディⅡ-3-1 ▶ 変動対価―最小限の金額を算定する

前提

企業Ｌは，空調機器メーカーであり，顧客と冷暖房空調設備の改修工事契約を締結している。顧客は，企業Ｌに対して，当該改修工事の対価として，固定金額20,000千円のほか，改修後１年目に年間光熱費が10％削減されるごとに，追加報酬として500千円を支払うこととしている。

企業Ｌは，顧客の年間光熱費を20％削減することができると見積もっている。しかしながら，企業Ｌは変動対価の見積りの制限について検討した結果，年間光熱費が10％削減されるとする見積りが，認識した収益の累計額の重大な戻入れが生じない可能性が非常に高いと判断した。この判断は，過去において，企業Ｌが類似の契約において少なくとも同レベルのコスト削減を達成した実績に基づいたものである。企業Ｌは，過去に20％を超える削減を達成したことはあるが，常にこの基準を達成しているわけではない。

企業Ｌは，取引価格をどのように算定すべきか。

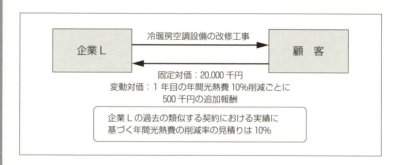

ポイント

契約に固定対価と変動対価の両方が含まれる場合，変動対価の見積りの制限はどのように適用されるかを検討する。

考え方

契約開始時の取引価格は，20,500千円である。これは，対価のうち，固定金額20,000千円に，顧客の年間光熱費の10％削減について受け取ると見積もった変動対価の最小限の金額500千円を加算した金額である。企業Ｌは，変動対価の不確実性が解消されるまで，各報告日にこの見積りを更新する。

> **日本基準の実務における取扱い**
>
> 　日本基準では，変動対価に関する一般的な定めはない。
> 　本ケースのように，改修後の条件付きで追加報酬の受取金額が変動する場合，改修工事自体に係る財貨の移転およびサービスの提供が完了した時点では，追加報酬の受取条件が満たされていないため，追加報酬に係る対価についてはいまだ成立していないものと考えられる。したがって，一般的には，追加報酬については，対価が成立する時点（追加報酬の受取りが確実となった時点）で収益を認識するものと考えられる。

(6) 変動対価の実務

　変動対価は，さまざまな形態で顧客との契約に含まれている。以下では，値引きを取り上げ，変動対価の考え方を確認する。

① 数量値引

i．見積り

　企業は，顧客による追加の財またはサービスの購入を促すために，特定量の財またはサービスを購入した顧客に対して，その後に追加で購入する財またはサービスに対する値引きを提供する場合がある。この契約では，最終的に顧客が購入する財またはサービスの量が値引きの金額に影響することになるため，契約開始時点では顧客によって支払われる対価の総額に不確実性があり，変動対価が含まれている。

　このような数量値引が，将来において，顧客が財またはサービスを無料または値引きを受けて購入することができるという独立の履行義務である重要な権利（重要な権利については，第Ⅲ部第4章「追加の財またはサービスに対する顧客のオプション」（213頁）を参照のこと）に該当する場合がある。企業は，類似の契約の経験に基づき，顧客が権利を得ると見込む数量値引を見積もり，これに取引価格の一部を配分する必要がある。そのうえで，重要な権利である数量値引に配分された取引価格は，将来の財またはサービスの購入に対して値引きが適用された時点，もしくは当該値引期間を経過した時点で収益として認識される。

ⅱ．見積りの制限

　企業は，数量値引がある場合，変動対価の制限について考慮する必要がある。企業は，契約開始時点で，販売されると見込まれる総数量を見積もることができないのであれば，取引価格には変動対価の最小限の金額のみを含めることになる。この場合の最小限の金額は，認識した収益の累計額に重大な戻入れが生じない可能性が非常に高いという制限の条件を満たしていることが必要である。なお，各報告期間末において，その時点で存在している状況および報告期間中に生じた状況の変化を忠実に反映するために変動対価を含む取引価格を見直さなければならない（IFRS第15号第59項）。このため，企業は，その不確実性が解消するまで，各報告期間末時点において，総販売数量の見直しを行うことが必要となる。

② 期限付き支払値引

ⅰ．見積り

　購入契約において，顧客は対価を早期に支払うことにより値引きを受けられる場合がある。例えば，顧客が請求書を受け取ってから10日以内に代金を支払えば，企業は2％の値引きを提供する場合を考える。この契約では，顧客が値引期間中に支払うかどうかに不確実性があるため，変動対価が含まれる。そのため，企業は，類似の顧客との類似の取引の経験に基づき，値引きを受けると見込まれる顧客の数を決定し，当該値引きの結果として受け取る権利を得ると見込む対価を見積もることが必要となる。

ⅱ．見積りの制限

　この値引きについても，上述①ⅱの数量値引の見積りの制限と同様に，企業は，変動対価の制限について考慮する必要がある。企業は，契約開始時点で，契約の値引期間中に顧客が支払うかどうかを見積もることができないのであれば，取引価格には変動対価の最小限の金額のみを含めることになる。この場合の最小限の金額は，認識した収益の累計額に重大な戻入れが生じない可能性が非常に高いという制限の条件を満たしていることが必要である。

　ケーススタディⅡ－3－2およびⅡ－3－3は，数量値引が含まれる契約に

おける変動対価の取扱いを示している。

ケーススタディⅡ－3－2 ▶ 変動対価―数量値引

| 前 提 |

企業 M は，地方自治体と，水処理薬品販売について 1 年契約を締結している。この契約は，以下のように，販売数量の増加に応じて 1 箱当たりの販売価格が安くなる。

販売価格と販売数量の関係は，以下のとおりである。

1 箱当たりの販売価格 （単位：円）	販売数量（単位：箱）
10,000	0 ～ 1,000
9,000	1,001 ～ 3,000
8,500	3,001 以上

数量は，事業年度中の販売数量を基準にする。企業 M は，年間販売数量は，地方自治体との契約に類似する契約の実績および販売数量予測に基づいて，2,500 箱になると考えている。

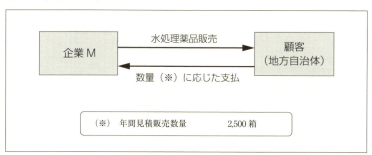

企業 M は，どのように取引価格を算定すべきか。

| ポイント |

企業 M は，変動対価の制限を考慮し，最終的に 1 箱当たりいくらで販売できると考えているかを検討する。

> **考え方**

取引価格は1箱当たり9,400円となる。取引価格は，以下のように算出される。

1箱当たりの販売価格 （単位：円）	販売数量 （単位：箱）	対価 （千円）
10,000	1,000	10,000
9,000	1,500	13,500
合計	2,500	23,500
平均販売価格／箱		9,400円

　企業Mは，不確実性が解消される際に，認識した収益の累計額（すなわち，23,500千円（1箱当たり9,400円））に重大な戻入れが生じない可能性が非常に高いと判断している。そのため，薬品1箱が販売されるごとに平均販売価格である9,400円の収益を認識する。企業Mは，1箱当たり10,000円で販売された最初の1,000箱について受け取った現金10,000千円のうち，取引価格を超過する分（すなわち，1箱当たり600円）の契約負債600千円を認識することになる。この負債は，販売数量が1,000箱を超え，請求金額が1箱当たり9,000円になった時点から取り崩されることになる。

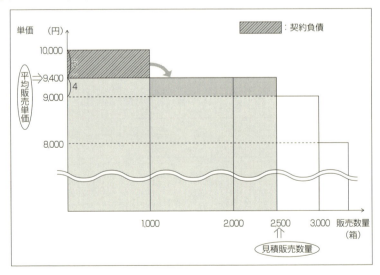

企業Mは，不確実性が解消されるまで，各報告期間末に販売数量の見積りを更新する。

> 日本基準の実務における取扱い

日本基準では，変動対価に関する一般的な定めはない。

本ケースのように，販売数量に応じて過去に販売した製品に対して値引きを行う場合（以下，数量値引），個々の製品の販売については，通常，製品の移転が完了した時点において，その時点で顧客と合意している価格に基づき収益を認識しているものと考えられる。また，一般的には，その後の販売状況により，数量値引の適用が確実となり，過去に販売した製品の価格が見直されることとなった場合には，その時点で累積的キャッチアップの方法で，収益の減額として取り扱われているものと考えられる。

> ケーススタディⅡ－3－3 ▶ 変動対価—数量値引の見積りの再評価

> 前 提

このケーススタディでは，前述の**ケーススタディⅡ－3－2**の前提に以下を追加する。
- 企業Mは，契約期間中の最初の報告期間末日に年間見積販売数量を2,000箱に減らす。
- 企業Mは，最初の報告期間中に450箱の水処理薬品を販売した。

企業Mは，この見積りの変更をどのように会計処理すべきか。

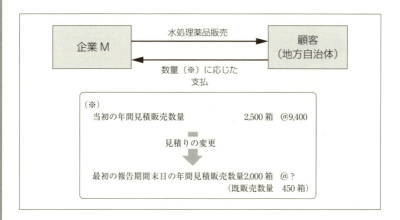

|ポイント|

企業Mは,不確実性が解消されるまで,各報告期間末時点で販売数量の見積りをどのように更新することになるのかを検討する。

|考え方|

企業Mは,見積りの変更を反映するため,取引価格の計算を更新しなければならない。更新された取引価格は1箱当たり9,500円になる。算出方法は以下のとおりである。

1箱当たりの販売価格 (単位:円)	販売数量 (単位:箱)	対価 (千円)
10,000	1,000	10,000
9,000	1,000	9,000
合計	2,000	19,000
平均販売価格/箱		9,500円

企業Mは,見積り変更後の販売については1箱当たり9,500円の収益を認識しているため,最初の報告期間中に販売した水処理薬品に関連する取引価格の変動分45千円((9,500円-9,400円)×450箱)を収益として認識する必要がある。この累積的キャッチアップによる修正は,企業Mが,現在入手可能な情報を契約開始時に有していたならば認識したであろう収益額に基づいて反映する。

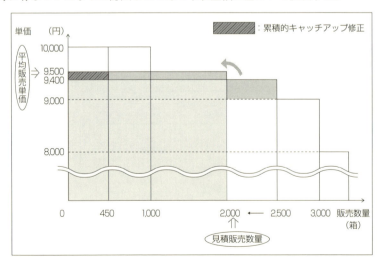

企業Mは，不確実性が解消されるまで，各報告期間末に販売数量の見積りを更新する。

(7) 返品権付きの販売

企業が返品権付きの製品を販売した場合，企業は移転した製品について権利を得ると見込んでいる対価の金額について収益を認識する。この場合，企業は，実質的に不確定な数量の販売を行っていると考えられることから，その対価は変動対価に該当する。そのため，返品されると見込んでいる製品に係る対価については，認識した収益の累計額の重大な戻入れが生じない可能性が非常に高い場合を除き，取引価格に含めず，収益を認識しない。

企業は，顧客から受け取る金額のうち，企業が権利を得ると見込んでいない金額については，契約負債として返金負債を認識する。その後，返品期間が終了するまでの間，企業は，各報告期間末に，移転した製品と交換に権利を得ると見込んでいる当該変動対価の金額を見直すとともに，これに対する取引価格の変更を行わなければならない（IFRS第15号第55項，B23項）。

また，返金負債の決済時に顧客から製品を回収する企業の権利（返品権）について認識した資産は，当該製品の従前の帳簿価額から回収のための予想コストを控除した額を参照して当初測定することになる。この場合の予想コストには，返品された製品の企業にとっての価値の潜在的な下落も考慮することになる（IFRS第15号B25項）。詳細は，第Ⅲ部第5章1.「返品権付きの販売」（235頁）を参照のこと。

> **PwC's Eyes**
>
> 変動対価の評価には，通常，重要な判断が求められる。従来，価格が信頼性をもって測定できないと考えて，変動対価に係る部分について，収益認識を繰り延べてきた企業は，IFRS第15号によって大幅に影響を受ける可能性がある。例えば，対価が固定金額であるものの，値引きがなされるケースが考えられる。企業は，値引きの範囲が決定されるまで収益の認識を待つのではなく，顧客に約束した財またはサービスに対する支配が移転された時点で収益の最小限の金額を見積もり，認識することが必要となる

可能性がある。これは，企業が顧客への約束した財またはサービスの移転と交換に何らかの権利を対価として得るものと見込まれるからである。

このような変動対価の見積りを継続的に実施し監視するために，新しいプロセスが必要になる可能性がある。見積りを行う際には，判断とその判断についての文書化を同時に行うことが重要である。

3．契約における重大な金融要素

(1) 定　義

　企業は，約束した財またはサービスが顧客に移転された時点で（または移転されるにつれて）顧客が当該財またはサービスに対して現金で支払ったであろう金額で収益を認識する。そのため，財またはサービスの移転の時点から大幅に支払時期が前後するように契約の当事者が合意した時期に対価を支払うことによって，顧客または企業に顧客への財またはサービスの移転に係る資金提供に対して重大な便益が提供される場合がある。このような場合，当該契約は重大な金融要素を含んでいると考えられるため，企業は約束された対価の金額について貨幣の時間価値の影響を調整することが必要となる（IFRS 第15号第60項）。この場合の重大な金融要素は，契約で資金提供等の約束が明示されている場合もあれば，契約の支払条件に含意されている場合もある。

　金融要素を含んだ契約には，本来，販売取引と金融取引の2つの取引が含まれていると考えられる。このため，金融要素が重大な場合には，金融要素を識別することによって，顧客との契約から生じる収益の認識のタイミングや契約におけるキャッシュ・フローの時期に関して適切な情報を提供することができるものと考えられる。

(2) 評　価

　契約に金融要素について明示されていない場合であっても，契約金額と現金販売価格との差異が重大である場合には，金融要素が存在することが黙示的に示されていると考えられる。また，履行義務が充足された時点と現金による支払時点の間隔が長ければ長いほど，重大な金融要素が含まれている可能性は高

くなる。企業は，契約が重大な金融要素を含んでいるかどうかの評価にあたっては，以下のような観点から，すべての関連性のある事実および状況を考慮して判断することが必要となる（IFRS 第15号第61項）。

- 約束した対価の金額と約束した財またはサービスの現金販売価格との差額
- 企業が約束した財またはサービスを顧客に移転する時点と支払を受ける時点との間の予想される期間の長さと，関連性のある市場での実勢金利とを複合した影響

しかしながら，財またはサービスの顧客への移転の時点と対価の支払の時点との間に差があるすべての場合において，重大な金融要素が存在するとは限らない。IFRS 第15号では，顧客との契約において，以下の要因が存在する場合には，重大な金融要素は含まれていないとみなすこととしている（IFRS 第15号第62項）。

- 顧客が財またはサービスに対して前払いしており，当該財またはサービスの移転の時期が顧客の裁量で決まる場合。例えば，プリペイド電話カードや商品等の購入時に付与されるカスタマー・ロイヤルティ・ポイントなどがある。
- 顧客が約束した対価のうち，相当な金額に変動性があり，当該対価の金額や時期が，顧客または企業の支配が実質的に及ばない将来の事象の発生のいかんによって変動する場合。例えば，弁護士による法律サービスに対する成功報酬がこれに該当する。訴訟手続は何年にも及ぶ可能性があるため，報酬の受取りが遅れることが考えられるが，これは金融を提供するものではないとみなされる。
- 約束した対価と財またはサービスの現金販売価格との差額が，顧客または企業のいずれかに対する資金提供以外の理由で生じており，その理由に見合ったものである場合。例えば，顧客が特定の製品やサービスに対する権利を確保するために企業に対して対価の一部を前払いするような場合は，企業に金融を提供するものではないと考えられる。

PwC's Eyes

　企業は，顧客との取引に重大な金融要素が含まれているか否かを決定するために取引を評価する必要がある。この点において，重大な金融要素に関連するガイダンスは，貨幣の時間価値の適用に関連する現行ガイダンスとは異なる。

　契約条件によっては，重大な金融要素が存在することが明確なケースがある。一方で，複数の履行義務を含む長期契約で，その契約期間全体を通して財またはサービスを引き渡して現金を受け取るような場合，重大な金融要素が存在するか否かを決定することが困難となる可能性がある。IFRS 第15号は，企業に対して，支払の取決めの実質が融資か否かを評価し，実態に基づいて判断することを要求している。

　重大な金融要素を含む契約を有する企業は，取決めの金融要素の測定と追跡に関連する実務上の問題を検討する必要がある。このような情報を把握および測定するために，追加的な IT システム，プロセス，または内部統制の見直しが必要になる可能性がある。

　ケーススタディⅡ－3－4では，契約に重大な金融要素が含まれているか否かの判断について示している。

ケーススタディⅡ－3－4 ▶ 重大な金融要素―資金提供以外の目的による前払い

前　提

　企業 N は，年に一度，クリスマスシーズンに限定発売するウィスキーを製造している。企業 N は，顧客に対して，発注時点で支払がされない注文に対しては割当てを保証しないとして，製造数量保証のために発注時点での支払を要求している。企業 X は，20X7年12月発売分を確保するために，企業 N に対して，20X6年11月に対価を全額前払いすることで合意している。企業 N は早期支払に対する値引きを行わない。

　この支払によって，企業 X は顧客に販売予定を発表することができ，また，企業 N は製造数量を管理することができる。

　企業 N と企業 X との契約に重大な金融要素はあるか。

[ポイント]

取引価格に重大な金融要素が含まれているかどうかについて，前払いの目的が融資目的であるか否かを検討する。

[考え方]

企業Nと企業Xとの契約に重大な金融要素はない。本契約の前払いは，将来のウィスキーの供給量を確保するために行われるものであり，企業Nまたは企業Xに金融の提供を行う融資目的で行われるものではない。

[日本基準の実務における取扱い]

日本基準では，割賦販売取引について，販売基準を適用し，販売時点で販売相当額を収益認識する方法と，金利取引部分については，利息法を適用して，代金回収期間にわたって収益認識する方法を認めている。

本ケースのように，割賦販売取引としての契約内容となっておらず，長期の前払いが製品確保のためのものであるような場合には，通常，金利部分を区別した取扱いはなされていないものと考えられる。

(3) 重大な金融要素の調整

企業は，契約開始時において，顧客との間での独立した金融取引に反映されるであろう金利を割引率として使用し，重大な金融要素を調整する。当該金利は，契約において資金提供を受ける当事者の信用特性が顧客または企業が提供する担保または保証とともに反映されるからである。IFRS第15号では，金融要素による取引価格の調整額の算定方法に関する具体的なガイダンスはなく，IFRS第9号を参照して決定することになる。

適切な金利は，例えば，契約で約束された対価の名目金額を，財またはサービスが顧客に移転される時点で顧客が当該財またはサービスに対して現金で支払うであろう価格に貨幣の時間価値の影響を考慮するように，割引率を特定することで算定できる場合がある。一方で，契約で明示された金利が，販売インセンティブとして提供された低い金利である可能性もあるため，このように算定された割引率が，必ずしも適切でない可能性があり，留意が必要である。また，契約開始後は，企業は金利や顧客の信用リスクの変動などによって割引率を見直すことは認められていない（IFRS第15号第64項）。

なお，このようにして算定された金融要素の影響は，包括利益計算書において，顧客との契約から生じる収益とは区別し，金融収益または金融費用として表示する（IFRS第15号第65項）。当該金融収益または金融費用は，顧客との契約の会計処理において，契約資産（または債権）または契約負債が認識される範囲でのみ認識される。

ケーススタディⅡ－3－5では，重大な金融要素を含む場合の会計処理について示している。

ケーススタディⅡ－3－5 ▶重大な金融要素―履行前の支払

前 提

企業Oは，顧客と5年間有効なスポーツジム会員契約を締結している。企業Oは，顧客に対して，5年分の会費500,000円を一括前払いするプラン（①）のほか，月10,000円の月払いプラン（②）も用意している（この場合，支払合計は600,000円となる）。会員契約は，その契約期間の5年間にわたり，企業Oが充足する単一の履行義務である。

企業Oは，一括前払いプラン（現金販売価格）と5年間の月払いプランとの受取金額の差額を，顧客との契約に重大な金融要素が存在することを示すものだと決定している。また，企業Oは，契約開始時点において，当事者間の独立した金融取引に対して反映されるであろう割引率は5％であると判断している。

企業Oは，独立した金融取引であれば反映されるであろう割引率（5％）を用いて，取引価格を算定することが必要である。5年の契約期間にわたって受け取るであろう顧客からの支払（600,000円）を現金販売価格（500,000円）まで割り引くためのみなし割引率は7.4％になる。この場合の7.4％は，独立した金融取引に反

映される割引率5％とは異なる。

この契約における取引価格はいくらであるか。

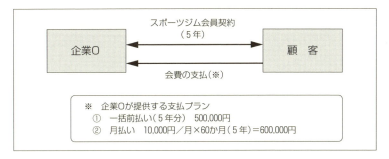

ポイント

取引価格に重大な金融要素が含まれる場合，企業Oは，どのように会計処理するかを検討する。

考え方

企業Oは，現在価値500,000円，年利5％，および60か月払いの支払条件を用いて，毎月の収益を9,435円と算定する。企業Oは，契約開始時に，一括して受け取る前受金について500,000円の契約負債を計上する。サービスの移転につれて，毎月9,435円の収益を認識するに伴い，契約負債は減額される。一方，利息法で算定された金利費用を認識することによって，契約負債が同額増額計上される。この結果，企業Oは，契約期間にわたり，収益合計566,100円および金利費用合計66,100円を認識することになる。

（単位：円）

回数	①契約負債残高（現在価値相当額分）	②収益	③契約負債の取崩	契約負債の取崩（③）の内訳	
				④支払利息（①×5％÷12か月）	⑤現在価値相当額分
1	500,000	9,435	△ 9,435	△ 2,083	△ 7,352
2	492,648	9,435	△ 9,435	△ 2,053	△ 7,382
3	485,266	9,435	△ 9,435	△ 2,022	△ 7,413
⋮	⋮	⋮	⋮	⋮	⋮
58	28,071	9,435	△ 9,435	△ 117	△ 9,318
59	18,753	9,435	△ 9,435	△ 78	△ 9,357
60	9,396	9,435	△ 9,435	△ 39	△ 9,396
合計	−	566,100	△ 566,100	△ 66,100	△ 500,000

> **日本基準の実務における取扱い**
>
> 日本基準では，通常，役務提供取引に係る収益認識について，時間価値の影響を考慮し，金利取引部分を分けて処理する定めはない。そのため，実務においては，一括して受け取った前受金について，契約期間にわたって収益に振り替えているものと考えられる。

(4) 実務上の便法

企業は，契約開始時において，企業が約束した財またはサービスを顧客に移転する時点と顧客が当該財またはサービスに対して支払う時点との間が1年以内と見込まれる場合には，実務上の便法として，約束した対価の金額について重大な金融要素の影響を調整する必要はない（IFRS第15号第63項）。しかしながら，当該処理を選択する場合には，類似の状況における契約について，首尾一貫して適用することが求められるとともに，その適用の旨の開示が必要となる（IFRS第15号第129項）。

> **PwC's Eyes**
>
> 状況によっては，契約に含まれる一部の履行義務にのみ，重大な金融要素を関連付けることが必要となる場合があるものと考えられる。この場合，経営者は，値引きの配分（第Ⅱ部第4章3．「値引きの配分」（116頁）参照），または変動対価の配分（第Ⅱ部第4章4．「変動対価の配分」（119頁）参照）のガイダンスを適用することが適切であるか否かを検討することが求められる。

4．現金以外の対価

企業が財またはサービスと交換に顧客から現金を受け取る場合には，収益の金額を受け取る現金の額，すなわち，流入する資産の価値で測定する。同様に，契約において，顧客が現金以外の形態で対価を支払う約束をしている場合には，企業は取引価格を算定するにあたって，当該現金以外の対価を公正価値で測定することになる（IFRS第15号第66項）。ただし，企業が現金以外の対価につ

いて合理的に公正価値を見積もることができない場合には，当該対価と交換で顧客に約束した財またはサービスの独立販売価格を参照して間接的に見積もることになる（IFRS 第15号第67項）。

例えば，顧客は，企業による契約の履行を促進するために，材料や設備または労務を提供する場合がある。この場合，企業が顧客から提供されたこれらの財またはサービスに対して支配を獲得するのであれば，当該財またはサービスを顧客から受け取った現金以外の対価として会計処理することが必要となる（IFRS 第15号第69項）。

現金以外の対価の公正価値は，例えば，株式のように，その対価の形態により変動する場合もあれば，現金以外の対価の形態で支払われる業績ボーナスのように，企業の履行によって変動する場合もある。このような現金以外の対価であって，その変動が対価の形態だけでなく，例えば，企業の履行によって変動する場合には，本章2．(3)「変動対価の見積りの制限」(83頁) の取扱いを適用することが必要となる（IFRS 第15号第68項）。

ケーススタディⅡ－3－6では，現金以外の対価として株式を受け取る場合を例として取り上げる。

ケーススタディⅡ－3－6 ▶現金以外の対価―対価の形態による変動

前　提

企業 P は，企業 Y の普通株式12,000株と交換に，企業 Y に対して 6 か月間のセキュリティ・サービスを提供する契約を締結している。この契約は20X1年 4 月 1 日に署名され，同日に作業が開始される。この履行義務は一定の期間にわたって充足され，企業 P は毎月のサービス完了時に2,000株ずつ受け取る権利を得る。

企業 P は，どのように取引価格を算定すべきか。

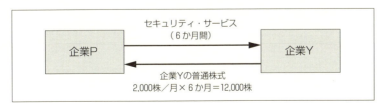

> ポイント

対価が現金以外の形態で支払われる場合において，変動対価の測定をどのように行うかを検討する。

> 考え方

企業Pは，毎月，履行義務の完全な充足に向けて進捗度を測定する。取引価格は，履行義務を充足して株式を受け取る時点で測定される株式の公正価値に基づいて測定することとなる。ただし，受け取った株式の公正価値の事後的な変動は収益には反映させない。また，当該株式の公正価値は対価の形態のみを理由として変動するものであるため，企業Pは変動対価に関するガイダンスを適用しない。

> 日本基準の実務における取扱い

日本基準では，特定の交換取引について，収益を生み出す取引としてみなすべきかどうかについての包括的な定めはない。「事業分離等に関する会計基準」では，一般的に事業の成果を捉える際の投資の継続・清算という概念によって整理すれば，投資を清算したとみて移転損益等を認識するとともに，改めて時価で投資を行ったとみる場合（2取引）と事業資産と株式の交換であったとしても，同種資産の交換の会計処理のように投資がそのまま継続しているとみなして移転損益等を認識しない場合（1取引）が挙げられている。

本ケースのように，役務提供の対価を株式で受け取るような場合には，一般的には，単なる交換取引ではなく，収益を生み出す取引とみなすことになるものと考えられる。また，この場合の収益の額は，原則として，役務提供の対価として受領した株式の額で測定されるものと考えられる。

> **Short Break** 現金以外の対価
>
> FASBは，現金以外の対価について，以下の観点から明確化のための修正を行った。一方，IASBは，特段の対応は行っていない。
>
> ① 測定日の明確化
>
> IFRS第15号では，企業は，現金以外の対価（例えば，資本性金融商品）の公正価値を測定し，これを取引価格に含めることが求められている。これについて，一部の米国の利害関係者から測定のタイミングが明確でないことについて疑問が寄せられた。そこで，FASBは，現金以外の対価の測定日が契約開始日であることを明示するため，現金以外の対価に関するガイダンスに文言を追加し，関連する設例を修正した。この結果，契約開始日以降の現金以外の対価の公正価値の事後的な変動は，純損益における利得または損失として（すなわち，顧客との契約による収益から除外して）認識することになる。
>
> ② 対価の形態とそれ以外の理由の両方から変動する場合の取扱い
>
> IFRS第15号では，現金以外の対価の公正価値が対価の形態だけでない理由によって変動する場合には，変動対価の見積りの制限を適用することが求められている。そのため，例えば，株式による対価が株価によって変動する場合には当該規定は適用されない。これについて，TRGでは，現金以外の対価がその形態および対価の形態以外の両方の理由によって生じた変動の取扱いが明確でない点が指摘された。
>
> これを受けて，FASBは，対価の形態（例えば，株式による対価の場合の株価による変動）以外の理由によって生じた変動性についてのみ変動対価の制限を適用することを明確にするため，ガイダンスの修正を行った。このガイダンスによれば，現金以外の対価について，当該対価の形態から生じる変動性をその他の変動性（例えば，取決めに基づく企業の履行）から区分して処理することが必要になるため，複雑性が増すものと考えられる。

5．顧客に支払われる対価

企業は，顧客もしくは，顧客から企業の財またはサービスを購入する顧客（顧客の顧客）に対して対価を支払うことがある。例えば，企業が販売業者や流通業者（以下「販売業者等」という）に商品を販売し，その後に当該販売業

者等が企業の商品を販売した最終顧客に対して，企業が直接値引き相当の現金を支払うことがある。また，現金に限らず，顧客が，企業もしくは顧客の顧客に対する債務金額に充当できるクーポンなどによる場合もある。この場合，企業は当該顧客に支払われる対価を取引価格の減額として処理しなければならない（IFRS第15号第70項）。

ケーススタディⅡ－3－7では，顧客の顧客に対して支払われるリベートの例を示す。

ケーススタディⅡ－3－7 ▶顧客に支払われる対価─再販業者の顧客に対する支払

【前提】

企業Qは，テレビを家電量販店である企業Zを経由して最終消費者に販売する。企業Qは，販売プロモーションを展開しており，企業Zから企業Qが販売したテレビを購入する最終消費者にリベートを支払う予定である。

企業Qは，最終消費者へのリベートの支払をどのように会計処理すべきか。

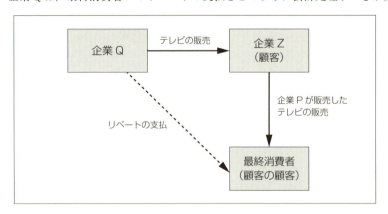

【ポイント】

企業Qは，顧客の顧客に支払われる対価をどのように会計処理すべきかを検討する。

【考え方】

企業Qは，このリベートが企業Zに直接支払われたものであるかのように会計処理する。IFRS第15号のもとでは，顧客の顧客に対する支払は，顧客に対する

支払と同様の会計処理（取引価格の減額）となる。

| 日本基準の実務における取扱い |

日本基準では，顧客に支払われる対価について，一般的な定めはない。

本ケースのように，メーカーや卸売業を営む企業等が，期間，量および金額など多様な契約条件により顧客に対してリベートを支払うことがある。この場合，現行実務においては，通常，販売価格の一部減額等と考えて売上から控除する処理と，顧客における販売促進等の経費の補てん等と考えて販売費および一般管理費として処理する場合があるものと考えられる。

顧客に支払われる対価の金額に変動性がある場合，企業は変動対価の見積り（本章2.(2)「変動対価の見積り」（82頁）参照）およびその制限の規定（本章2.(3)「変動対価の見積りの制限」（83頁）参照）を適用して取引価格を見積もることになる。ただし，顧客への支払が，顧客から受け取る別個の財またはサービスに対する支払である場合には，取引価格には含めず，当該財またはサービスを仕入先から購入した場合と同じ方法で会計処理することになる。しかしながら，このようなときに，顧客に支払われる対価が，企業が顧客から受け取る別個の財またはサービスの公正価値を超える場合には，当該超過額は顧客に支払われる対価に該当するものと考えられる。そのため，企業は当該超過額を取引価格の減額として処理しなければならない。また，同様のときに，企業が公正価値を合理的に見積もることができない場合には，顧客に支払われる対価の全額を取引価格の減額として処理することが必要となる（IFRS第15号第71項）。

顧客に支払われる対価を取引価格の減額として会計処理した場合，関連する履行義務の充足時に企業は減額された取引価格で収益を認識することになる。しかしながら，当該顧客への対価の支払は，必ずしも企業が履行義務を充足する前に約束されるとは限らない。このため，企業が顧客への対価の支払を企業が履行義務を充足した後に約束した場合には，企業は，顧客への対価の支払が認識した収益に経済的に関連するものであるか否かを検討し，関連するものであれば，すでに認識した収益をただちに減額することが必要であると考えられる。この場合，企業は判断が求められる。また，企業は，顧客に支払われる対

価を取引価格の減額として処理する場合には，以下のいずれか遅いほうが発生した時点で，収益の認識額を減額しなければならないとしている（IFRS 第15号第72項）。

- 企業が関連する財またはサービスの顧客への移転について収益を認識したとき
- 企業が顧客に対価を支払う，または支払う約束をしたとき（この場合の約束は，企業の取引慣行に含意されている場合もある）

第4章 ステップ4：取引価格を契約における履行義務に配分する

1．取引価格の配分の目的

　顧客との契約には，多くの場合，顧客に移転することを約束する複数の財またはサービスが含まれている。そのため，それぞれの財またはサービスの移転に係る収益を正しく認識および測定するために，契約における取引価格をそれぞれの履行義務（あるいは別個の財またはサービス）に対して配分することが必要になる。ステップ4では，この取引価格の配分を行う。

　契約に含まれる複数の履行義務に対する取引価格の配分は，企業が約束した財またはサービスを顧客に移転するのと交換に権利を得ると見込んでいる対価の金額を描写する金額で行われる（IFRS 第15号第73項）。これにより，契約に複数の約束した財またはサービスの提供が含まれており，個々に異なるマージンが適用される場合であっても当該履行の実態を忠実に描写することができることになる。

2．独立販売価格に基づく配分

(1) 独立販売価格とは

　企業は，契約において識別されているそれぞれの履行義務に対して，原則として，それを構成する財またはサービスの独立販売価格の比率に基づき，取引価格を配分する（IFRS 第15号第74項）。IFRS 第15号では，独立販売価格の定義を以下のように定めている（IFRS 第15号第77項，付録 A）。

> **独立販売価格**
> 企業が約束した財又はサービスを独立に顧客に販売するであろう価格

　すなわち，企業が当該財またはサービスを同様の状況において同様の顧客に個別で販売する場合の当該財またはサービスの観察可能な価格である。状況によっては，財またはサービスについて契約に記載された価格や定価が独立販売価格である可能性がある（IFRS 第15号第77項）。

　契約が単一の履行義務によって構成されている場合には，取引価格の配分は必要ない。ただし，単一の履行義務の場合であっても，企業が一連の別個の財またはサービスの移転を約束しており，その対価の金額に変動性がある場合には，取引価格の配分が必要となる可能性がある（IFRS 第15号第75項）（本章4．「変動対価の配分」(119頁)を参照のこと)。

　ケーススタディⅡ－4－1では，独立販売価格が直接的に観察可能な場合の取引価格の配分について示している。

ケーススタディⅡ－4－1 ▶ 取引価格の配分──独立販売価格が直接的に観察可能な場合

　前　提

　企業Rは，顧客に，ボートの販売および1年間の係留サービスを3,250千円で提供する契約を締結している。企業Rは，通常，ボートを3,000千円で販売するほか，顧客に対して係留施設を年500千円で提供する係留サービスを行っている。企業Rは，ボートの販売と係留サービスを別個の財またはサービスとして販売しているため，それぞれを独立の履行義務として会計処理する。

　企業Rは，3,250千円の取引価格を履行義務にどのように配分すべきか。

> ポイント

　直接的に観察可能な独立販売価格がある場合，取引価格の配分はどのように行うかを検討する。

> 考え方

　企業Rは，以下のとおり，独立販売価格の比率に基づいて，取引価格3,250千円をボートと係留サービスに配分する。

　　ボート：　　　　　2,786千円（3,250千円 × （3,000千円÷3,500千円））
　　係留サービス：　　 464千円（3,250千円 × （500千円÷3,500千円））

　この配分の結果，2つの履行義務に対して250千円（3,500千円－3,250千円）の値引きが比例配分されたことになる。

> 日本基準の実務における取扱い

　ケーススタディⅡ－2－1で記載したとおり，日本基準では，工事契約や受注制作のソフトウェアに関する認識の単位に関する個別の定めがあるのみで（工事契約に関する会計基準第7項，ソフトウェア取引の収益の会計処理に関する実務上の取扱い3），取引価格の配分についても，取引の会計処理単位の分割同様，一般的な定めはない。

　本ケースのように，複数の財またはサービスを含む契約において値引きが提供される場合には，状況に応じて，特定の財またはサービスに関する値引きとして取り扱っている場合もあれば，契約に含まれる財またはサービスのそれぞれに対して値引きを配分している場合があると考えられる。

(2) 独立販売価格の見積り

　独立販売価格が直接的に観察可能でない場合，企業は，当該財またはサービスの需給やトレンドなどの市場の状況，事業価格戦略等の企業固有の要因，顧客または顧客の階層に関する情報など，合理的に利用可能なすべての情報を考慮して独立販売価格を見積もらなければならない（IFRS第15号第78項）。この場合，企業は，恣意性を排除するため，最大限，観察可能なインプットを使用し，類似した状況においては首尾一貫した見積方法を適用することが求められる。

独立販売価格の見積方法として，以下が考えられる。ただし，別個の財またはサービスを独立に顧客に販売した場合に企業が請求するであろう価格の忠実な描写である限りにおいては，これ以外の方法も認められる。

① 調整後市場評価アプローチ
② 予想コストにマージンを加算するアプローチ
③ 残余アプローチ

① **調整後市場評価アプローチ**
IFRS 第15号では，以下のように説明されている（IFRS 第15号第79項(a)）。

> **調整後市場評価アプローチ**
> 　財又はサービスを販売する市場を評価して，当該市場の顧客が当該財又はサービスに対して支払ってもよいと考えるであろう価格を見積もることができる。

このアプローチでは，類似した財またはサービスについての企業の競合他社の価格を参照し，企業のマーケットシェア，予想利益マージン，顧客または地域別セグメント，販売チャネル，コスト構造等の企業固有の要因を反映するように必要に応じて調整する。

② **予想コストにマージンを加算するアプローチ**
IFRS 第15号では，以下のように説明されている（IFRS 第15号第79項(b)）。

> **予想コストにマージンを加算するアプローチ**
> 　履行義務の充足の予想コストを予測し，当該財又はサービスに対する適切なマージンを追加することができる。

予想コストには，直接コストと間接コストの両方を含めることになるが，含めるべきコストの範囲を決定するにあたっては判断が必要となる。例えば，企業が販売を通じて回収すると見込む研究開発コストのような内部コストについ

ても，検討が必要となる。また，適切なマージンであるか否かの判断にあたっては，類似製品の個別販売におけるマージン，業界における過去のマージン，業界平均販売価格，市場状況および利益目標等を考慮することが考えられる。

③ 残余アプローチ

IFRS第15号では，以下のように説明されている（IFRS第15号第79項(c)）。

> **残余アプローチ**
> 取引価格の総額から契約で約束した他の財又はサービスの観察可能な独立販売価格の合計を控除した額を参照して行うことができる。

このアプローチは，以下の要件のいずれかに該当する場合にのみ，適用が認められる。

- 企業が同一の財またはサービスを異なる顧客にほぼ同時に広い範囲の価格で販売している場合。すなわち，過去の取引または他の観察可能な証拠から独立販売価格を識別できない（販売価格の変動性が高い）場合
- 企業が当該財またはサービスについての価格をいまだ設定しておらず，独立して販売されたことがない（販売価格が不確定である）場合

（図表Ⅱ－4－1）取引価格の配分

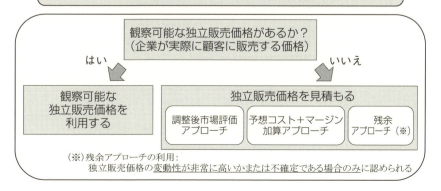

(3) 複数の独立販売価格の見積方法を適用する場合

契約に含まれる財またはサービスのうち，複数の財またはサービスについて独立販売価格の変動性が高い，または不確定である場合には，上記の独立販売価格の見積方法のいくつかを組み合わせて使用することが必要となる可能性がある。例えば，契約に独立販売価格の変動性が高いかまたは不確定である複数の約束した財またはサービスが含まれている場合には，企業は，まずは残余アプローチを使用して，当該財またはサービスのすべてについて独立販売価格の合計額を見積もる。そのうえで，別の方法を使用してそれぞれの財またはサービスの独立販売価格を見積もることになる場合がある（IFRS 第15号第80項）。

この場合，企業は複数の見積方法を組み合わせて見積もった独立販売価格を使用して取引価格を配分した結果が，企業が約束した財またはサービスを顧客に移転するのと交換に権利を得ると見込んでいる対価を描写する金額となるかを評価することが必要になる。例えば，取引価格を配分した結果，ある履行義務に対してわずかな金額のみ配分されるような場合には，顧客に提供される財またはサービスの価値に見合った金額が配分されていない可能性があり，その場合にはその配分方法は適切でない可能性があると考えられる。

ケーススタディⅡ－4－2では，残余アプローチによる独立販売価格の見積りについて示している。

ケーススタディⅡ－4－2 ▶ 独立販売価格の見積り―残余アプローチ

前 提

企業Sは，顧客に製品A，B，Cをセット価格10,000千円で販売する契約を締結している。企業Sは，通常，製品Aを2,500千円，製品Bを4,500千円で個別に販売している。製品Cは，発売前の価格未定の新製品であり，市場において競合他社からもまだ販売されていない。企業Sは，通常，製品Aおよび製品Bの組み合わせをセット価格で販売することはない。製品Cの引渡しは3月1日，製品Aと製品Bの引渡しは4月1日である。

企業Sは，製品Cの独立販売価格をどのように算定すべきか。

第4章 ステップ4：取引価格を契約における履行義務に配分する　　*115*

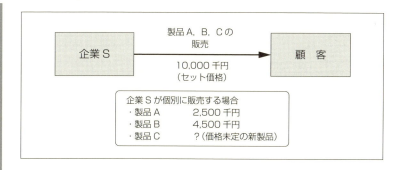

ポイント

価格が未定の製品を含む取引について，どのように独立販売価格を見積もるかを検討する。

考え方

企業Sは，今まで製品Cを販売したことがなく，価格も未定であるため，製品Cの独立販売価格の見積りには残余アプローチを用いることができる。

企業Sは，残余アプローチを用いる前に，製品Cの独立販売価格を見積もるために他の観察可能なデータが存在するかどうかを評価する必要がある。例えば，製品Cは新製品であるが，企業Sは，見積コストに適切なマージンを加算した金額を用いる等の他の方法によって独立販売価格を見積もることができるかもしれない。

企業Sには，製品Aおよび製品Bについてそれぞれ2,500千円と4,500千円，セットを7,000千円で販売している観察可能な証拠がある。したがって，残余アプローチにより，製品Cの見積独立販売価格は3,000千円（取引価格合計10,000千円から7,000千円を差し引いた金額）になる。

日本基準の実務における取扱い

日本基準に残余アプローチの考え方はない。また，ケーススタディⅡ-4-1で記載したように，取引価格の配分に関する一般的な定めもない。

本ケースのように，引渡しのタイミングが異なる場合であっても，製品A,B,Cの完納が支払の条件になっているような場合には，実務において，取引価格の配分を行わず，完納した4月1日の時点で一括して収益を認識している場合が考えられる。一方で，個別の支払が約されているような場合には，コスト・アプローチ等の合理的な方法によって配分されている場合もあると考えられる。

> **PwC's Eyes**
>
> 　残余アプローチは，従前のIFRSのもとで，一部の企業（例えば，ソフトウェア企業）によって用いられている残余法とは異なる。従来の残余法を適用する場合には，通常，契約における値引き全額を，契約のもとで最初に引き渡す履行義務に配分することになる。他方で，IFRS第15号のもとでは，一般的に値引きはすべての項目に比例配分されるため，従前のIFRSの残余法による配分方法とは異なる結果となる。
>
> 　しかしながら，IFRS第15号では，残余アプローチの使用は制限されるため，従来使用されてきた残余法よりも使用頻度は低くなると考えられる。したがって，従前のIFRSのもとで，残余法を適用している企業が，IFRS第15号のもとで残余アプローチを用いて販売価格を見積もることができるとは限らない。また，残余法と残余アプローチが異なる方法であり，結果が異なる場合がある点に留意する必要がある。

3．値引きの配分

　顧客は，しばしば複数の財やサービスに対して全体として値引きを受けていることがある。例えば，契約に含まれる約束した財またはサービスの独立販売価格の合計額が当該契約の取引価格を超える場合には，顧客は財またはサービスをまとめて購入することによって値引きを受けているものと考えられる。この場合，値引きが契約に含まれる特定の履行義務に係るものであるという観察可能な証拠を有していない限り，企業は，値引きを契約に含まれるすべての履行義務にその財またはサービスの独立販売価格の比率に基づいて比例配分することになる（IFRS第15号第81項）。

　しかしながら，契約に含まれる履行義務のマージンが一定でない契約の場合には，値引きの配分によっては，収益認識が履行の実態を表さない可能性がある。そこで，以下の要件のすべてを満たす場合には，当該値引きは契約に含まれる特定の履行義務に帰属することとしている（IFRS第15号第82項）。

(a) 企業は，通常，契約に含まれる別個の財またはサービス（あるいは別個の財またはサービスの束）のそれぞれを単独で販売している。

(b) 企業は，通常，契約に含まれる別個の財またはサービスのうちいくつかを束にしたものも，それぞれの束の中の財またはサービスの独立販売価格に対して値引きして販売している。
(c) (b)の値引きが，当該契約における値引きとほぼ同額であり，それぞれの束に含まれる財またはサービスの分析により，契約における値引きの全体がどの履行義務に属するのかの観察可能な証拠がある。

なお，値引きを，契約に含まれる特定の履行義務に配分する場合には，企業は，最初に特定の履行義務に当該値引きを配分してその独立販売価格から控除し，その後に財またはサービスの独立販売価格の見積りに残余アプローチを使用しなければならない（IFRS 第15号第83項）。

ケーススタディⅡ－4－3では，独立販売価格が観察可能な場合の値引きの配分について，ケーススタディⅡ－4－4では，独立販売価格の見積方法に残余アプローチを適用する場合の値引きの配分について示している。

ケーススタディⅡ－4－3 ▶取引価格の配分──値引きを配分する

前 提

企業Tは，顧客との間で，椅子，長椅子，テーブルをセット価格540千円で販売する契約を締結している。企業Tは，通常，椅子200千円，長椅子300千円，テーブル100千円で個別に販売している。顧客は，これらの商品をセット購入することによって，60千円（独立販売価格の合計600千円から540千円の取引価格を差し引いた金額）の値引きを受ける。椅子と長椅子は3月28日，テーブルは4月3日にそれぞれ引渡し予定である。企業Tは，通常，椅子と長椅子をセット価格440千円（すなわち，2つの商品の独立販売価格から60千円を値引きした価格）で販売しているが，テーブルについては値引きしない。

企業Tは，取引価格を商品にどのように配分すべきか。

	独立販売価格	セット価格 （椅子と長椅子）	セット価格 （椅子・長椅子・テーブル）
	（千円）	（千円）	（千円）
椅子	200	?	200－?
長椅子	300	?	300－?
テーブル	100	－	100－?
値引き	－	△ 60	△ 60
合計	600	440	540

ポイント

契約に含まれる特定の財またはサービスに対する値引きはどのように配分するかを検討する。

考え方

企業Ｔは，60千円の値引きを椅子と長椅子のみに配分しなければならないという観察可能な証拠を有している。通常，椅子と長椅子はセット価格440千円で販売されており，またテーブルは100千円で販売されている。したがって，企業Ｔは，以下のように，取引価格540千円を配分する。

椅子と長椅子	440千円
テーブル	100千円

なお，上記の例において，通常，テーブルと長椅子もセットで値引販売されているのであれば，椅子と長椅子との２つの商品のセットに対してのみ値引きを配分するのは適切でない。値引きは３つの商品に比例的に配分されることになる。

ケーススタディⅡ－４－４ ▶ 取引価格の配分──値引きを配分し，残余アプローチを適用する

前　提

企業Ｓが，通常，製品ＡおよびＢをセット価格6,000千円（すなわち1,000千円の値引き）で販売していることを除き，ケーススタディⅡ－４－２（114頁参照）と同じ前提とする。企業Ｓは，製品Ｃの独立販売価格を残余アプローチで見積もることが適切であると考えている。

企業Ｓは，取引価格を製品Ａ，Ｂ，Ｃにどのように配分すべきか。

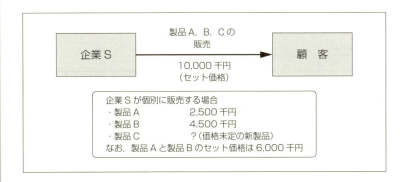

ポイント

独立販売価格の算定に残余アプローチを適用する場合，値引きの配分と残余アプローチの適用はどのように行うかを検討する。

考え方

企業Sは，通常，製品Aおよび製品Bをセット価格6,000千円で販売しているので，1,000千円の値引きは当該セットに関連しているという観察可能な証拠を有している。したがって，企業Sは6,000千円を製品Aと製品Bに配分する。そのうえで，企業Sは，残余アプローチを適用し，製品Cに対して4,000千円を配分する（取引価格合計10,000千円から6,000千円を差し引いた額）。

4．変動対価の配分

取引価格に含まれる変動対価は，期待値もしくは最も可能性の高い金額によって見積もった金額に対する制限や時の経過によって金額が変動する可能性がある。そのため，取引価格に変動対価が含まれる場合には，その配分はさらに複雑になる。IFRS第15号では，変動対価の配分について，以下のように定めている。

(1) 原則：契約全体に配分する

契約に含まれる約束された変動対価は，特定の履行義務や履行義務を構成する特定の財またはサービスに帰属する場合を除き，契約全体に配分する（IFRS

第15号第84項)。

(2) 例外：契約の一部に配分する

企業は，以下の要件をいずれも満たす場合には，変動対価が契約の特定の一部分に帰属すると考えられるため，変動対価の全体を特定の履行義務，もしくは単一の履行義務を構成する一部の一連の別個の財またはサービスに配分する（IFRS 第15号第85項）。

(a) 変動対価の支払条件が，企業の当該履行義務の充足または当該別個の財またはサービスを移転するための努力（または当該履行義務の充足または当該別個の財またはサービスの移転の特定の結果）に個別に関連している。

(b) 契約中の履行義務および支払条件のすべてを考慮すると，変動対価の金額の全体を当該履行義務または当該別個の財またはサービスに配分することが，取引価格を企業が約束した財またはサービスを顧客に移転するのと交換に権利を得ると見込んでいる対価の金額を描写する金額でそれぞれの履行義務に配分することになる。

例えば，企業が複数の異なる製品を提供する契約において，当該製品のうち，特定の製品を早期に納品することを条件とする変動ボーナスを顧客と約束しているような場合や，企業が別個の日々のホテル管理サービスを1年にわたり提供する契約（一連の別個サービス）において，一定の日々の稼働率を基準に対価に変動性があるような場合が考えられる。

次のケーススタディⅡ－4－5では，単一の履行義務に含まれる一連の別個の財またはサービスが含まれる場合の変動対価の配分について示している。

第4章 ステップ4：取引価格を契約における履行義務に配分する　121

ケーススタディⅡ－4－5▶変動対価の配分─単一の履行義務を構成する一連の別個の財またはサービス

[前 提]

　企業Uは，地熱を利用した独自の冷暖房システムを使って，ある地域のオフィスビル事業会社と3年間空調サービスを提供する契約を締結している。企業Uは，半年分の顧客のビル冷暖房費が過年度の冷暖房費に比較して少なくとも10％減少した場合には業績ボーナスを受け取ることができる。当期と過年度の冷暖房費は，半年ごとに，直近6か月間平均と前年同期を比較する。

　企業Uは，当該空調サービスを契約期間の3年間にわたって提供される一連の別個のサービスとしており，一定の期間にわたって充足される単一の履行義務として会計処理する。

　企業Uは，これまで，この地域のビルに対して，自社システムを利用して空調サービスを提供したことがない。そのため，企業Uは，当初，顧客の冷暖房費削減の見積りについて，実績が明らかになるまで，業績ボーナスを獲得できる可能性が非常に高いとは考えていなかった。このため，サービス提供の最初の6か月間については，業績ボーナスに関連する変動対価を取引価格に含めていない。しかしながら，最初の6か月経過時，実績では顧客の冷暖房費は前年同期と比較して12％減少し，企業Uは業績ボーナスを受け取る権利を得ていた。

　企業Uは，業績ボーナスをどのように会計処理すべきか。

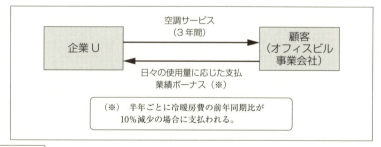

[ポイント]

　履行義務を構成する別個のサービスに変動対価をどのように配分するかを検討する。

> **考え方**
>
> 最初の6か月のサービスに係る業績ボーナスは，すでに履行された別個のサービスに関連しているため，企業Uはこの業績ボーナス（変動対価の見積りの変動）を獲得できる可能性が非常に高いと判断した時点，本ケースでは，実績が明らかになった時点で即時に認識しなければならない。変動対価の変動を履行義務全体に配分（すなわち，3年間の契約全体でこの最初の6か月のサービスに係る金額を認識）することは適切ではない。
>
> **日本基準の実務における取扱い**
>
> 日本基準では，変動対価に関する一般的な定めはない。このため，実務上不確実性を考慮した見積りによって収益認識を行うのではなく，実績に追加報酬を受け取った時点で追加の収益を認識している可能性がある。

5．取引価格の変動

契約開始後に，取引価格がさまざまな理由で変動する可能性がある。この場合，契約変更である場合を除き，当該変動を契約に含まれる履行義務に配分することが必要になる。この場合の配分は，契約開始時と同じ基礎により行うことが必要であり，契約開始後の独立販売価格の変動を反映して取引価格の再配分を行ってはならない（IFRS第15号第88項）。ただし，取引価格が変動した場合には，すでに充足した履行義務に対して配分された金額は，累積的なキャッチアップ修正により，取引価格が変動した期に認識する。また，充足していない履行義務に配分された金額は，充足する期間に合わせて認識することになる。

このため，取引価格の変動が，特定の履行義務もしくは単一の履行義務を構成する一連の別個の財またはサービスの一部に帰属する場合には，当該変動をこれらに配分しなければならない（IFRS第15号第85項，第89項）。

契約変更の結果として，取引価格が変動する場合には，契約変更の取扱いに従うことになる（第Ⅱ部第1章6．「契約変更」(46頁)）。一方，契約変更をIFRS第15号第20項に従って独立した契約として取り扱わなかった契約について，契約変更後に取引価格の変動が生じた場合には，企業は，以下のいずれか

の適用可能な方法で取引価格の変動を配分する（IFRS 第15号第90項）。

(a) 取引価格の変動が，契約変更前に約束された変動対価の金額に起因しており，当該契約変更時点での残りの財またはサービスを契約変更日以前に移転した財またはサービスとは別個のものとして取り扱った場合（IFRS 第15号第21項(a)），その範囲で，取引価格の変動を契約変更前の契約で識別された履行義務に配分する。

(b) 上記(a)に該当しない場合，企業は取引価格の変動を変更後の契約に含まれる履行義務に配分する。

第5章 ステップ5：企業が履行義務の充足時に（または充足するにつれて）収益を認識する

1．履行義務の充足

　企業は，約束した財またはサービスを顧客に移転することによって履行義務を充足したときに（または充足するにつれて），収益を認識しなければならない（IFRS第15号第31項）。これは，企業の履行義務の基礎となる契約において約束した財またはサービスを顧客に移転する，すなわち，それに対する支配を顧客に移転することによって，企業は履行義務を充足するからである。そのため，収益認識のタイミングは，財またはサービスの支配がいつ顧客に移転したかによって決まる。

　ステップ5は，支配の移転の判定を行う重要なステップである。企業は，ステップ2において識別したそれぞれの履行義務について，契約開始時点において，履行義務を一定の期間にわたって充足されるものであるか否かを検討し，これに該当しない場合には，当該履行義務を一時点で充足されるものであると判断することになる（IFRS第15号第32項）。

2．支配の概念

　IAS第18号「収益」では，収益認識の基準となる財またはサービスの移転を，資産の所有に伴うリスクと経済価値の観点から判定するリスク・経済価値アプローチが採られていた。これに対し，IFRS第15号では，財またはサービスの移転を，資産の定義や履行義務の識別との整合性を勘案し，資産に対する支配

の概念を用いて判定するように変更されている。資産の支配の概念は，財だけでなく，資産を受け取ってただちに消費するサービスであっても，顧客に対する資産の移転は存在するため，適用されることになる。IFRS 第15号では，資産に対する支配を以下のように定義している（IFRS 第15号第33項）。

> **資産に対する支配**
> 　当該資産の使用を指図し，当該資産からの残りの便益のほとんどすべてを獲得する能力を指す。

　顧客は，資産の使用を指図し，当該資産からの残りの便益のほとんどすべてを獲得する能力を有している場合には，財またはサービスの支配を獲得していることになる。また，顧客は，資産の使用を指図し，当該資産からの便益のほとんどすべてを獲得する将来の権利を有する場合があるが（例えば，特定の製品に対する前払を行った場合），実際には，顧客は移転される支配に対するそれらの権利を獲得しているものと思われる。
　この支配の概念は，概念フレームワークにおける資産の定義における支配の概念に基づくものである（IFRS 第15号 BC120項）。この場合の，使用を指図する能力とは，顧客が当該資産を自らの活動に利用する，または当該資産を他の企業が活動に利用することを認める，さらに他の企業による当該資産の利用を制限する権利を意味する（IFRS 第15号 BC120項(b)）。
　また，この場合の資産の便益は，潜在的なキャッシュ・フローを意味し，次のような多くの方法で直接または間接に獲得できる潜在的なキャッシュ・フローとされている（IFRS 第15号第33項）。
- 財の製造またはサービスの提供のための当該資産の使用
- 他の資産の価値を増大させるための当該資産の使用
- 負債の決済または費用の低減のための当該資産の使用
- 当該資産の売却または交換
- 借入金の担保とするための当該資産の担保差入れ
- 当該資産の保有

　支配の概念は，顧客の観点から判断することが必要である。通常の場合，財またはサービスを移転する企業とそれを購入する顧客のいずれの観点からも，

結果は同じになるものと考えられる。一方で，情報の非対称性により，結果が異なる可能性も否定できないものと考えられる。そこで，IFRS 第15号では，企業に顧客の観点から判断することを求めることにより，企業が顧客への財またはサービスの移転と一致しない活動を考慮することによって収益認識を歪めるリスクを抑えることができるものとしている（IFRS 第15号 BC121項）。

なお，顧客が資産に対する支配を獲得しているかどうかを評価する際に，企業は，当該資産を買い戻す契約について考慮する必要がある（IFRS 第15号第34項）。買戻し契約については，第Ⅲ部第5章4．「買戻し契約」（253頁）を参照のこと。

> *PwC's Eyes*
>
> IFRS 第15号は，財またはサービスの支配が顧客に移転した時期を決定することを企業に要求している。リスクと経済価値の移転に焦点を当てている IAS 第18号のガイダンスと IFRS 第15号のガイダンスを比較すると，一部の取引について収益認識のタイミングが変わる可能性がある。IFRS 第15号では，経済価値の移転は，支配が移転されたか否かの指標ではあるが，新たに追加された他の指標等も考慮する必要がある。これらの指標を総合的に勘案した結果，財の支配を顧客に移転しているものの一部の経済的リスクを保持している企業は，現行のガイダンスでは経済的リスクのすべてが移転されるまで収益認識を遅らせる可能性があるが，IFRS 第15号では支配が移転された時点で収益を計上することが必要となる可能性がある。

3．一定の期間にわたり充足される履行義務

以下の3つの要件のうち，いずれかを満たす場合には，企業は財またはサービスに対する支配を一定の期間にわたり顧客に移転する。この場合，企業は一定の期間にわたり履行義務を充足するため，この充足につれて収益を認識することになる（IFRS 第15号第35項）。

(1) 顧客が企業の履行によって提供される便益を，企業が履行するにつれて同時に受け取って消費する（顧客が企業の履行につれて便益を同時に受け

取って消費する場合）。
(2) 企業の履行が，仕掛品のような資産を創出するかまたは増価させ，顧客が当該資産の創出または増価につれてそれを支配する（企業の履行が顧客の支配する資産を創出するかまたは増価させる場合）。
(3) 企業の履行が，他に転用できる資産を創出せず，かつ，企業が現在までに完了していた履行に対する支払を受ける強制可能な権利を有している（企業の履行が他に転用できる資産を創出せず，かつ，企業が現在までに完了した履行に対する支払を受ける強制可能な権利を有している場合）。

これらの3つの要件と収益の認識時点の関係をまとめると，図表Ⅱ－5－1のようになる。

(図表Ⅱ－5－1) 収益の認識時点の判定（一定の期間と一時点）

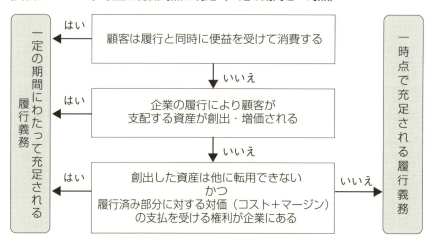

(1) 顧客が企業の履行につれて便益を同時に受け取って消費する場合 （IFRS第15号第35項(a)）

① 要件の対象

この要件では，財またはサービスが顧客に移転される時期に焦点を当てて判断することとしている。

サービスの場合，顧客がその支配をいつ獲得しているかを客観的な根拠に基づいて判断することは困難な場合が多い。これは，サービスは，財とは異なり

可視的でないことが多く，さらにその提供と同時に顧客がサービスを消費するため，顧客が財のように資産として認識することがないからである。

なお，IFRS第15号では，サービス契約自体を定義することは困難であるとされ，この要件を特にサービス契約に限った要件とはしていない。

② **該当するケース**

顧客が企業の履行により生じる便益を企業の履行につれて同時に受け取って消費するのかの判断が容易でない場合には，企業が現在までに完了した作業について，仮に他の企業が顧客に対する残りの履行義務を履行することになったとしても作業の大幅なやり直しをする必要がないと企業が判断する場合には，この要件を満たすものと考えられる（IFRS第15号B4項）。例えば，企業が製品を東京から九州に輸送する契約の場合，企業が製品を途中の大阪までしか輸送できずに，その後の輸送を別の企業に引き継いだとしても，当該別の企業は企業の現在までの履行を実質的にやり直す必要はない。すなわち，別の企業は製品を大阪まで運ぶために東京まで戻って再実施する必要はないことから，顧客は企業の履行につれて便益を受けて消費していると考えられる。

なお，この場合の実質的にやり直す必要があるか否かの評価については，契約上または実務上の制約は考慮しない（IFRS第15号B4項(a)）。これは，当該要件は，財またはサービスに対する支配がすでに顧客に移転したかどうかを，別の企業が残りの履行義務を引き受けた場合に何を実施する必要があるかという観点から評価するものであるため，他の企業が引き受けることは所与として取り扱われていることによる。また，履行義務の残りの部分を履行する他の企業は，仮に履行義務の引継ぎを受けたとしても，企業が引継時点で支配している資産の便益を支配することにはならないと推定するとしている（IFRS第15号B4項(b)）。

ケーススタディⅡ－5－1では，顧客が便益を受け取ると同時に消費する要件に係る判断について示している。

第5章　ステップ5：企業が履行義務の充足時に(または充足するにつれて)収益を認識する　129

ケーススタディⅡ-5-1▶収益の認識―便益を受け取ると同時に消費する

前提

企業Vは貨物鉄道会社であり，企業XとA地点からB地点まで企業Xの製品を100千円で輸送する契約を締結している。企業Xは，契約によって，製品がB地点に到着した時点で輸送代金を支払うことになっている。

企業Vは，この契約について収益をいつ認識すべきか。

ポイント

企業Vが提供する輸送サービスを輸送途中で他の企業に引き継いだ場合，当該他の企業は企業Vが輸送した区間の輸送をやり直す必要はないといった点を考慮して検討する。

考え方

企業Vの履行義務は一定の期間にわたって充足される履行義務であるため，企業Vは製品を輸送するにつれて収益を認識する。

すなわち，企業Vが，A地点からB地点までの全区間にわたって製品を輸送できない場合に，他の企業がA地点から現地点まで製品の輸送をやり直す必要はない。このため，企業Xは，製品をA地点からB地点に向けて移動するにつれて便益を受け取っているものと考えられる。契約上，輸送サービスの途中で他の企業に引き継ぐことについて実務上の制限がある可能性があるが，このような制限は考慮しない。

日本基準の実務における取扱い

日本基準では，実現主義に基づき，「役務の提供」と「対価の成立」の2要件を満たしたときに収益を認識することになる。このため，受領する対価に対する役務の内容を識別することが必要となる。

> 本ケースの場合，当該役務について，製品が目的地に輸送されていることに着眼するならば，輸送完了時点において収益認識がなされるものと考えられる。一方で，製品を輸送するサービスに着眼すると，輸送の進捗に応じた収益認識がなされるものと考えられる。

(2) 企業の履行が顧客の支配する資産を創出するかまたは増価させる場合 (IFRS第15号第35項(b))

① 要件の対象

顧客が資産，例えば，仕掛品を支配する場合，顧客は企業が提供するにつれて財またはサービスの便益を獲得しており，したがって，履行義務は一定の期間にわたり充足されると考えられる。この場合の資産は，有形および無形のいずれの場合もある。

② 該当するケース

以下のような例においては，顧客が仕掛品を支配しているかどうかの決定にあたっては，それぞれの契約に応じた判断が必要となる。

- 企業が顧客の土地の上に建物を建設する工事契約の場合には，顧客は一般的には企業の履行から生じる仕掛品を支配していると考えられる。
- 民間航空会社が顧客である場合，標準的な民間航空機の仕掛品は支配されていない可能性があるが，顧客が政府である場合，軍需用の戦闘機の仕掛品は支配されている可能性がある。

ケーススタディⅡ－5－2は，建設期間中に仕掛品の支配が顧客に移転する場合，ケーススタディⅡ－5－3は製造中に仕掛品の支配が顧客に移転しない場合を示している。

| ケーススタディⅡ-5-2 ▶ 収益の認識—顧客が仕掛品を支配する場合 |

| 前 提 |

企業Wは，企業Yと企業Yの所有する土地に石油精製所を建設する契約を締結している。この契約には，以下のような特徴がある。
- 石油精製所は，企業Yの仕様に従って建設され，企業Yは建設期間中に当該仕様を変更することができる。
- 建設中，企業Yにより対価が出来高払いで支払われる。
- 企業Yは，（解約違約金を支払うことにより）いつでも契約を解約できる。
- 仕掛品の所有権は，企業Yにある。
- 契約における財およびサービスは別個のものでない。そのため，当該契約は，単一の履行義務として会計処理される。

企業Wは，この契約からの収益をいつ認識すべきか。

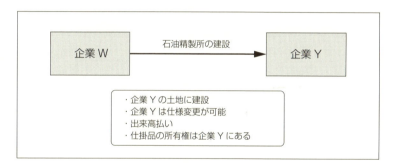

| ポイント |

顧客である企業Yが建設中の石油精製所を支配しているか否かを，契約内容を踏まえて検討する。

| 考え方 |

企業Wは，履行義務を一定の期間にわたり充足するため，石油精製所を建設するにつれて収益を認識する。

契約が中途解約された場合であっても，企業Yは建設中の石油精製所を所有する。さらに，契約期間中に企業Yは設計仕様を変更することができることから，企業Yは建設期間にわたって，建設中の石油精製所を支配するものと考えられる。

日本基準の実務における取扱い

　日本基準では，工事契約については，工事の進行途上において，その進捗部分について成果の確実性が求められる場合には，工事進行基準が適用される（工事契約に関する会計基準第9項）。

　本ケースにおいては，企業Wは出来高払いで対価が支払われることとなっており，契約を途中解約する場合であっても解約違約金が支払われることとなっている。このようなケースにおいては，通常，工事収益総額，工事原価総額さらに進捗度を信頼性をもって見積もることができることから成果の確実性が認められるため，工事進行基準が適用されているものと考えられる。

ケーススタディⅡ－5－3 ▶ 収益の認識——顧客が仕掛品を支配しない場合

前　提

　企業Aは顧客のために机100個を製造販売する契約を締結している。この契約には，以下のような特徴がある。
- 顧客は，解約違約金を支払うことにより，いつでも契約を解約することができるが，仕掛品の所有権は企業Aにある。
- 企業Aは，契約が解約された場合，仕掛品を完成させて他の顧客に販売することができる。
- 物理的占有および所有権は，契約完了するまで顧客に移転しない（一括納品である）。
- 契約開始時に内金が支払われるが，残りの代金の大部分は製品引渡し後に支払われることになっている。

企業Aはこの契約から生じる収益をいつ認識すべきか。

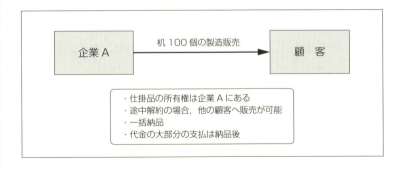

> **ポイント**
> 机100個の支配が仕掛品の段階で移転するか否かを契約内容に基づいて検討する。

> **考え方**
> 机100個すべての引渡し時に机の支配が顧客に移転して履行義務が充足されるため，企業Aはその時点で収益を認識する。
> この契約条件は，製造中の机の支配は顧客に移転されないことを示している。特に，契約が解約された場合に，企業Aが100個の机のうち一部の完成品を別の顧客に販売することができることになっているため，顧客は仕掛品を支配していないと考えられる。
> なお，この要件について検討する場合には，代金の支払の時期は，企業Aが一定の期間にわたって収益を認識すべき履行義務の要件を満たしているか否かの判断には影響しない。

> **日本基準の実務における取扱い**
> 日本基準では，売上高は実現主義の原則に従い，商品等の販売または役務によって実現したものに限るとされている（企業会計原則第二　三　B）。実務においては，出荷基準，引渡基準および検収基準等が，取引の性質を考慮のうえ，使い分けられている。
> 本ケースにおいては，対価の支払が机100個すべての引渡し後となっていることから，製品納品時に一括して収益認識している可能性がある。

(3) 企業の履行が他に転用できる資産を創出せず，かつ，企業が現在までに完了した履行に対する支払を受ける強制可能な権利を有している場合 （IFRS第15号第35項(c)）

① 要件の対象

支配の移転が明確でなく，上述の(1)および(2)の要件への当てはめが困難である場合には，この要件を適用することになる。この要件は，例えば，コンサルティングサービスのように顧客固有のサービスのほか，有形および無形の財についても適用できる可能性がある。

② 該当するケース

本要件に該当するケースは，ⅰ．他に転用できる資産を創出しないこと，およびⅱ．現在までに完了した履行義務に対する支払を受ける強制可能な権利を有していることの双方に該当する場合のみである。

ⅰ．他に転用できる資産を創出しないこと

本要件に該当しない場合，すなわち，企業が他に転用できる資産を創出する場合には，企業は当該資産を容易に別の顧客に振り向けることができる。このため，顧客は当該資産が創出されるにつれて支配することにはならない。例えば，標準的な棚卸資産を製造販売する場合，企業に他の顧客に振り向ける自由裁量があるのであれば，顧客に当該資産を支配する能力はないと考えられる。

本要件に該当するケースとしては，企業が当該資産の創出もしくは増価の間に当該資産を別の用途に容易に振り向けることが契約で制限されている，または，資産が特定の顧客のために高度にカスタマイズされているなどにより，別の顧客へ販売するためには多額の改造コストなどが必要になる場合である。すなわち，完成した状態の当該資産の特性から別の用途に容易に振り向けることが実務的に制限されていると考えられる場合である。このような場合に，当該資産は他に転用できないと考えられ，顧客は，当該履行の便益を受け，財またはサービスに対する支配を有する可能性があるものとみなすことになる（IFRS第15号B7項，B8項）。

ただし，契約上の制限が，例えば，企業が清算する場合に，顧客を保護する目的で企業に財の移転が禁止されるなど，単なる顧客の防御的権利である場合には，当該制限は財に対する支配を顧客に移転していることを示すものではない。

また，企業は，契約開始時に企業の資産が他に転用できるかどうかの判断を行い，契約開始後は，契約の当事者が履行義務を著しく変更する契約変更を承認する場合を除き，企業は資産が他に転用できるかどうかの評価を見直してはならない（IFRS第15号第36項）。

ケーススタディⅡ－5－4からⅡ－5－6は，資産が他に転用できるか否かの検討について，資産の性質以外の制限も考慮して説明する。

ケーススタディⅡ－5－4 ▶ 収益の認識─他に転用できる資産

前提

企業Bは，企業Zと自動車の製造販売契約を締結している。企業Zは，車体の色，内装トリム，電子機器類など特定のオプションを指定している。企業Zは，自動車を確保するために返金不能の前払金を支払っているが，仕掛中の自動車の支配はしていない。企業Bは，企業Z用の仕掛中の自動車をいつでも別の顧客に振り向け，企業Z用に同仕様の別の自動車の製造を開始することができる。

企業Bは，この契約から生じる収益をどのように認識すべきか。

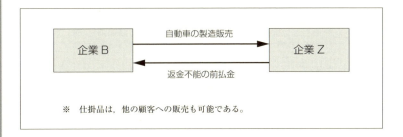

※ 仕掛品は，他の顧客への販売も可能である。

ポイント

一定の期間にわたり充足される履行義務の要件にある，他に転用できる資産が創出されるか否かを検討することになる。

考え方

企業Bは，企業Zに自動車の支配を移転した一時点で収益を認識しなければならない。

この契約は，一定の期間にわたり充足される履行義務の要件を満たしているとはいえない。企業Zは仕掛中の自動車を支配していない。また，企業Zは自動車の車体の色等についてオプションを指定しているが，このオプション自体は，仕掛中の自動車を他の顧客に移転する企業Bの能力を，実務上または契約上制限しているものではない。さらに，企業Bは，ほとんど追加のコストをかけることなく，別の顧客に当該仕掛中の自動車を振り向けることができるため，企業Bは当該自動車を他に転用できることになる。

ケーススタディⅡ－5－5 ▶収益の認識──他に転用できない契約上の制限

前提

企業Bは，企業ZとケーススタディⅡ－5－4と同様の自動車の製造販売契約を締結している。ただし，企業Zは，当該契約では，企業Bによって最初に製造された自動車を購入するという強制可能な権利を有している点だけは異なることとする。

企業Bは，この契約から生じる収益をどのように認識すべきか。

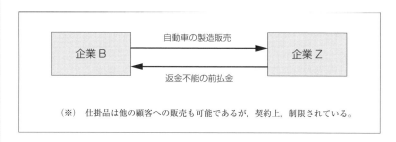

ポイント

新たに追加された前提が，他に転用できる資産が創出されるかの判断に影響を及ぼすか否かを検討することになる。

考え方

企業Bが自動車を製造するにつれて完了した製造作業に対して支払を受ける権利を得ると仮定した場合には，この契約は，企業Bは製造する一定の期間にわたり履行義務が充足されるにつれて収益を認識することになる。

企業Bは，当該自動車を別の顧客に振り向けることが実質的には可能であるが，契約上，制限されている状況にあるため，企業Bは当該資産を他に転用できないことになる。

ケーススタディⅡ－5－6 ▶収益の認識─他に転用できない高度に特化された資産

前提

企業Cは，企業Xとクルーズ船を建造する契約を締結している。この船は，企業X用に特別仕様で設計および建造される。企業Cは，他の顧客にこの船を振り向けることができるが，そのためには，船の仕様を変更する必要があるため，かなりの追加費用を負担することになる。その他，以下の事実がある。

- 企業Xは，この船が建造されるにつれて物理的に占有をすることはない。
- 企業Cによって提供される財およびサービスは別個のものではないため，契約は単一の履行義務となっている。
- 企業Xが契約を解約した場合，企業Xは企業Cに，発生費用と合意済の利益マージンを合算した額に相当する金額を支払う義務を負う。

企業Cは，この契約から生じる収益をどのように認識すべきか。

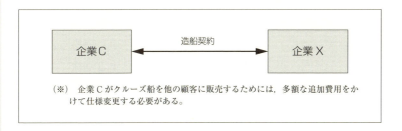

ポイント

一定の期間にわたり充足される履行義務の要件にある，他に転用できる資産が創出されるか否かを検討する。

考え方

企業Cは，船の建造につれて，一定の期間にわたり収益を認識しなければならない。

船は企業Xの仕様に従って建造されており，別の顧客が使用できるようにするためには，企業Cは相当な作業のやり直しが必要となる。その結果，企業Cは，多額の追加費用をかけなければ別の顧客に船を販売することができないため，この船を実質的に他に転用することはできないと考えられる。また，企業Cは，現在までに完了した履行に対する支払を受ける権利も有している。この状況は，一定の期間にわたり充足される履行義務に係る要件を満たしている。

ⅱ．現在までに完了した履行義務に対する支払を受ける強制可能な権利を有していること

● 支払を受ける権利

支払を受ける権利は，他に転用できない資産であることと合わせて，支配の判定要素となるものである。企業は，創出する資産を企業が他に転用できない場合，顧客の契約解約による企業の資産価値リスクを担保するために，企業は顧客に対して，現在までに完了した企業の履行について支払を要求すると考えられる。このことは，資産の交換によって顧客が当該資産の支配を獲得した際に支払義務を負うことと整合している。そのため，顧客が企業の履行に対して支払義務を負っているという事実は，顧客が企業の履行から便益を得ていることを示唆すると考えられる。

また，支払を受ける権利は，企業が現在までに完了した履行に対する補償となる支払であり，預け金の支払や契約解約による潜在的な利益喪失を補償する支払ではない。したがって，当該支払は早期に解約された契約に関するものではなく，現在までに完了した履行に対する補償であり，企業の予想される合理的な利益マージンを考慮して判断すべきものと考えられる。

補償される合理的な利益マージンは，契約が約束どおりに履行されたとした場合に見込まれる利益マージンと必ずしも等しくなる必要はないが，以下のいずれかの補償に対する権利が必要と考えられる（IFRS 第15号 B9項）。

- 顧客による解約前の契約に基づく企業の履行の程度を合理的に反映すると見込まれる利益マージンの一定割合
- 契約固有のマージンが，企業が同様の契約から通常生み出すリターンよりも高い場合には，同様の契約についての企業の資本コストに対する合理的なリターン

● 支払を受ける権利の評価

現在までに完了した履行に対する支払を受ける権利を有しているかどうかを評価する際には，企業は，仮に企業が約束した履行を行えなかったこと以外の理由で契約が解約されたとした場合，顧客に対して，現在までに

完了した履行に対する支払を要求または保持する強制可能な権利を有するかどうかを考慮しなければならない（IFRS第15号B10項）。この場合の，企業が現在までに完了した履行に対する支払を受ける権利は，支払に対する現在の無条件の権利である必要はない。一般的に，企業は，支払に対する無条件の権利は，合意された達成目標に到達した時点，または，履行義務を完全に充足した時点ではじめて有することになると考えられる。

企業は，現在までに完了した履行に対する支払を受ける権利の有無および強制可能性を評価する際に，関連する法令とともに，契約条件について，以下に該当するのかどうかを考慮することが必要となる（IFRS第15号B12項）。

- 契約上，企業の支払を受ける権利が明示されていなくても，法令，行政上の実務または判例が当該権利を企業に与えているかどうか。
- 判例が，同様の契約上の支払を受ける権利に法的拘束力がないことを示しているかどうか。
- 支払を受ける権利を強制しないことを企業が取引慣行により選択した場合，当該権利がその法的環境では強制可能でない状態になるかどうか。

契約の存続期間において，約束した履行を企業が果たさなかったこと以外の理由で，顧客または他の当事者により解約される場合には，少なくとも，企業は，現在までに完了した履行について補償される金額を得る権利を得ていなければならない（IFRS第15号第37項）。企業が多額の返金不能な前払金を受け取っている場合には，顧客が契約を解約したとしても，企業が現在までに完了した履行についてすでに相応の対価を受け取っており，当該支払を受ける権利の要件を満たしている可能性がある。また，契約で示されている支払予定スケジュールは，必ずしも現在までに完了した履行についての支払に対する企業の強制可能な権利を示すものでない可能性がある（IFRS第15号B13項）。例えば，契約により顧客からすでに受け取った対価について，企業が約束の履行を果たさなかったこと以外の理由で返金可能であることが定められているような場合があるからである。

ケーススタディⅡ−5−7では，支払を受ける権利について検討している。

ケーススタディⅡ－5－7 ▶ 収益の認識—支払を受ける権利

前提

企業Dは，企業Yと特別仕様の機器を製造販売する契約を締結している。企業Yは，いつでも契約を解約することができる。企業Yは，契約開始時に，企業Dの資材調達資金として返金不能な前払金を支払っているが，企業Dの残りの支払を受ける権利は，企業Yに機器を引き渡すまでは生じない。

なお，当該契約により，企業Dは，当該機器を別の顧客に販売することはできない。また，企業Yは，機器の製造途上にある仕掛品について支配を得ることはない。

企業Dは，当該契約の収益をどのように認識すべきか。

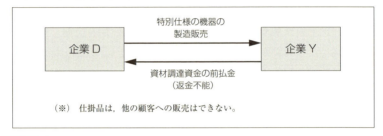

（※）仕掛品は，他の顧客への販売はできない。

ポイント

企業Dは，現在までに完了した履行義務に対する支払を受ける強制可能な権利を有しているかを検討する。

考え方

企業Dは，当該機器の支配が企業Yに移転された時点で収益を認識しなければならない。

当該契約において，企業Yは仕掛品の支配を得ていない。また，機器を他の顧客に販売することを妨げる実質的な条項が契約上含まれているため，企業Dはこの特別仕様の機器を他に転用することはできない。そのため，企業Dの収益認識の方法を判断するためには，一定の期間にわたり充足される履行義務の要件に含まれる，現在までに完了した履行に対して支払を受ける権利があるか否かを検討することが必要となる。企業Dは，契約開始時に返金不能の前払金として受け取っているのは資材調達資金であるため，発生した原価に利益マージンを加算した金額ではなく，機器の引渡しまでは，発生した原価（資材調達コスト）部分の支払のみを受ける権利を有する。そのため，現在までに完了した履行に対する支払を受ける権利を有していないと考えられる。したがって，一定の期間にわたり

第5章 ステップ5:企業が履行義務の充足時に(または充足するにつれて)収益を認識する 141

充足される履行義務に係る要件は満たされていない。

> **PwC's Eyes**
>
> 　企業は，一定の期間にわたり充足される履行義務の要件を評価するために判断を用いる必要がある。特に，資産を他に転用できるか，また，企業が現在までに完了した履行に対する支払を受ける強制可能な権利を有するかを評価するにあたっては判断が必要となる。例えば，資産が他に転用できるかを判断するためには，企業は，契約において他の当事者に対する資産の移転を制約する実質的な理由があるかどうかを評価する必要がある。
> 　顧客の仕様に応じて大量の同質の財が製造される場合，一定の期間にわたり充足される履行義務の要件を満たすと考えられる可能性がある。これは，カスタマイズの実施または契約上の制約を考えた場合，このような財を企業が他に転用できないことが頻繁にあり，その場合の契約の支払条件には，契約が解約された場合に現在までの履行に対して支払を受けることを規定する防御的条項が含まれる場合があるからである。
> 　このような顧客仕様の財を製造する企業は，財が顧客に引き渡される時点ではなく，財が製造されるにつれて，収益を認識することを要求される可能性がある。また，例えば，財の納入のつど，支払を受けることができるような場合にも，一定の期間にわたり充足される履行義務として会計処理することとなる可能性がある。一方で，途中解約のときにすでに製造した財に対して支払を受けることができないような場合には，一時点で移転される棚卸資産として仕掛品の会計処理が行われることになる。なお，財の納入のつど，支払を受ける権利がある場合であっても，顧客が製造中のユニットのコストのみを補償する場合には，「支払を受ける権利」の要件を満たさない可能性がある点には留意が必要である。

4．履行義務の完全な充足に向けての進捗度の測定

(1) 進捗度の測定方法の選択

　一定の期間にわたり充足される履行義務のそれぞれについて，企業は，当該履行義務の完全な充足に向けての進捗度を測定することにより，一定の期間にわたり収益を認識しなければならない（IFRS第15号第39項）。進捗度の測定は，

企業が約束した財またはサービスに対する支配を顧客に移転する際の履行を描写するものであることが必要である。そのため，企業は，この目的に合った適切な方法を選択することが求められる。

　企業は，一定の期間にわたり充足される履行義務のそれぞれについて，単一の進捗度測定の方法を適用しなければならず，その方法を類似の履行義務および類似の状況に対して首尾一貫して適用しなければならない。また，各報告期間末において，企業は，一定の期間にわたり充足される履行義務の完全な充足に向けての進捗度を再測定しなければならない（IFRS第15号第40項）。

　進捗度の測定の適切な方法には，アウトプット法とインプット法が含まれる。進捗度測定の適切な方法を決定する際に，企業は，顧客に移転することを約束した財またはサービスの性質および企業の履行の性質を考慮しなければならない（IFRS第15号第41項）。例えば，スポーツクラブの契約においては，企業の顧客である会員との約束は，スポーツクラブを利用可能にするために一定の期間にわたって待機することであると考えられる。顧客は，企業の待機義務を含むサービスから便益を受けるのであって，顧客が要求するときにのみサービスの提供を受けるということではない。また，顧客はスポーツクラブを使用するかどうかに関係なく，対価を支払う義務がある。そのため，このような場合には，進捗度は，顧客の利用により測定するのではなく，企業が利用可能とするサービスの提供に基づいた測定方法を選択することになる。

① **アウトプット法**

ⅰ．定　義

　IFRS第15号では，アウトプット法を以下のように定義している（IFRS第15号B15項）。

> **アウトプット法**
> 　収益の認識を，現在までに移転した財又はサービスの顧客にとっての価値の直接的な測定と，契約で約束した残りの財又はサービスとの比率に基づいて行う。

この場合，顧客にとっての価値は，契約における企業の履行の客観的な測定値を示すものであり，例えば，達成したマイルストーン，経過期間，引渡単位数，製造単位数などがある（IFRS第15号B15項）。アウトプット法は，概念的には，顧客に移転した財またはサービスの価値を直接的に測定するため，企業の履行を最も忠実に描写する方法となりうる。しかし，インプット法のほうが低コストであり，かつ，進捗度の測定のための合理的な代用数値を提供するのであれば，インプット法が適切となりうる場合がある。

ⅱ．実務上の適用

企業は選択したアウトプットが履行義務の完全な充足に向けての企業の履行を忠実に描写するかどうかを考慮しなければならない。

履行義務が一定の期間にわたり充足される場合に引渡単位法や製造単位法を採用する場合には，顧客に支配が移転した仕掛品や製品を考慮しないことになるため，アウトプット法が必ずしも適切な方法にならない可能性がある。また，契約が設計と製造の両方を提供する場合に，製造または引き渡した単位に基づいて収益を測定する方法は，顧客に移転した価値を反映していない可能性があり，これらの場合には，アウトプット法が適切でない可能性がある。一方で，標準製品を一連の別個の財として顧客に個別に継続して引き渡す長期製造契約については，引渡単位法は，適切な方法となる可能性がある。企業は，事実および状況を勘案し，企業の履行および財またはサービスに対する支配の顧客への移転を描写する方法を選択することが必要である（IFRS第15号BC166項）。

達成したマイルストーンに基づく測定については，各マイルストーンの間に移転される財またはサービスの金額が重要である場合には，次のマイルストーンを達成する前であっても企業の進捗度の測定から当該金額を除外すべきではないことに留意する必要がある。

ⅲ．実務上の便法

例えば，企業が提供したサービスの時間当たりの対価が固定金額である場合のように，企業が現在までに完了した履行の，顧客にとっての価値に直接対応する金額で顧客から対価を受け取る権利を有している場合には，企業は請求す

る権利を有する対価の金額(いわゆる,請求額)で収益を認識することが認められる(IFRS 第15号 B16項)。企業の対価に対する権利が,顧客に移転した価値に直接対応するか否かの評価においては,判断が要求されることになる。経営者は,交渉によって決まった対価の受取計画において,顧客への請求額が顧客に移転した価値を意味していると当然に仮定すべきでない。

一方で,市場価格や独立販売価格が,契約期間にわたって変動する価格であったとしても,その価格が「顧客にとっての価値」を示すものであれば,当該実務上の便法を使用することができるものと考えられる。例えば,企業が顧客と毎年10%ずつの値上げを織り込んだ3年間の電力供給契約を締結した場合,当該値上げが,契約開始時点で企業が将来の電力料の上昇を織り込んだものであれば,当該価格の変動は,顧客にとっての価値を表すものであると考えられる。一方で,単なる資金繰りの関係で初めの1年は低い価格で,残りの2年を高い価格でというように価格を決めている場合には,当該価格は,顧客にとっての価値を表すものではないと考えられる。

② インプット法
ⅰ. 定 義

IFRS 第15号では,インプット法を以下のように定義している(IFRS 第15号 B18項)。

> インプット法
>   収益の認識を,履行義務の充足のための企業の労力又はインプットが,当該履行義務の充足のための予想されるインプット合計に占める割合に基づいて行う。

インプットには,消費した資源,費やした労働時間,発生したコスト,経過期間,機械使用時間などがある。

インプット法の欠点として,例えば,履行義務の充足に寄与しない仕損材料等の不効率に起因するコストは顧客との契約価格に反映されないように,企業のインプットと顧客への財またはサービスに対する支配の移転との間に直接的

な関係がない可能性が指摘される。そこで，インプット法を採用する場合には，企業は，履行義務を充足する際に顧客に支配を移転する財またはサービスを進捗度の測定に含める一方で，顧客に支配を移転しない財またはサービスを除外することが求められている（IFRS第15号第42項）。

なお，進捗度の測定に経過時間を使用する場合としては，履行義務が一定の期間にわたって均一に充足されるか，もしくは，企業が待機義務を有している場合が考えられる。待機義務については，多くの場合，契約期間にわたって定額で収益を認識することが適切であると考えられる。ただし，企業の履行義務の性質が，待機義務であるか否かの決定には判断を要する。待機義務は，契約において，企業が顧客と財またはサービスの提供について待機することを約束するほか，無制限に財またはサービスを顧客に提供する約束も該当する場合があると考えられる。

ⅱ．実務上の適用

企業は，契約において約束した財とサービスが単一の履行義務であり，当該履行義務の重要な部分である財とそれに関連するサービスの支配の移転が異なる時点で生じる場合がある。例えば，エレベーターの設置サービス契約において，対価の重要な部分を外部から調達した標準製品のエレベーターが占め，設置前にエレベーターだけが顧客の建物に搬入される場合である。この場合，エレベーター自体は顧客の支配下に置かれた状況にあるものの，設置が未了であるため，設置サービスに係る支配は顧客に移転していない。こうした状況では，進捗度の測定にインプット法をそのまま適用すると，企業の履行義務の充足の進捗度を過大に測定し，結果として収益を適切に表示しない可能性がある。そこで，IFRS第15号では，履行義務の完全な充足に向けての進捗度を適切に測定するために，当該エレベーターのような未据付資材について，契約開始時に以下の条件のすべてが満たされると見込んでいる場合に，財のコストと同額を収益として認識するよう，進捗度の測定を調整することを求めている（IFRS第15号 B19項(b)）。

- その財は別個のものではない。
- 顧客がその財に関連するサービスを受け取るより相当前に，その財に対す

- 移転した財のコストが，履行義務を完全に充足するために予想される総コストに対して重要である。
- 企業が，本人として，その財を第三者から調達していて，その財の設計と製造に深く関与していない。

なお，当該調整が要求される場合には，単一の履行義務に含まれる財またはサービスのうち，未据付資材だけがマージンがゼロということになる。しかし，これにより，顧客が自分で調達した標準製品のエレベーターについて企業が設置のみ行う契約の場合のマージンと，エレベーター自体の調達を含めた設置サービス契約の場合のマージンが同額で示されることになる。

(2) 進捗度の測定値の見直し

企業は，時の経過とともに状況が変化するに従い，履行義務の結果の変動を反映するために，進捗度の測定値を見直さなければならない。企業の進捗度の測定値のこうした変更は，IAS第8号「会計方針，会計上の見積りの変更及び誤謬」に従って，会計上の見積りの変更として会計処理しなければならない（IFRS第15号第43項）。

ケーススタディⅡ－5－8では，未据付資材がある場合の会計処理を示している。

ケーススタディⅡ－5－8 ▶ 進捗度の測定―未据付資材

| 前　提 |

企業Eは，企業Zのために特殊タービンを設置した発電所を建設する契約を締結している。契約価格は20,000百万円であり，企業Eは，発電所建設の予想建設原価を16,000百万円（うち，特殊タービンの調達原価は5,000百万円）と見積もっている。

企業Eは，特殊タービンを外部から調達してその支配を獲得したうえで，発電所建屋現場に特殊タービンを搬入して企業Zに引き渡す。企業Zは，契約上すべての仕掛品に対する支配を有している状況にある。

なお,企業Eは,この契約は発電所が建設されるにつれて一定の期間にわたって充足される単一の履行義務であり,自社は当該契約における本人であると判断している。

企業Eは,特殊タービンの引渡し時にいくらの収益を認識すべきか。

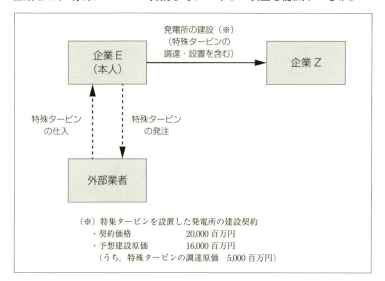

ポイント

特殊タービンに係る調達原価が,企業の履行義務の充足における企業の進捗度に比例していない場合,どのように会計処理すべきかを検討する。

考え方

企業Eは,特殊タービンの引渡し時に収益5,000百万円および売上原価5,000百万円を認識することになる。

企業Eは,発電所建設の一環として特殊タービンの設置に伴うリスクを引き続き負担している。企業Zは発電所建設の仕掛品を支配しているため,特殊タービンの支配を獲得している。特殊タービンの調達原価5,000百万円は,予想建設原価16,000百万円に対して相対的に重要性があるため,企業Eは特殊タービンの設計および製造に関与していないにもかかわらず,進捗度の測定にその調達原価を含めることは,企業Eの履行の程度を超えて過大に収益を表示することになると判断している。したがって,特殊タービンの調達原価を進捗度の測定から除外し,

企業Eは特殊タービンの移転に係る収益を調達原価と同額(すなわち,特殊マージンに係るマージンはゼロ)のみを認識することになる。

> 日本基準の実務における取扱い
>
> 日本基準では,工事契約について,本ケースのような未据付資材に係る取扱いはない。
> そのため,実務においては,企業が工事進行基準を適用しており,かつ進捗度をインプット法で測定している場合には,通常,未据付資材について特段の調整を行うことなく,進捗度に応じて収益を認識しているものと考えられる。

(3) 進捗度の合理的な測定ができない場合

企業は,履行義務の完全な充足に向けての進捗度を企業が合理的に測定できる場合にのみ,一定の期間にわたり充足される履行義務について収益を認識する。企業は,適切な進捗度の測定方法を適用するために必要となる信頼性のある情報が不足している場合には,履行義務の完全な充足に向けての進捗度を合理的に測定できないこととなる(IFRS第15号第44項)。

進捗度を合理的に測定できない場合,契約を履行するためのコストについて資産として認識できる場合を除き,原則として,発生時に費用として認識することになる。ただし,契約の初期段階のように,一定の状況においては,企業が履行義務の結果を合理的に測定することができないが,当該履行義務を充足する際に発生するコストを回収すると見込んでいる場合がある。そうした場合には,企業は,当該履行義務の結果を合理的に測定できるようになるまで,発生したコストの範囲でのみ収益を認識することになる(IFRS第15号第45項)。

なお,企業がその後において信頼性のある情報を入手して進捗度を合理的に測定できるようになった場合には,当該見積りに変更が生じた期に,すでに充足した履行義務に係る収益については,累積的キャッチアップの方法によって調整するものと考えられる。

(4) 契約の識別前に部分的に充足されている履行義務

企業は,特定の契約を見込んで,顧客との契約が締結される前,または,IFRS第15号に従って会計処理するための要件(第Ⅱ部第1章3.(2)「顧客と

の契約」参照（35頁））を満たす前に，当該契約について活動を開始することがある。この場合，企業は，当該契約が契約の要件を満たした日に，すでに移転した約束した財またはサービスに係る収益を累積的キャッチアップ方式で認識する必要がある。

5．一時点で充足される履行義務

　一定の期間にわたり充足されるための要件を満たさない履行義務については，すべて一時点で充足される履行義務として取り扱う（IFRS第15号第38項）。
　一時点で充足される履行義務は，顧客が財またはサービスに対する支配を獲得する時点で充足される。企業は，顧客が資産に対する支配を獲得する時点を決定するために，本章1．「履行義務の充足」および2．「支配の概念」（124頁）の支配に関する要求事項を勘案するとともに，以下のような支配の移転の指標（図表Ⅱ−5−2）を考慮して総合的に判断することが必要となる。指標はこれらに限定されない。

（図表Ⅱ−5−2）支配の移転を示す指標

（企業）資産に対する支払を受ける現在の権利	（顧客）資産の検収
	（顧客）資産の法的所有権
（顧客）資産の物理的占有	（顧客）資産の所有に伴う重大なリスクと経済価値

(1)　企業が資産に対する支払を受ける現在の権利を有している
（IFRS第15号第38項(a)）

　顧客が資産に対する支払を行う義務を現時点で負っている場合，顧客が当該義務と交換に，当該資産の使用を指図して当該資産からの残りの便益のほとん

どすべてを獲得する能力を得ていることを示す可能性がある。

(2) 顧客が資産に対する法的所有権を有している（IFRS 第15号第38項(b)）

　法的所有権は，資産の使用を指図して資産からの残りの便益のほとんどすべてを獲得する能力，または当該便益への他の企業のアクセスを制限する能力を，どの契約当事者が有しているかを示す可能性がある。このため，資産の法的所有権の移転は，顧客が資産に対する支配を獲得していることを示す可能性がある。ただし，企業が法的所有権を顧客の支払不履行に対する防御的権利としてのみ保持している場合には，企業が法的所有権を保持していたとしても，顧客が資産に対する支配を獲得することを妨げるものではない。
　ケーススタディⅡ－5－9では，防御的権利に該当するケースについて示している。

ケーススタディⅡ－5－9 ▶ 収益の認識―防御的権利として保持される法的所有権

　前　提

　企業Ｆは，企業Ｘに建設機器を引き渡す契約を締結している。企業Ｆは，顧客の不払いに対する防御的権利として建設機器等の重機の所有権を保持することが一般的になっている国で，事業を行っている。企業Ｆは，取引慣行により，企業Ｘが対価を全額支払うまで当該建設機器の法的所有権を保持する。その結果，企業Ｘが支払を怠った場合には，当該機器をより容易に回収することができることになる。

　企業Ｆは，この契約には建設機器の支配が顧客に移転される時点で充足される単一の履行義務があると結論付けている。企業Ｘは，対価を全額支払う前であっても，いったん建設機器の引渡しを受ければ，当該機器を使用することができ，さまざまな現場に移動することもできる。企業Ｘには，一般的な支払条件および信用条件が適用される。

　この場合，企業Ｆは，いつ建設機器の販売による収益を認識すべきか。

第5章　ステップ5：企業が履行義務の充足時に（または充足するにつれて）収益を認識する　151

（※）　企業Xが対価の全額を支払うまでは，企業Fが建設機器の法的所有権を保持する。

ポイント

企業Fの収益認識時点を判断するためには，企業Xはいつ建設機器の支配を獲得しているかを検討する。

考え方

建設機器の支配は引渡時点で企業Xに移転していると考えられるため，企業Fは，当該機器の引渡時点で収益を認識しなければならない。

企業Xは建設機器の引渡しを受ければ，その用途を指図し当該機器から生じる便益を受け取ることができることから，この時点で当該機器に係る支配は企業Xに移転されているものと考えられる。企業Fが支払を受け取るまで法的所有権を留保していることは，この取引の実態を変えるものではない。

(3)　企業が資産の物理的占有を移転した（IFRS第15号第38項(c)）

顧客による資産の物理的占有は，当該資産の使用を指図し，当該資産からの残りの便益のほとんどすべてを獲得する能力または当該便益への他の企業のアクセスを制限する能力を顧客が有していることを示す可能性がある。しかし，契約の中には，物理的な占有は資産に対する支配と一致しない場合がある。例えば，買戻し契約や委託販売契約の中には，顧客または受託者が，企業が支配している財を物理的に占有するものがある。

(4)　顧客が資産の所有に伴う重大なリスクと経済価値を有している（IFRS第15号第38項(d)）

資産の所有に伴う重大なリスクと経済価値の顧客への移転は，顧客が当該資産の使用を指図して当該資産からの残りの便益のほとんどすべてを獲得する能力を獲得したことを示す可能性がある。しかし，検討にあたっては，企業は，

当該資産を移転する履行義務のほかに，独立した履行義務を生じさせるリスクを除外して，資産の所有に伴うリスクと経済価値を評価しなければならない。例えば，企業が資産に対する支配を顧客に移転している一方で，移転した資産に関連した維持管理サービスを提供する追加的な履行義務をまだ充足していない場合には，これに係るリスクは考慮しない。

　この顧客が重大なリスクと経済価値を有していることは，IAS第18号では収益認識の要件として取り扱われていたが，IFRS第15号では，支配の移転を示す一指標として示されており，支配の移転に基づく財またはサービスの支配の移転の原則と矛盾するものではないとされている（IFRS第15号BC154項）。

(5) 顧客が資産を検収した（IFRS第15号第38項(e)）

　顧客による資産の検収は，当該資産の使用を指図して当該資産からの残りの便益のほとんどすべてを獲得する能力を顧客が獲得したことを示す可能性がある。財またはサービスの支配が契約で合意された仕様に従って顧客に移転されたことを企業が客観的に判断できる場合には，顧客の検収は形式的なものである。しかし，顧客に提供する財またはサービスが契約で合意された仕様に従っていると企業が客観的に判断できない場合には，企業は，顧客の検収を受けるまで，顧客が支配を獲得したと判断することはできない。企業が製品を顧客に試用等の目的で引き渡して試用期間が終了するまで顧客の対価の支払が確約されていない場合には，顧客が製品を検収するかまたは試用期間が終了するまでは，当該製品に対する支配は顧客には移転しない。

> *PwC's Eyes*
>
> 　一時点で認識すべき収益について，本章4．「履行義務の完全な充足に向けての進捗度の測定」（141頁）の支配の移転の指標のすべてを満たす必要はない。また，IFRS第15号は，それぞれの指標に重み付けをしていない。このため，企業は，重大なリスクと経済価値が移転されたか否かだけではなく，収益を認識すべき時期を決定するために，IFRS第15号第38項に示された指標とこれ以外の要素も考慮して総合的に検討する必要がある。

第Ⅲ部

適用上の諸問題

　第Ⅲ部では，これまでに解説してきたIFRS第15号に基づいた基礎事項に含まれていないが，適用時に検討すべき規定の内容や実務上の個別論点について，より具体的な取引を参照しながら解説する。

第1章 契約コスト

本章では、IFRS第15号において新たに規定が設けられ資産化が要求される契約コスト、すなわち、企業が、特定の契約を締結しなければ生じることのない契約を獲得するためのコスト（契約獲得の増分コスト）や、顧客に財またはサービスが移転する際に発生する契約を履行するためのコスト（契約履行コスト）について解説する。

1．契約獲得の増分コスト

(1) 定　義

企業が顧客との契約を締結するためには、販売促進費用、マーケティング費用、販売員や代理店への販売手数料、契約締結に係る法務費用など、さまざまなコストが契約締結前に発生している。このようなコストのうち、新規契約の獲得のために生じたコストで、当該契約を獲得しなければ発生しなかったと考えられ、企業が契約の履行により回収すると見込んでいるコストは、IFRS第15号に基づく資産として認識することが要求される（IFRS第15号第91項）。IFRS第15号では、契約獲得の増分コストを以下のように定義している（IFRS第15号第92項）。

> **契約獲得の増分コスト**
> 顧客との契約を獲得するために企業に発生したコストで、当該契約を獲得しなければ発生しなかったであろうものである（例えば、販売手数料）。

したがって，(3)「実務上の便法」(156頁) で解説する実務上の便法に該当する場合を除いて，IFRS 第15号において，企業は，契約獲得の増分コストについて回収可能性が見込まれる場合には，資産として認識しなければならない。ただし，契約を獲得するためのコストには，顧客に対する支払（第Ⅱ部第3章5．「顧客に支払われる対価」(105頁) 参照) は含まれない。

なお，契約を獲得するためのコストのうち，契約を獲得したかどうかに関係なく発生したであろうコストは，発生時に費用として認識しなければならない。ただし，当該コストが，契約を獲得したかどうかに関係なく，企業が，契約上明示的に顧客に請求することが可能な場合については，企業は，無条件に支払を受ける権利を有するため，顧客への債権として資産を認識しなければならない (IFRS 第15号第93項)。

IFRS 第15号では，契約獲得のコストに対する負債を認識する時期については言及されていない。したがって，企業は，負債が発生したかどうかをまず判断するために IAS 第37号「引当金，偶発負債及び偶発資産」などの関連するガイダンスを参照し，次に関連するコストを資産計上すべきか費用計上すべきかを判断するために IFRS 第15号を適用することが必要となる。

増分コストが複数の契約に関連している場合も考えられる。例えば，販売手数料に関して多数のプログラムが存在し，合算したベースで目標値に達したかどうかによって実際に支払われる手数料の金額が決定される場合がある。増分コストが複数の契約に関連付けられる事実のみをもって，それが契約獲得の増分コストに該当することは否定されない。そのような状況においては，関連付けられる複数の契約に対してコストを配分するにあたっての合理的な方法を決定するために，判断が要求される。

> **PwC's Eyes**
>
> 例えば，販売員への販売手数料について，契約獲得の有無にかかわらず固定で支払われる報酬は，契約獲得の増分コストに該当しない。また，販売員への販売手数料が，獲得した契約数に応じて報酬が追加的に付与される場合には，契約を獲得しなければ発生しなかったと考えられる報酬であ

ることから，契約獲得の増分コストに該当する。他方で，入札，提案書作成，特定の契約獲得に関連しない販売促進や宣伝などのコストについて，特定の契約獲得の有無にかかわらず発生する費用である場合には，契約獲得の増分コストには該当しない。

(2) 回収可能性の評価

　企業は，資産として認識された契約獲得の増分コストについて，契約ごと，もしくは，そのコストが複数の契約に関連している場合には当該グループの単位ごとに，回収可能性について評価しなければならない。

PwC's Eyes

　企業は，類似の契約や取引に基づいた経験やデータなどを利用して，それぞれの契約やグループ単位の契約に関連する契約獲得の増分コストの回収可能性を評価することになる。また，例えば，潜在的な契約の更新やサービス内容のアップグレードなどがあることにより，顧客へのサービス提供が継続していることを裏付ける事象があることなども，契約獲得の増分コストの回収可能性を評価するときに参照できるものと考えられる。

(3) 実務上の便法

　企業は，認識するはずの資産の償却期間が1年以内である場合には，契約獲得の増分コストを発生時に費用として認識することができる（IFRS第15号第94項）。

PwC's Eyes

　実務上の便法を適用するか否かを判断する対象となる償却期間には，予想している契約更新，契約の修正や更改など同一の顧客との約束を考慮して，関連する財またはサービスの便益が顧客へ移転する期間を見積もることが必要である。当初1年以内であると契約が明示していても，その他の

顧客との約束を考慮した結果，予想される償却期間が1年超である場合には，実務上の便法の利用は認められない。このために，実務上の便法の適用にあたり，償却期間が1年以内であるかどうかを決定するためには，企業の判断が必要になる。

なお，この実務上の便法を適用するかどうかは会計方針の選択であり，同様の契約に対して首尾一貫して適用することが要求される。

償却期間の考え方についての詳細は，本章3.「契約コストの償却・減損」（169頁）で解説する。

(4) 認識モデルと実務例の検討

次の図表Ⅲ－1－1では，上述した契約獲得の増分コストの認識モデルを示している。

（図表Ⅲ－1－1）契約獲得の増分コストの認識モデル

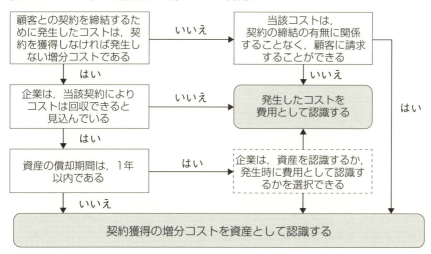

次に，ケーススタディⅢ－1－1において，企業の販売員への販売手数料を支払っている場合の契約獲得の増分コストに係る実務上の便法の適用について解説する。

ケーススタディⅢ－1－1 ▶ 契約獲得の増分コスト―販売手数料

前 提

企業Aの販売員は、1月に獲得した商品の販売契約について、5％の販売手数料を得ている。また、企業Aは、当該販売契約に基づき1年を通じて仕入れた商品を消費者に引き渡すことになっている。なお、企業Aは、当該契約に係る契約期間終了後の契約の更新を見込んでいない。企業Aは、販売員へ支払われた5％の販売手数料を獲得した契約を履行することにより回収することを見込んでいる。

企業Aは、当該販売員へ支払われた5％の販売手数料についてどのように会計処理をすべきか。

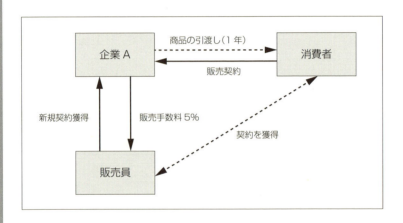

ポイント

まず、企業Aの販売員へ支払う販売手数料が、IFRS第15号の契約獲得の増分コストに該当するのかどうかを確認する必要がある。次に、この契約獲得の増分コストについて、資産として認識する必要があるのかどうか、実務上の便法の適用の要否を確認する必要がある。

考え方

企業Aは、販売手数料の支払を資産として認識することもできるが、商品の引渡しが1年で終了することから、実務上の便法を適用して、コスト発生時に、費用として認識することもできる。

まず，当該販売手数料は，企業Ａが，契約を獲得することによって生じたコストであり，契約を獲得しなければ発生しなかったと考えられるコストである。また，企業Ａは，当該コストを回収することを見込んでいるため，当該コストを資産として認識し，契約に関連する商品の収益を認識する期間にわたって償却することとなる。他方で，当該契約に基づいて商品を顧客に移転する期間は，１年である。したがって，当該契約コストの償却期間は１年以内であることから，発生時に費用として認識することも実務上の便法として認められている。

日本基準の実務における取扱い

日本基準では，契約獲得の増分コストに関する一般的な定めはない。企業会計原則 第二 損益計算書原則に従って，発生主義の下で，費用が発生した期間に正しく配分されるように費用として認識することが求められる。実務においては，契約獲得時の販売員に対する成功報酬金は期間費用として，発生時に費用計上されていると考えられる。

PwC's Eyes

ケーススタディⅢ－１－１の 前提 においては該当しないが，企業Ａの経営者が，商品の引渡しを１年超の期間にわたって行うことが予定されているなどの理由により契約の更新が見込まれており，当該資産の償却期間が１年超となる場合には，実務上の便法は適用できないと考えられる。

２．契約履行コスト

(1) 定　義

企業は，契約を獲得した後で，顧客へ財またはサービスを移転する際に，契約を履行するためにコストを生じさせる活動を行う場合がある。また，獲得を予定している契約に関連するコストが生じる場合もある。このようなときに，企業は，まず，これらの顧客との契約の履行の際に発生したコストに関連する会計処理を定める収益認識以外の他のIFRSがあるかどうかを検討する。その結果，顧客との契約の履行の際に発生したコストが，他のIFRS（例えば，

IAS第2号「棚卸資産」，IAS第16号「有形固定資産」またはIAS第38号「無形資産」）の範囲に含まれる場合には，企業は当該他のIFRSに従って会計処理しなければならない（IFRS第15号第96項）。他方で，他のIFRSの範囲に含まれない場合には，そのようなコストは，IFRS第15号の契約履行コストの範囲に含まれる。

IFRS第15号では，以下の要件を満たした場合に，当該コストを契約履行コストとして資産を認識しなければならないとしている（IFRS第15号第95項）。

> **契約履行コスト**
> 　顧客との契約を履行する際に発生したコストが，他の基準の範囲に含まれない場合には，企業は，契約を履行するために生じたコストが次の要件のすべてに該当するときにだけ，当該コストから資産を認識しなければならない。
> 　(a) 当該コストが，契約又は企業が具体的に特定できる予想される契約に直接関連している（例えば，既存の契約の更新により提供されるサービスに関するコスト，又はまだ承認されていない特定の契約により移転される資産の設計のコスト）。
> 　(b) 当該コストが，将来において履行義務の充足（又は継続的な充足）に使用される企業の資源を創出するか又は増価する。
> 　(c) 当該コストの回収が見込まれている。

契約履行コストについては，前述の契約獲得の増分コストのような実務上の便法が認められていないため，上述した要件を満たしている場合には，たとえ，当該契約コストの償却期間が1年以内の場合であっても，費用としての認識が容認されることはなく，資産として認識しなければならない。

IFRS第15号では，契約（または特定の予想される契約）に直接関連するコストとして，以下を例示的に列挙している（IFRS第15号第97項）。

第1章 契約コスト

（図表Ⅲ－1－2）契約（または特定の予想される契約）に直接関連するコスト

項目	例
直接労務費	約束したサービスを顧客に直接提供する従業員の給料・賃金
直接材料費	約束したサービスの顧客への提供に使用される消耗品
契約または契約活動に直接関連するコストの配分額	契約管理および監督のコスト，保険料，契約の履行に使用される器具・設備・使用権資産（IFRS第16号「リース」を適用している場合）の減価償却費
契約に基づいて顧客に明示的に請求可能なコスト	－
企業が契約を締結したことだけを理由にして発生したその他のコスト	外注先への支払

　また，IFRS第15号では，以下を，発生時に費用として認識しなければならないコストとして例示的に列挙している（IFRS第15号第98項）。
- 一般管理費（当該コストが契約に基づいて顧客に明示的に請求可能な場合は除く。その場合には，企業は当該コストを第97項に従って評価しなければならない）
- 契約を履行するための仕損した原材料，労働力または他の資源のコストのうち，契約の価格に反映されなかったもの
- 契約における充足した履行義務（または部分的に充足した履行義務）に関連するコスト（すなわち，過去の履行に関連するコスト）
- 未充足の履行義務に関連しているのか，充足した履行義務（または部分的に充足した履行義務）に関連しているのかを企業が区別できないコスト

> **PwC's Eyes**
>
> 　資産として認識するべきコストかどうかの決定には，企業の判断が必要となる。この判断は，発生するコストの性質などにより，難しい判断となる可能性がある。例えば，特定のコストが，予想される契約に直接関連していると考えられたとしても，企業の資源を創出（増価）することがない場合や，将来における履行義務の充足（または継続的な充足）に使用されるものではない場合には，資産として認識するコストには該当しない。
>
> 　また，状況によっては，発生するコストが，すでに充足した履行義務，もしくは，部分的に充足した履行義務に関連して発生している場合がある。このような場合に，すでに充足した履行義務に関連して発生するコストについては，発生時に費用として認識しなければならない。また，業績が確定しないために一部の収益が認識されていない変動対価の場合であっても，すでに顧客と約束した履行義務は充足していると考えられる。このため，すでに充足した履行義務に係る契約履行コストの全部または一部を，変動対価の一部として繰り延べている収益と一緒に繰り延べ，利益の平準化を図ることは認められていない。したがって，企業は，発生する契約履行コストが，すでに充足済みの履行義務に関連するものである場合には，発生時に費用として認識することになる。

　なお，契約履行コストが資産として認識されるのは，当該資産について回収が見込まれる場合のみであり，この点については，契約獲得の増分コストの取扱いと同様である。回収可能性の評価の詳細については，本章1．(2)「回収可能性の評価」(156頁)を参照のこと。

(2) 認識モデル
　図表Ⅲ－1－3では，上述した契約履行コストの認識モデルを示している。

（図表Ⅲ－1－3）契約履行コストの認識モデル

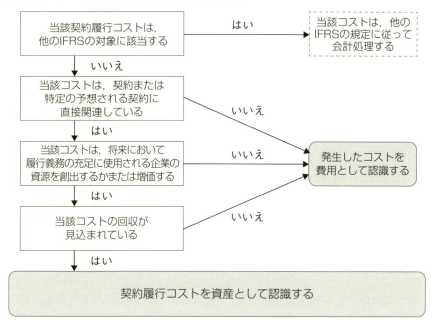

(3) 学習曲線

　一般的に，どのような企業であっても，新たな製品の製造を開始した最初の期間よりも，一定期間を経た後の期間のほうが，経験を重ね，当該製品の製造に係る知識が蓄積され，より効率的に同一製品の製造を行えるようになっている。このような効果を示したものが学習曲線（Learning curve）といわれている。

　この学習曲線の現象は，顧客との契約とは独立に存在しうるとされている。IFRS第15号の結論の根拠では，学習曲線は以下のように定義されている（IFRS第15号 BC312項）。

> **学習曲線**
>   時間の経過とともに実現する効率性の効果であり，企業がある作業を行う（又はある単位を生産する）際のコスト（研究開発のためのコスト以外で生じる賃金，光熱費などの間接費等）が，企業が何回その作業を行う（又はその単位を生産する）かに関連して減少するものである。
>
>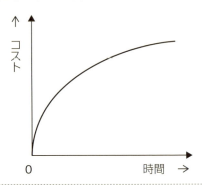

　以下の条件をともに満たす取引については，IFRS 第15号が学習曲線の効果の会計処理を扱っているものと考えられている（IFRS 第15号 BC313項）。
- 企業が所定の数の単位を引き渡す単一の履行義務を有している。
- 履行義務が一定の期間にわたり充足される。

　そのような状況では，企業の契約の初期段階における作業のほうが，価値が大きいと考えられる。企業が1単位だけを販売する場合には，顧客が複数の単位を購入する場合に支払う平均単価と比べて，より高い単価を顧客に請求するだろう。したがって，企業はおそらく，後期に生産する各単位よりも初期の各単位に対してより多くの収益および費用を認識する結果となる方法（例えば，原価比例法）を進捗度の測定として選択することが考えられる。

　一方で，企業が契約において所定の数の単位を引き渡すことを約束するが，その約束が一定の期間にわたり充足される単一の履行義務を生じさせない場合がある。例えば，契約を履行するためのコストが企業に発生していると思われる場合でも，企業はおそらく有形の資産を生産するコストを棚卸資産（IAS 第2号の適用対象）として累積していることが考えられる。このような場合には，学習曲線の効果は IFRS 第15号ではなく，IAS 第2号などの他の会計基準に

従って会計処理をすべきと考えられる。

> **PwC's Eyes**
>
> 　学習曲線の効果をどのように会計処理するかについては，判断が必要である。
>
> 　例えば，一定期間にわたって充足する単一の履行義務として受託製造サービスを提供している場合に，学習曲線の効果として生じるコストは，売上原価に含めるべきである。しかし，当該コストの内容によって，充足する履行義務の進捗度の測定にどのように反映すべきかについては，検討が必要である。
>
> 　IFRS第15号においては，長期にわたる生産計画に基づいて生産される製品のコストの会計処理について，実務に多様性があることを認識していたが，収益認識のプロジェクトで扱うことはできないことと両審議会が同意した（IFRS第15号BC316項）。このため，学習曲線として生じるコストを資産として認識できるのは，例えば，IAS第2号「棚卸資産」など他のIFRSの規定に基づいて認識できる場合，もしくは，IFRS第15号に基づいた資産として認識できる場合に限られる。
>
> 　特に，IFRS第15号の契約履行コストの規定に基づく場合に，すでに発生したコストが将来における履行義務の充足に使用されうることが示せないときには，当該コストは，発生時に費用として認識しなければならない。

(4) セットアップおよび移送コスト

　セットアップおよび移送コストは，企業が契約における義務の履行を可能にするために，契約開始時に通常発生する直接費である。例えば，外注業者が新たな契約におけるサービスの提供を準備する際に，データセンターの設計・データ移行・試用などに関連して発生するコストが挙げられる。セットアップのためのコストには，労務費，間接費，またはその他個別に発生する費用も含まれると考えられる。この中には，有形固定資産のように他の基準において資産の定義を満たすコストも含まれる可能性がある。他の基準が適用されないコストについては，IFRS第15号に基づいて評価しなければならない。

　移送コストは，セットアップのためのコストの一種であり，契約におけるサービスの提供を準備するために，設備やその他の資源を移送することによっ

て発生するものである。このようなコストには、サービス提供を開始する前に発生する輸送費やその他の経費など、契約がなければそもそも発生していなかったはずの費用が通常含まれる。

また、新規に取得した設備を使用する場所に移送するために発生するコストであれば、有形固定資産の基準によって資産の定義を満たすものと考えられる。そのため、将来の契約に向けて設備をその後に移送するために発生するコストで、契約履行コストの要件を満たすものについて、資産として認識すべき要件を満たしているかどうか判断することとなる。

ケーススタディⅢ-1-2では、テクノロジー産業においてセットアップのためのコストをどのように会計処理すべきかについて解説する。

ケーススタディⅢ-1-2 ▶ テクノロジー産業におけるセットアップのためのコスト

【前 提】

企業Bは、5年間にわたって支払取引を記録・監視するサービスに関する契約を、顧客との間で締結した。契約開始時に、顧客は前払金の支払を要求されている。また、契約開始時において、既存のシステムから支払情報等のデータをアップロードするための費用が企業Bに発生した。顧客のセットアップが完了した後は、その後の支払取引の記録と監視は自動化されている。この契約において、返金の権利は認められていない。また、棚卸資産や有形固定資産などIFRSの他の基準によって資産計上されるものはない。

企業Bはこのセットアップのためのコストをどのように会計処理すべきか。

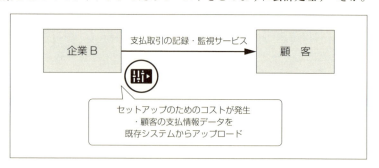

【ポイント】

企業Bのセットアップのためのコストについて、契約履行コストとして資産計上

すべきか検討する。

> 考え方

　企業Bは，契約開始時に発生したこのセットアップのコストについて，資産として認識する必要がある。なぜなら，①このコストは契約に直接関連しており，②契約を今後履行していくために企業Bの資源を活用するためのものであり，③回収されることが見込まれるからである。
　このセットアップのためのコストについては資産が計上され，支払取引の記録および監視サービスが顧客に移転するパターンと整合的で，かつ規則的な方法によって，償却されていくことになる。

> 日本基準の実務における取扱い

　日本基準において，セットアップのためのコストに対する一般的な定めはない。実務上は，関連する資産（仕掛品など）の取得原価に算入されている場合と，発生時に費用処理されている場合とが考えられる。

(5)　異常なコスト

　企業が契約を履行するために発生したコストであっても，これが過剰な資源の利用や材料の無駄遣い，生産性のない役務の提供により生じた労務費などにより生じた異常なコストである場合がある。このようなコストは，遅延，生産計画の変更などにより生じるが，このようなコストの発生は，製品の一部として回収が見込めないため，前述の学習曲線の反映により生じるコストとも異なっており，発生時に費用として認識しなければならない（IFRS第15号第98項およびIAS第2号第15項，第16項）。
　ケーススタディⅢ－1－3では，建設業界の企業においてどのようなコストを契約履行コストとして会計処理すべきかについて解説する。

> ケーススタディⅢ－1－3▶契約履行コストと異常なコスト

> 前　提

　企業Cは，オフィスビルの建設に関する契約を顧客との間に締結している。当該契約では，建設現場に重機を運ぶために，当該契約に直接関連した移送コストが発生し，建設中には，補給品，機器，素材，労働等に関連した直接コストが発

生する。また，当該契約に関連して発生した廃棄素材の処分により異常なコストが発生する。企業Cは，契約に従いすべての発生コストを回収することを見込んでいる。

企業Cは，当該契約に基づいて発生するコストについて，どのように会計処理をすべきか。

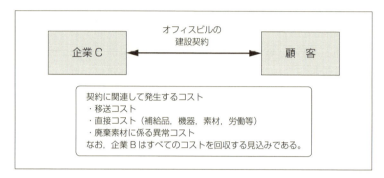

ポイント

当該契約に基づいて発生するコストについて，他のIFRSの適用範囲に該当しない場合には，契約履行コストのすべての要件を満たすものを識別する必要がある。

考え方

移送コストは，①当該契約に直接関連し，②企業が契約に基づいた義務を履行するための資源を創出（または増価）し，かつ将来における履行義務の充足に関連し，③回収が見込まれるコストと考えられるため，資産として認識すべきである。

建設中に発生した直接コストが，その他のIFRSの規定の範囲内にある場合には，当該IFRSに従い会計処理される。例えば，以下のようなコストは，その他のIFRSの規定の範囲内にある資産として認識される場合が考えられる。

● 補給品および素材：棚卸資産に関する規定に該当する場合
● 機器：有形固定資産に関する規定に該当する場合

次に，他のIFRSに基づいて資産として認識されない建設中に発生した直接コストは，移送コストと同様に，IFRS第15号第95項のすべての要件を満たす場合には，資産として認識される。

なお，企業Cは，廃棄素材に係る異常なコストについては，発生時に費用として認識しなければならない。

日本基準の実務における取扱い

　日本基準では，契約履行コストに関する一般的な定めはない。日本基準における実務では，関連する資産（仕掛品など）の取得価額に含めて計上されている場合もあれば，発生時に費用処理されている場合もあると考えられる。企業Cの建設工事に関しては，工事契約会計基準に従って，未だ損益計算書に計上されていない部分について，直接コストなど工事原価と認められる範囲内で未成工事支出金として資産計上されるものと考えられる。

3．契約コストの償却・減損

(1) 償　却

　IFRS第15号に基づいて資産として認識された契約コストは，当該資産に関連する財またはサービスの顧客への移転と整合的で規則的な基礎で償却しなければならない（IFRS第15号第99項）。

PwC's Eyes

　契約コストがどの財またはサービスに関連するものかを決定する際には，判断が必要となることがある。資産計上された契約コストは，契約全体に関連していることもあれば，契約に含まれる特定の履行義務のみに関連していることもある。また，契約コストは，契約の更新などによって今後予想される契約に関連していることもありうる。例えば，顧客が契約を更新し，当初の契約期間から更新後の契約期間までの両方にわたって移転する財またはサービスに関連して契約コストが発生すると企業が予想している場合には，その契約コストについて認識される資産は，当初の契約期間と更新後の契約期間の両方にわたって償却する必要があると考えられる。

　一方で，契約更新時にも同等のコストが企業に発生する場合，当初契約の契約コストについて認識される資産の償却期間には，予想される契約更新後の期間を含めるべきではない。この状況では，当初契約を獲得するために発生するコストは，その後の契約更新とは関連していないためである。個々の事実と状況に応じて，契約を更新するために発生するコストが当初契約について発生したコストと同等であるかどうかを評価する際には，判断が要求される。

企業は，償却方法については，関連する財またはサービスの顧客への移転と整合的な基礎によらなければならない。例えば，一定期間にわたって充足する履行義務に関連する契約コストは，収益認識の進捗度を測定する方法（インプット法，アウトプット法など）と整合的に償却しなければならない。例えば，関連する財またはサービスが，一定の割合で契約期間にわたって顧客へ移転する場合には，契約コストを定額償却することが適切と考えられる。

企業は，契約コストが関連している財またはサービスの顧客への移転について，企業の予想している時期の重大な変化を反映するように，償却を見直さなければならない。この見直しによる変更は，IAS 第 8 号に従って会計上の見積りの変更として会計処理しなければならない（IFRS 第15号第100項）。

ケーススタディⅢ－1－4では，資産として認識した契約コストの償却期間について解説する。

ケーススタディⅢ－1－4 ▶契約コストの償却期間

前　提

企業 D は，料金前払制の無線 LAN サービスを顧客に販売している。企業 D が顧客との契約を新規に獲得するために，販売代理店が販売活動を行っている。顧客は，音声通話サービスを15時間まで購入することができ，未使用のサービス時間は，月末に期限切れになる。顧客は，月末，または，サービス時間をすべて使用したときに，追加で音声通話サービス15時間を購入することが可能である。企業 D は，料金前払制の無線 LAN サービスの当初の販売に対して，販売代理店に販売手数料を支払うことになっている。しかし，契約更新に対しては，販売手数料は支払わない。企業 D は，販売手数料の支払を契約獲得の増分コストとして取り扱い，資産として認識している。

企業 D は，契約期間は 1 か月としているが，顧客の属性（例えば，地域，サービスプランの種類および年齢）に基づき，1 人の顧客に対して追加で16か月間の契約更新を見込んでいる。

企業 D は，どの期間にわたって，資産として認識された契約獲得の増分コストを償却すべきか。

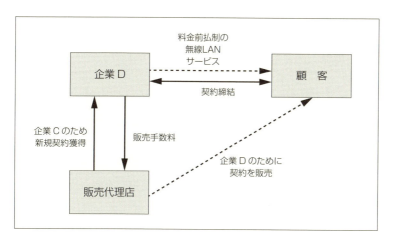

ポイント

　契約獲得の増分コストの償却期間は，当初の契約に基づいた契約期間より長くなる場合があることを考慮する必要がある。

考え方

　企業Dは，本契約において，17か月（つまり，当初の契約に基づいた契約期間1か月と見込まれる更新期間である16か月を合計した期間）にわたり契約獲得の増分コストを償却する必要がある。企業Dの経営者は，顧客へのサービス提供を企業が見込む期間を決定するにあたり，見込まれる更新期間を含めて判断し，その期間にわたって資産を償却する必要がある。なお，本契約に基づいた償却期間は1年超であることから，実務上の便法を利用することはできない。

日本基準の実務における取扱い

　上記ケーススタディⅢ-1-1のとおり，日本基準では契約獲得の増分コストに関する一般的な定めはない。実務上は，関連する資産の取得原価に含められているか，もしくは発生時に費用処理されているものと考えられる。

(2) 減　損

　企業が資産として認識した契約獲得の増分コストおよび契約履行コストに対しては，減損テストを実施しなければならない。しかしながら，企業は，契約コストの減損テストを実施する前に，当該契約に関連して認識しているその他

の資産（例えば，棚卸資産，有形固定資産，無形資産など）について，他の基準（例えば，IAS 第 2 号，IAS 第16号，および IAS 第38号など）に従って認識すべき減損損失があればすべて認識しなければならない（IFRS 第15号第103項）。

そのようなその他の資産の減損を認識したうえで，企業は，IFRS 第15号に基づいた減損テストの規定を契約コストに対して適用する。契約コストの減損損失は，契約コストの帳簿価額から，以下の(a)から(b)を差し引いた金額を超過する範囲で，純損益に認識しなければならない（IFRS 第15号第101項）。

(a) 当該資産が関連する財またはサービスと交換に企業が受け取ると見込んでいる対価の残りの金額
(b) 当該財またはサービスの提供に直接関連し，まだ費用として認識されていないコスト

上記(a)における「企業が受け取ると見込んでいる対価の残りの金額」は，取引価格の算定に関する原則に基づいて決定し，顧客の信用リスクの影響を反映するために，当該金額を修正しなければならない（IFRS 第15号第102項）。また企業は，変動対価の見積りの制限（第Ⅱ部第 3 章「ステップ 3：取引価格を算定する」(78頁) 参照）によってまだ取引価格に含まれていなかった変動対価や，同じ顧客との間で見込まれる契約更新や延長についても，考慮に入れなければならない。

IFRS 第15号に従って契約コストの減損テストを実施したら，最後に IAS 第36号「資産の減損」に従って，その資産または資金生成単位について，減損テストを実施する。

ケーススタディⅢ－1－5では，資産として認識した契約コストの減損について解説する。

ケーススタディⅢ－1－5 ▶ 契約コストの減損

前 提

企業Eは，100百万円の対価と引き換えに，データセンター建設に関わる2年契約を顧客と締結している。企業Eは，契約獲得の増分コストを資産として認識している。当該契約獲得の増分コストについては，便益を得ると見込まれる期間を通じて償却している。

その後，景気後退により，企業Eと顧客は，契約価格について再交渉することに合意した。この再交渉により契約条件が修正された結果，企業Eが権利を有する残りの金額は，65百万円である。一方，契約獲得の増分コストとして認識している資産の帳簿価額は，60百万円である。また，この後，データセンターを完成させるために必要となる追加の見積コストは，15百万円である。

企業Eは，契約の修正後，当該資産をどのように会計処理すべきか。

ポイント

資産として認識されている契約獲得の増分コストについて，減損の要否を判断することが必要となる。

考え方

企業Eは，10百万円の減損損失を認識する必要がある。

資産として認識された契約獲得の増分コストの帳簿価額（60百万円）は，企業が権利を得ると見込んでいる対価の残りの金額から，データセンターを提供することに直接関連した見積追加コストを控除した金額（50百万円＝65百万円－15百万円）を上回る。このため，60百万円と50百万円の差額（10百万円）が減損損失として認識される。

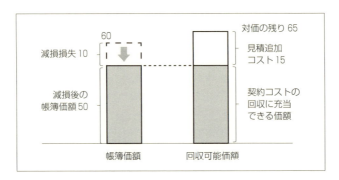

なお，企業Eは，上述したIFRS第15号に基づいた減損損失を認識する前に，まず当該契約に関連した棚卸資産またはその他の資産について減損損失の認識が必要か否かを検討することとなる。このため，棚卸資産やその他の資産に対して減損が必要となった場合には，認識された減損が，データセンターを完成させるのに必要とされる残りのコストの見積金額に影響を与える可能性があるため，留意が必要である。

|日本基準の実務における取扱い|

上記ケーススタディⅢ－1－1のとおり，日本基準では契約獲得の増分コストに関する一般的な定めはない。実務上は，関連する資産の取得原価に含められているか，もしくは発生時に費用処理されているものと考えられる。

また，企業は，減損の状況が存在しなくなったか，または，改善した場合には，過去に認識した減損損失の一部または全部の戻入れを純損益に認識しなければならない。ただし，戻し入れた後の当該契約コストの帳簿価額は，過去に減損損失を認識しなかった場合に算定されたであろう償却後の金額を超えることは認められない（IFRS第15号第104項）。

第2章 ライセンス

IFRS第15号でライセンスの詳細な定義は記載されていないが，企業の知的財産に対する顧客の権利を設定するものであり，例えば，以下のものが含まれる（IFRS第15号 B52項）。

- ソフトウェア
- 技術
- フランチャイズ
- 音楽
- 動画
- その他のメディア・コンテンツ
- 特許権
- 商標権
- 著作権

ライセンスにより企業は知的財産に関する権利を顧客に提供する義務を負うことになる。ライセンスは，ハイテク業界，エンターテインメント業界，医薬業界，小売業界など，多くの業界に関連しており，取引態様もさまざまであるため，それぞれの取引について会計処理の検討が必要になる。

IFRS第15号では，ライセンスの供与に関していくつかの特段の規定を設けているため，その規定の対象となるか否かを識別することは重要である。本章では，ライセンスが単独で，または他の財またはサービスとともに販売されている場合の考え方や性質の判定結果に応じた会計処理，および一定のロイヤルティについての例外的な会計処理について解説する。

1．ライセンスの会計処理の概要

IFRS第15号では，知的財産のライセンスについての会計処理に関して，特定の適用指針が含まれている。

第1のステップは、ライセンスが他の財またはサービスとは別個のものであるか、結合されたものであるかを決定することである。別個のものであるライセンスの収益認識パターンは、ライセンスが知的財産にアクセスする権利であるか（収益は一定期間にわたって認識される）、知的財産を使用する権利であるか（収益が一時点で認識される）に基づくこととなる。他の財またはサービスと組み合わせたライセンスについては、経営者は、結合された財・サービスの性質を評価する際に判断を用いて、結合された履行義務が一定期間にわたって充足されるものか一時点で充足されるものかを決定することになる。

　ライセンスの会計処理についての全体的な枠組みは、以下のとおりである。

(図表Ⅲ－2－1) 知的財産のライセンスの会計処理

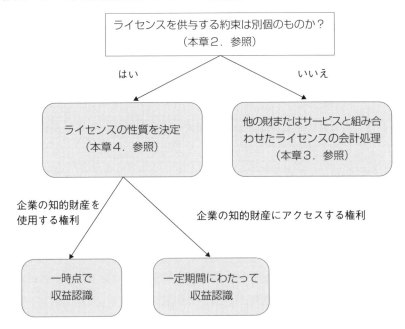

2．ライセンスが別個のものか否かの判断

　企業は、ライセンスを顧客に供与する約束に加えて、他の財またはサービス

を顧客に移転することも約束する場合がある。このような場合，企業は，他の種類の契約と同様に，ライセンスを供与する約束が別個のものかどうかを決定するために，契約における履行義務の識別についてのガイダンス（第Ⅱ部第2章「ステップ2：契約における履行義務を識別する」(58頁)を参照）を，考慮する必要がある（IFRS第15号B53項）。

一方，ライセンスを供与する約束が他の財またはサービスと別個のものでない場合には，これらをまとめて単一の履行義務として，通常の履行義務と同様に，一時点で充足されるのか，一定期間にわたって充足されるのかを判定することになる（IFRS第15号B54項およびB55項）。

IFRS第15号B54項では，契約で約束した他の財またはサービスと別個のものではないライセンスの例として，以下のものが挙げられている。
- 有形の財の一部を構成し，その財の機能性と不可分であるライセンス
- 関連するサービスとの関連でのみ顧客が便益を得ることのできるライセンス（企業が提供するオンライン・サービスで，ライセンスの供与によって，顧客のコンテンツへのアクセスを可能にするものなど）

契約において，ライセンスを供与する約束が別個のものであるかどうかの決定には，判断が要求される。以下の2つのケーススタディⅢ－2－1とⅢ－2－2において，ライセンスを供与する約束が他の財またはサービスと別個のものとなるかどうかの判断について解説する。

ケーススタディⅢ－2－1 ▶ 他の財またはサービスと別個のものでないライセンス

前提

企業Aは，ある製薬会社に対し，初期段階の薬剤化合物のライセンスを提供する。また，企業Aは契約の一部として，この薬剤化合物に関する研究開発サービスを同時に提供する。企業Aは，この分野における特殊なバイオ技術の知見に基づき研究開発サービスを提供することができる唯一のベンダーである。

この契約において，ライセンスは研究開発サービスと別個のものであるか。

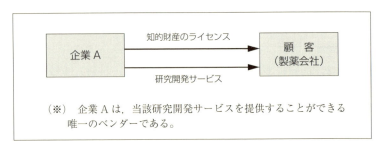

(※) 企業Aは，当該研究開発サービスを提供することができる唯一のベンダーである。

ポイント

IFRS第15号第27項の要件に照らした結果，薬剤化合物のライセンスと研究開発サービスが独立した履行義務となるかを検討する。

考え方

本契約においては，薬剤化合物のライセンスは研究開発サービスと別個のものではない。本ケースの場合，製薬会社は，単独で研究開発サービスを履行することも他のベンダーから同サービスの便益を得ることもできない。したがって，製薬会社はライセンスからの便益を，それ単独で，または製薬会社にとって容易に利用可能な他の資源と組み合わせて得ることができず，財またはサービスが別個のものであるためのIFRS第15号第27項(a)の要件を満たさない。このため，企業Aは，ライセンスと研究開発サービスを組み合わせ，単一の履行義務として会計処理を行う必要がある。

なお，もし，製薬会社が研究開発サービスを単独で行うことができる場合，または他のベンダーからそうしたサービスを得ることが可能である場合には，IFRS第15号第27項(a)の要件には該当することになる。

次に，IFRS第15号第27項(b)の要件を検討する。ライセンスを供与する約束が，研究開発サービスから契約上で区分して識別可能であるか，すなわち両者が契約の観点において別個のものかどうかを判断する必要がある。例えば，もし企業Aと製薬会社の契約が完全に開発済みの薬品（ライセンスと研究開発サービスの結合したアウトプット）を対象としている場合，または研究開発サービスが製薬会社に提供された知的財産に対して大幅な修正を加える場合であれば，両者は契約の観点において別個でなく，ライセンスを供与する約束が研究開発サービスから区分して識別可能ではない可能性がある。経営者は，特定の事実および状況に基づき，判断が求められる（この点については第Ⅱ部第2章「ステップ2：契約における履行義務を識別する」(58頁)も参照）。

第2章 ライセンス

> **日本基準の実務における取扱い**

　日本基準では，知的財産のライセンスに関する一般的な定めはない。ライセンス販売や，異なる種類の財やサービスに関する取引を同一の契約書等で締結している複合取引については，ソフトウェア取引実務対応報告が参考にされている。実務上，個々のライセンス契約の内容を勘案して，実現主義の原則のもと，個別に判断が行われていると考えられる。

> **ケーススタディⅢ－2－2 ▶ 他の財またはサービスと別個のものであるライセンス**

前提

　企業Bは，永続的なソフトウェア・ライセンスを顧客に提供し，併せてソフトウェアをインストールするサービスを提供する契約を締結している。同社は，インストールサービス付き，もしくはインストールサービスなし，の両方でソフトウェア・ライセンスを他の顧客には提供している。また，顧客はインストールについて別のベンダーを選択することが可能である。インストールは，ソフトウェアに大幅なカスタマイズまたは修正を加えるものではない。

　この契約においてソフトウェア・ライセンスの提供は独立した履行義務か。

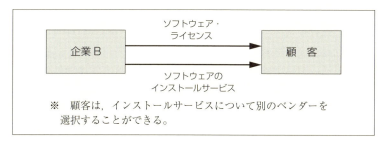

ポイント

　IFRS第15号第27項の要件に照らした結果，ソフトウェア・ライセンスの提供インストールサービスが独立した履行義務となるかを検討する。

考え方

　顧客が当該ライセンスからの便益をそれ単独で得ることができ，契約の中のその他の約束から分離することが可能であるため，当該ライセンスの提供は独立した履行義務である。

この結論は、企業Bがソフトウェアのライセンスを個別に（インストールサービスなしで）付与することが可能で、その他のベンダーがソフトウェアのインストールを行うことができるという事実により裏付けられる。また、インストールサービスは、ソフトウェアに大幅なカスタマイズや修正を加えるものではないことから、当該ライセンスを区分して識別可能となる。したがって、当該ライセンスは、独立の履行義務として、本章4.「ライセンスを供与する約束の性質の判定」(181頁) 以降のガイダンスに従って会計処理する必要がある。

> 日本基準の実務における取扱い
>
> 上記ケーススタディⅢ－2－1のとおり、日本基準では、知的財産のライセンスに関する一般的な定めはなく、実務上、個々のライセンス契約の内容を勘案して、個別に判断が行われていると考えられる。

3. 他の財またはサービスと組み合わせたライセンスの会計処理

独立した履行義務を識別できないライセンスは、当該ライセンスを含む財またはサービスの束が履行義務として識別できるまで、契約における他の財またはサービスと結合しなければならない。企業は、他の財またはサービスと結合された履行義務が充足された時に（または充足されるにつれて）収益を認識しなければならない。そのためには、経営者は、結合された履行義務が一定期間にわたり充足されるものか一時点で充足されるものかを決定する必要があり、もし一定期間にわたり充足される場合には適切な進捗度の測定も決定する必要がある。

経営者は、結合された履行義務の会計処理を評価するために、他の財またはサービスと組み合わされた束に含まれるライセンスの性質（つまり、ライセンスが知的財産にアクセスする権利であるか、使用する権利であるか）を考慮する必要がある。IFRS第15号には、米国会計基準のトピック606と同じような具体的なガイダンスは規定されていない。しかし、ライセンスが別個のものであるか、ライセンスが履行義務において主要な（primary）または支配的な（dominant）構成要素である場合に、履行義務が使用する権利かアクセスする権利であるかを決定するためにライセンスのガイダンスを使用することになる

と，IASBは結論の根拠で述べている。

　例えば，他の財またはサービスとライセンスを含む束があり，10年間にわたる知的財産のライセンスと1年間のサービスが単一の履行義務に組み合わされていたとする。この事実パターンにおいて，ライセンスの性質は，結合された履行義務の会計処理に影響を与える可能性がある。もしライセンスが知的財産にアクセスする権利である場合，収益は10年間のライセンス期間にわたって認識されることになると考えられる。なぜなら，独立したライセンスが知的財産に10年間アクセスする権利であれば，そのアクセスできる期間が終わるまでの間は，完全に充足したとはみなせないと考えられるからである。したがって，ライセンスを含む単一の履行義務について，1年間のサービス提供期間にわたって充足されると判断することは適切ではないと考えられる（IFRS第15号BC414X項）。

　このように，ライセンスを含む結合された履行義務の会計処理には，判断が要求される。経営者は，契約における約束の性質および顧客に移転する財またはサービスを考慮しなければならない。そのためには，組み合わされた束において，ライセンスと他の財またはサービスの相対的な重要性の評価も含むことになる。仮に，組み合わされた束にとってライセンスが重要でない場合には，ライセンスが知的財産にアクセスする権利であるか使用する権利であるかの判定は，結合された履行義務の会計処理を検討するうえでは関係ないだろう。

4．ライセンスを供与する約束の性質の判定

(1)　ライセンスを供与する約束の性質の類型

　顧客にライセンスを供与する約束が，契約で約束した他の財またはサービスと別個のものであり，したがって，ライセンスを供与する約束が独立した履行義務である場合，企業はその約束の性質を判定し，これに応じて会計処理を決定する。IFRS第15号では，以下のとおり，ライセンスを顧客に供与する約束の性質を2つに区別することとされている（IFRS第15号B56項）。

　① ライセンス期間にわたり存在する企業の知的財産にアクセスする権利
　　（企業の知的財産にアクセスする権利）

② ライセンスが供与される時点で存在する企業の知的財産を使用する権利（企業の知的財産を使用する権利）

なお，いずれの類型に当たる場合でも，売上高・使用量ベースのロイヤルティに該当する場合には，本章7．「売上高・使用量ベースのロイヤルティに関する例外規定」（195頁）が適用されることになる。

① **企業の知的財産にアクセスする権利**

顧客が権利を有する知的財産がライセンス期間全体を通じて変化する場合には，顧客は当初ライセンスを供与された時点では，ライセンスの使用を指図することにより，当該ライセンスからの残りの便益のほとんどすべてを獲得することができない。このため，企業は，ライセンス期間にわたり存在する企業の知的財産にアクセスする権利を顧客に提供していると考えられる（IFRS第15号 BC414D項）。

この場合，顧客が，企業の知的財産へのアクセスを提供するという企業の履行からの便益を，履行が生じるにつれて同時に受け取って消費すると考えられる。企業は，ライセンスを供与する約束を，一定の期間にわたり充足される履行義務として，適切な進捗度の測定方法を選択したうえで，一定の期間にわたり収益を認識することになる（IFRS第15号 B60項）。進捗度の測定方法としては，通常，顧客への便益がライセンス期間にわたって一定の割合で移転されることから，定額での収益認識が適切と考えられることが多いと思われる。状況によっては，他の進捗度の測定方法が，顧客への移転をより適切に反映すると考えられる場合もある。第Ⅱ部第5章4．「履行義務の完全な充足に向けての進捗度の測定」（141頁）を参照。

② **企業の知的財産を使用する権利**

当該知的財産はライセンスが顧客に供与される時点で存在していて，企業の活動により著しく影響を受けないため，顧客はライセンスが供与される時点でライセンスの使用を指図してライセンスからの残りの便益のほとんどすべてを獲得することができる。そのため，企業は「ライセンスが供与される時点で存在する企業の知的財産を使用する権利」を顧客に提供していると考えられる

(IFRS 第15号 BC414D項)。

この場合，企業はこれを一時点で充足される履行義務として取り扱い，ライセンスが顧客に移転する時点を決めるために，一時点で充足される履行義務に関する規定（第Ⅱ部第5章5．「一時点で充足される履行義務」（149頁）を参照）を用いることとなる。ただし，顧客がライセンスを使用してライセンスからの便益を得ることができる期間の開始前（例えば，ソフトウェアをただちに使用できるようにするコードを企業が顧客に提供する前）に収益を認識してはならないことが追加で明示されている（IFRS 第15号 B61項）。これは，IFRS第15号における支配の定義が，企業の観点ではなく，顧客の観点に焦点を当てていることによるものである。

ライセンスを供与する約束の性質と収益認識パターンについてまとめると，図表Ⅲ－2－2のとおりである。

(図表Ⅲ－2－2) ライセンスを供与する約束の性質と収益認識パターン

(注) いずれの場合も，売上高ベースまたは使用量ベースのロイヤルティに係る例外規定（本章7．「売上高・使用量ベースのロイヤルティに関する例外規定」（195頁）を参照）の適用対象となる。

(2) 性質の区分に関する要件

IFRS 第15号では，以下のとおり，ライセンスを供与する約束が企業の知的財産にアクセスする権利を提供するかどうかを判断するための要件を設定している（IFRS 第15号 B58項）。

> ライセンスを供与する際の企業の約束の性質は，以下の要件のすべてに該当する場合には，企業の知的財産にアクセスする権利を提供するという約束である。

> ① 顧客が権利を有する知的財産に著しく影響を与える活動を企業が行うことを，契約が要求しているか又は顧客が合理的に期待している。
> ② ライセンスによって供与される権利により，①で識別された企業の活動の正又は負の影響に顧客が直接的に晒される。
> ③ そうした活動の結果，当該活動が生じるにつれて顧客に財又はサービスが移転することがない。

これに該当しない場合には，約束の性質は，企業の知的財産を使用する権利を提供することとなる。それぞれの要件の具体的な内容は以下のとおりである。

① 顧客が権利を有する知的財産に著しく影響を与える活動を企業が行う

企業が知的財産に著しく影響を与える活動を行うであろうと顧客が合理的に期待できることを示す可能性のある要因には，企業の取引慣行，公表した方針または具体的な声明などが含まれる（IFRS 第15号 B59項）。

ライセンスの性質が企業の知的財産にアクセスする権利かどうかを判断するにあたり，企業の活動が著しい影響を与えるかどうかは，知的財産の形態や機能性だけでなく，その価値を通じて判断される場合もある点が次のとおり明確化されている（IFRS 第15号 B59A項）。

> 企業の活動は，次のいずれかの場合には，知的財産に著しく影響を与える。
> (a) 当該活動が，顧客が権利を有している知的財産の形態（例えば，デザイン又は内容）又は機能性（例えば，機能又はタスクを行う能力）を著しく変化させると見込まれる。
> (b) 知的財産から顧客が便益を得る能力が，実質的に当該活動から得られるか又は当該活動に依存している。例えば，ブランドからの便益は，当該知的財産の価値を補強又は維持する企業の継続的活動から得られるか又はそれに依存していることが多い。
>
> したがって，顧客が権利を有している知的財産が重大な独立した機能性を有している場合には，当該知的財産の便益の相当部分が当該機能性から得られる。このため，当該知的財産から顧客が便益を得られる能力は，企

業の活動が当該知的財産の形態や機能性を著しく変化させない限り，企業の活動から著しい影響は受けないであろうとされている。

　企業の活動が知的財産に著しい影響を与えるかどうかの評価には，判断が要求される。顧客が権利を有する知的財産に対して企業の活動が著しい影響を与えるかどうかを判断する際に，企業は知的財産が顧客に対してどのように便益を提供するかを考慮しなければならない。もし便益が知的財産の形態または機能性のみから生じる場合には，当該形態または機能性を変化させる活動のみが知的財産に重要な影響を与えることになる。もし便益がそれ以外の活動から生じる場合には，企業の活動が知的財産の形態や機能性を変化させなくても，当該知的財産に重要な影響を与える可能性がある。例えば，ブランド名から生じる便益は，その価値から生じることが多いため，ブランド名の当該価値を補強または維持するための企業の活動がその知的財産に重要な影響を与えるものと考えられる。

　IFRS第15号B59A項では，重大な独立した機能性を有している知的財産に関しては，その便益の相当部分が当該機能性から得られることが明確化されている。ただし，IFRS第15号では，「重大な独立した機能性」について具体的な定義はなく，知的財産が重大な独立した機能性を有しているかどうかの決定には判断が必要となる。逆にいえば，当該機能性を変化させない限り，企業の活動はその知的財産に著しい影響を与えないものと考えられる。

② 供与される権利により，識別された企業の活動の正または負の影響に顧客が直接的に晒される

　企業が行った活動が，顧客が権利を有している知的財産に影響を与えて顧客に直接的に影響を与える場合，顧客は本質的にはライセンス期間全体を通じて最新の状態にある知的財産を使用していることになる。例えば，スポーツ用品メーカーは，大学のロゴを衣料品のデザインに使用する権利を有することがある。この場合，この大学の調査・研究の実施や，入試・選抜の難易度，大学スポーツ活動のスポンサーを行うことが当該大学の評判に影響するため，顧客であるスポーツ用品メーカーはその影響に直接的に晒される可能性がある。

一方，活動が顧客に直接影響を与えない場合には，たとえ企業は自身の資産（すなわち，基礎となる知的財産）を変化させているとしても，これは企業が将来のライセンスを提供する能力に影響を与える可能性があるのみである。つまり，企業の活動は，現在のライセンスが提供するもの，また，そのライセンスにより顧客が支配するものには影響を与えないことになる。

③ **当該活動が生じるにつれて顧客に財またはサービスが移転することがない**
　この要件は，ライセンスを供与する約束の性質を判定するにあたって考慮する「活動」には，他の財またはサービスを移転する活動，すなわち他の履行義務を充足する活動を含まないことを意味している。例えば，別個のものであるソフトウェア・ライセンスが，ライセンス期間中のソフトウェアに対するアップデートの結果として著しく変化する場合がある。しかしながら，当該ソフトウェア・ライセンスに対するアップデートは，顧客に移転する追加の財またはサービスであると考えられるため，この3つめの要件は満たされていないことになる。
　ケーススタディⅢ－2－3では，企業の活動に対する顧客の期待がライセンスを供与する約束の性質の判定に与える影響について解説する。

ケーススタディⅢ－2－3▶知的財産にアクセスする権利を提供するライセンス

　前　提

　企業Cは，新しいテレビアニメーション番組を制作し，ある小売業者が販売する消費財に番組内のキャラクターを使用することについて，3年間のライセンスを供与する（これ以外に当該小売業者に提供される財またはサービスはない）。小売業者は，番組に登場するキャラクターの最新画像を使用することが要求されている。ライセンス契約を締結する際，小売業者は，企業Cが番組制作，キャラクター開発，キャラクターの知名度を高めるためのマーケティング活動を継続するであろうと合理的に期待している。小売業者は新番組の初回のテレビ放映以降，キャラクターを使用した消費財の販売を開始することができる。
　この契約においてライセンスを供与する約束はどのような性質を持つか。

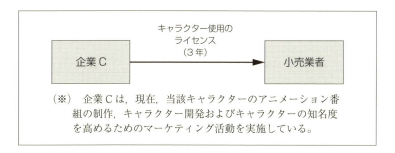

> (※) 企業Cは，現在，当該キャラクターのアニメーション番組の制作，キャラクター開発およびキャラクターの知名度を高めるためのマーケティング活動を実施している。

> ポイント

小売業者が企業Cに合理的に期待している活動が，「企業の知的財産にアクセスする権利」に該当するための要件を満たすかを検討する。

> 考え方

当該ライセンスを供与する約束は企業Cの知的財産にアクセスする権利を提供するものであるため，企業Cは一定の期間にわたり収益を認識する。

企業Cによって継続される番組制作およびマーケティング，ならびにキャラクターの開発は，企業Cが知的財産（キャラクターの画像）に著しい影響を与える活動を行っていることを示唆している。企業Cの活動により，小売業者が使用する最新のキャラクター画像に対する評判は改善（または悪化）することとなるため，小売業者は企業Cによる活動の正または負の影響に直接的に晒されている。また，企業Cによる活動はライセンスと別個の財またはサービスを小売業者に移転するものではない。

顧客は初回のテレビ放映以降に当該ライセンスから便益を得ることができるようになるため，企業Cは，初回のテレビ放映日を収益の認識開始時点として，3年間にわたって収益を認識することになる。

> 日本基準の実務における取扱い

上記ケーススタディⅢ－2－1のとおり，日本基準では知的財産ライセンスに関する一般的な定めはなく，通常，個々のライセンス契約の内容を勘案して，個別に判断が行われていると考えられる。実務上は，ライセンス期間である3年間にわたって収益認識を行うことが考えられる。

また，以下のケーススタディⅢ－2－4では，企業の活動により顧客に財またはサービスが移転することになる場合について解説する。

ケーススタディⅢ-2-4 ▶ 知的財産を使用する権利を提供するライセンス

前提

企業Dは，一定の期間に限定してソフトウェア・ライセンスを顧客に提供する。契約条件により，顧客は，企業Dから提供される顧客固有のデジタルキーを使用して当該ソフトウェアをダウンロードし，自社のサーバー上で使用することが可能である。当該ソフトウェアは，顧客のダウンロード完了と同時に機能する。また，顧客は，当該ソフトウェア・ライセンスとともに，契約後顧客サポートサービスを購入する。企業Dが実施すると合理的に期待される活動は，契約後顧客サポートサービス以外には存在しない。顧客は，ライセンスから単独で便益を得ることができるため，ライセンスと契約後顧客サポートサービスは，独立の履行義務と判断されている。

この契約においてライセンスを供与する約束はどのような性質を持つか。

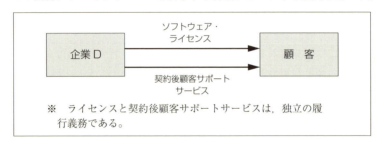

ポイント

企業Dが行う活動が，別個の財またはサービスを移転する活動，すなわち他の履行義務を充足するものとなるかを検討する。

考え方

当該ライセンスを供与する約束は，知的財産（ソフトウェア）を使用する権利を提供するものである。

契約後顧客サポートサービスは，この契約における独立の履行義務であることから，ソフトウェアに影響を与える「活動」ではないと考えられる。このソフトウェアは重大な独立した機能性を有すると考えられ，企業Dはその機能性に影響を与える活動を行うとは見込まれていない。したがって，企業Dは，顧客が権利を有するソフトウェアに著しい影響を与える活動を行っていないことになり，一定期間にわたって充足される履行義務である知的財産にアクセスする権利の3要件を満たさないこととなる。

したがって，企業Dは，当該ライセンスを知的財産を使用する権利を提供するものとして取り扱い，顧客がライセンスを使用して便益を得ることができるようになった時点で収益を認識することになる。

> **日本基準の実務における取扱い**
>
> 　上記ケーススタディⅢ－2－1のとおり，日本基準では，複数要素取引や知的財産ライセンスに関する一般的な定めはない。実務上，個々のライセンス契約の内容を勘案して，ソフトウェア取引実務対応報告を参考に，個別に判断が行われていると考えられる。

(3) 性質の区分において無視される要因

　ライセンス契約においてはさまざまな条件が付される場合があるが，その中でも，IFRS第15号では，ライセンスを供与する約束の性質の判定にあたって無視すべきものを以下のとおり示している（IFRS第15号B62項）。

① 時期，地域または用途の制限（以下，5.(1)参照）
② 企業が知的財産に対する有効な特許を有しており，その特許を無許可の使用に対して防御するという企業が提供する保証（以下，5.(2)参照）

5．ライセンスの性質の判定において無視すべき要因

(1) 時期・地域・用途による制限

　ライセンスの多くは，時期，地理的地域，または用途に関して制限されている。例えば，ライセンスは，関連する知的財産を所定の期間においてのみ使用することができる，または関連する知的財産を特定の地理的地域における製品の販売に対してのみ使用することができる等を規定することができる。実務上考えられる例としては，映画を特定期間内に限定された回数だけ上映することを認めるライセンスや，特定の地域でのみ薬の販売権を認めるライセンスなどが挙げられる。これらの制限は，顧客が獲得した資産の属性（例：特定期間内しか上映できないこと）を示すにすぎず，基礎となる知的財産の属性（例：映画）はライセンスを供与する約束の性質を示すものではないからである。同様に，ライセンス期間の長さも，顧客が獲得した資産の属性を示すにすぎないた

め，ライセンスを供与する約束の性質の判定にあたって考慮しないこととなる（IFRS 第15号 BC412項）。

IFRS 第15号においては，企業はまず，契約が別々の履行義務を表す複数のライセンスを含んでいるのか，または契約上の制限を有する単一のライセンスであるのか，について判定することが要求される。

契約上の文言によっては，企業が顧客に複数の別個のものであるライセンスを移転することを約束している場合がある。例えば，地域Aにおいて知的財産を使用する権利と，地域Bにおいて知的財産を使用する権利とが，それぞれ別個のライセンスとして契約に含まれる場合がある。このような場合，経営者は，複数の別個のライセンスからなると結論づけて，契約における収益を別個のライセンスのそれぞれに配分しなければならない。しかし，顧客が両方のライセンスを同時に使用して便益を受けることができる場合には，収益認識の時期は契約上の制限の影響を受けず，両方のライセンスともに収益が同じ時期に認識されるものと考えられる。一方で，例えば，地域Bにおいて知的財産を使用するライセンスの期間が将来のある日付まで開始しない場合には，収益認識の時期は契約上の制限の影響を受け，地域Bに対しては，その将来のある日付までは収益が認識されないものと考えられる。

単一のライセンスにおける時期・地域・用途の契約上の制限は，そのライセンスの属性であると考えられる。したがって，単一のライセンスにおける制限は，そのライセンスが知的財産にアクセスする権利であるか使用する権利であるか，もしくは約束された財またはサービスの数がいくつであるかの判断に影響を与えない。

ケーススタディⅢ－2－5 ▶ ライセンスの制限―制限がライセンスの属性である場合

前 提

企業Eは，テレビのシリーズ番組の放映権をケーブルテレビ会社にライセンス供与している。このライセンスの規定上，ケーブルテレビ会社はこのテレビ番組シリーズの各回の放送を最初から順番に放映しなければいけないとされている。企業Eは，このテレビ番組シリーズの全ての放送回分のコンテンツを，ケーブルテレビ会社に同じ時点で移転している。この契約では，ライセンス以外に他の財やサービスは含まれていない。

第2章 ライセンス

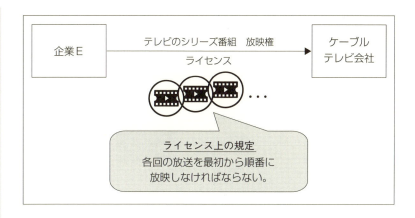

[ポイント]

このテレビ番組放映権の使用についての制限に関する契約上の規定は、ライセンスの会計処理にどのような影響を与えるか。

[考え方]

この例の契約では、単一のライセンスが含まれている。したがって、ケーブルテレビ会社が各回の放送を最初から順番に放映しなければいけないのは、このライセンスの属性であることになる。この制限は、当該ライセンスが知的財産にアクセスする権利であるか使用する権利であるかの判定を含め、ライセンスの会計処理に影響を与えることはない。この例においては、ライセンスは使用する権利と考えられ、したがって、企業Eは、ライセンスに対する支配がケーブルテレビ会社に移転し、ケーブルテレビ会社がこのライセンスを使用して便益を受ける能力を有することとなった時点（つまり、ケーブルテレビ会社が最初にこのテレビ番組シリーズを放映することが可能となった時点）で、収益を認識することとなる。

[日本基準の実務における取扱い]

日本基準では、ライセンスの契約上の制限に関する一般的な定めはない。実務上は、個々の契約条件に応じて判断されていると考えられる。

ケーススタディⅢ-2-6▶ライセンスの制限―契約に複数のライセンスが含まれる場合

[前提]

医薬品業界の企業Fは、20X0年1月1日から8年間分の承認された医薬品化

合物に対する特許権を顧客にライセンス供与している。顧客は，ライセンス期間の最初の1年間は，米国において製品を販売するために知的財産を使用することができるのみである。顧客は，20X1年1月1日以降はヨーロッパでも製品を販売するためにこの知的財産を使用することができるようになる。この契約では，ライセンス以外に他の財やサービスは含まれていない。

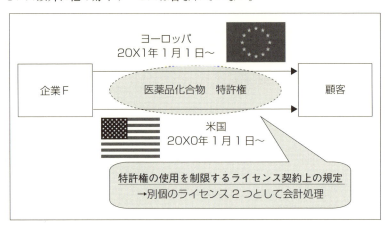

ポイント

この契約において，特許権の使用を制限する契約上の規定は，ライセンスの会計処理にどのような影響を与えるか。

考え方

企業Fは，米国において特許権を使用する権利と，ヨーロッパにおいて特許権を使用する権利とで，別個のライセンス2つがこの契約には含まれていると結論づけた。

この事実関係においては，契約は以下の2つの別個のライセンスを含んでいる。
- 20X0年1月1日以降に米国において特許権を使用する権利としてのライセンス
- 20X1年1月1日以降にヨーロッパにおいて特許権を使用する権利としてのライセンス

いずれも，知的財産（特許権）を使用する権利としてのライセンスであるものと考えられる。

企業Fは，2つの別々の履行義務に対して，契約の取引価格を独立販売価格の比に基づいて配分し，この知的財産を使用する権利を使用して便益を受ける能力

を顧客が有した時点において，収益を認識しなければならない。米国において特許権を使用するライセンスに対して配分される収益は20X0年1月1日に認識されることになり，ヨーロッパにおいて特許権を使用するライセンスに対して配分される収益は20X1年1月1日に認識されることになる。

> 日本基準の実務における取扱い

　上記ケーススタディⅢ－2－5に記載のとおり，日本基準では，ライセンスの契約上の制限に関する一般的な定めはない。

(2) 無許可使用に対する防御等の保証

　企業の知的財産を支える重要な側面ではあるが，移転されるライセンスが契約で約束したライセンスの仕様を満たすこと，すなわち基礎となる知的財産が合法かつ有効であるという企業の表明の一部にすぎないため，ライセンスを供与する性質の判定にあたって考慮しないこととされている。

6．その他の検討事項

(1) ライセンスの更新・延長

> **Short Break**　ライセンスの更新・延長についての米国基準上の取扱い
>
> 　米国会計基準のトピック606においては，2016年4月に公表されたASU2016-10「顧客との契約から生じる収益（トピック606）：履行義務の識別及びライセンス供与」の中で，具体的な規定および設例が追加されることにより，ライセンスの更新・延長に関して明確化されている。これによれば，顧客が更新・延長されたライセンスを使用して便益を受けることができるようになる（すなわち，更新・延長期間の開始時点）までは，ライセンスの更新・延長に伴う収益を認識することができない。

　IFRS第15号には，契約の更新・延長について具体的なガイダンスは含まれていない。したがって，企業は契約が当初締結された後に合意された更新や延

長に関して，新しいライセンスとして会計処理すべきか，既存のライセンスに対する契約変更として会計処理すべきか，検討しなければならない。この結果，場合によっては，米国会計基準と比較してより早い時点で，ライセンスの更新・延長に関連する収益が認識される可能性がある。

さらに，経営者は契約開始時において提示されているライセンスの更新・延長に対する権利が重要な権利を表すものであるかどうかについても検討する必要がある。重要な権利の詳細については，第4章「追加の財またはサービスに対する顧客のオプション」（213頁）参照。

(2) 支払条件および重大な金融要素

ライセンスは長期にわたる契約であることが多く，ライセンサーとライセンシーの間の支払スケジュールは収益認識の時期と一致しないかもしれない。一定期間にわたって支払が行われる場合でも，そのこと自体は必ずしもライセンスが知的財産にアクセスする権利であることを示すものではない。

経営者は，収益を認識する時点と現金を受け取る時点との間に1年超の開きがある場合には（売上高・使用量ベースのロイヤルティの例外を除く），重大な金融要素が存在するかどうかを検討する必要がある。例えば，知的財産を使用する権利に関するライセンスを供与し，ライセンシーに支配が移転する時点で収益が認識されるものの，当該ライセンスに対する支払は5年間にわたって毎月行われる場合がある。そのほかには，知的財産にアクセスする権利を提供するライセンスについて，対価の支払が一括前払いで行われる場合がある。経営者は，契約における支払条件について，重大な金融要素が存在するかどうかについて考慮する必要がある。重大な金融要素については，第Ⅱ部第3章3.「契約における重大な金融要素」（96頁）参照。

7. 売上高・使用量ベースのロイヤルティに関する例外規定

(1) 売上高・使用量ベースのロイヤルティに関する例外規定の概要

　契約において約束された対価が変動性のある金額を含んでいる場合，このような変動対価を見積もり，不確実性がその後に解消される際に認識した収益の累計額に重大な戻入れが生じない可能性が非常に高い範囲で，取引価格に含める必要がある（詳細は第Ⅱ部第3章「ステップ3：取引価格を算定する」（78頁）を参照）。しかし，知的財産のライセンスのうち売上高・使用量ベースのロイヤルティについては，企業は，下記の事象のうち遅いほうが発生する時点でのみ（または発生するにつれ），知的財産のライセンスと交換に約束した売上高・使用量ベースのロイヤルティに係る収益を認識しなければならないという例外規定が存在する（IFRS 第15号 B63項）。

(a) その後の売上または使用が発生する。

(b) 売上高・使用量ベースのロイヤルティの一部または全部が配分されている履行義務が充足（または部分的に充足）されている。

　すなわち，知的財産のライセンスのうち，顧客のその後の売上高または使用量を基礎としたロイヤルティを対価として受け取る場合には，顧客においてその後の売上または使用が発生するまでは当該ロイヤルティを取引価格に含めてはならないこととなる。

　以下の**ケーススタディⅢ－2－7**で，具体的な収益の認識の例を解説する。

ケーススタディⅢ－2－7▶売上高・使用量ベースのロイヤルティにおける収益の認識

[前提]

　企業Gは，自社が保有する特許権について顧客にライセンスを供与する契約を締結する。企業Gは契約時に10百万円を受け取り，その後は顧客における売上高の10％をロイヤルティとして受け取る。このライセンスを供与する約束は，ライセンスが供与される時点で存在する企業の知的財産を使用する権利を提供する履

行義務であり，契約時点で充足されているものとする。

>ポイント

　企業Gが顧客に特許権のライセンスを供与する契約から生じる収益について，売上高・使用量ベースのロイヤルティに関する例外規定をどのように考慮するか。

>考え方

　この場合であっても，売上高ベースのロイヤルティについては，顧客におけるその後の売上高が発生するまで収益を認識することができない。この結果，企業Gは，以下のように収益を認識することとなる。

（単位：百万円）

	顧客の売上高	企業Gの収益認識額
契約時	―	10
1年目	230	23
2年目	270	27
3年目	300	30

>日本基準の実務における取扱い

　日本基準では，売上高・使用量ベースのロイヤルティに関する一般的な定めはなく，ソフトウェア取引実務対応報告を参考に検討することとなる。実務上，個々のライセンス契約の内容を勘案して，実現主義の原則のもと，個別に判断が行われていると考えられる。例えば，契約時の定額分については契約時または当初入金時に収益を一括して認識する場合と，当初の定額分は前受金として処理してその後の売上高に応じて一定の割合で収益を認識していく場合などが考えられる。

　この売上高・使用量ベースのロイヤルティにおける収益認識の要求事項は，限定的な状況だけのために意図した個別的な要求であり，狭い範囲の例外規定であることが意図されている。すなわち，企業はこの例外規定を他の類型の約束した財またはサービスや他の類型の変動対価に類推適用すべきではないとさ

れている(IFRS第15号BC421項)。例えば,知的財産のライセンスを供与するのではなく,知的財産そのものの販売を行い,対価として売上高・使用量ベースのロイヤルティを受け取る場合がある。このような場合,知的財産の販売は例外規定の適用範囲外であるため,企業は当該ロイヤルティに通常の変動対価の規定(第Ⅱ部第3章2.「変動対価」(80頁)参照)を適用し,収益の重大な戻入れが生じない可能性が非常に高い最小限の金額を取引価格に含める必要がある。

なお,上記の「どちらか遅いほう」という条件は,企業が履行義務を充足する前に収益が認識されてしまうことを防ぐことが目的である。企業が履行義務を充足する前に収益が先に認識される結果とならない限り,ベースとなる売上高か使用量が発生した時に,ロイヤルティが認識されるべきである。本章で述べてきたとおり,IFRS第15号では,知的財産にアクセスする権利(すなわち,一定期間にわたり収益が認識されるライセンス)に関する企業の履行を測定するための方法について,明確な規定はない。したがって,知的財産にアクセスする権利についての履行義務の充足より前に収益が先に認識されるかどうかの決定にあたっては,企業に判断が要求されるものと考えられる。毎期のロイヤルティは,企業の履行義務の充足による顧客にとっての価値と,直接相関しているものと考えることが適切である場合もある。

> *PwC's Eyes*
>
> 知的財産のライセンスに関する売上高・使用量ベースのロイヤルティを認識するにあたって,売上高・使用量が発生した期間と,売上高・使用量の実績が顧客から報告された期間とが異なる場合も想定される(なお,関連する履行義務は充足されたものという前提である)。
>
> あくまで例外規定では,当該ロイヤルティは売上高・使用量が発生した期間に認識しなければならない(関連する履行義務は充足されたものという前提)とされている。そのため,すでに発生したものの顧客からまだ報告されていない売上高・使用量については,企業は見積りを行わなければならない必要性が生じることになる。

(2) 売上高・使用量ベースのロイヤルティに関する例外規定の適用範囲

医薬品業界やライフサイエンス業界などでは，売上高・使用量ベースのロイヤルティが，ライセンスとそれ以外の別個の財またはサービスの両方に適用される場合がある。IFRS第15号では，このような場合に売上高・使用量ベースのロイヤルティに関する例外規定は，以下のいずれかに該当する場合に適用されることとなっている（IFRS第15号B63A項）。

(a) 当該ロイヤルティが知的財産ライセンスのみに関連する場合
(b) 知的財産ライセンスが当該ロイヤルティに関連する支配的な項目である場合

(b)に関して，IFRS第15号では「支配的な（predominant）」の語についてこれ以上明確には定義していないため，この評価にあたっては判断が要求される。また，その場合には，ロイヤルティをライセンス部分と他の別個の財またはサービスに分けて別々に考えるのではなく，ロイヤルティ全体に対して上記例外規定を適用して，収益を認識する。反対に，上記(a)(b)いずれにも該当しない場合，ロイヤルティ全体について，IFRS第15号第50項から第59項の変動対価の制限に関する要求事項（第Ⅱ部第3章2．「変動対価」（80頁）参照）に従うこととなる（IFRS第15号B63B項）。

Short Break ライセンスに関するガイダンスの修正

FASBは，2016年4月に公表したASU2016-10「顧客との契約から生じる収益（トピック606）：履行義務の識別およびライセンス供与」において，知的財産のライセンスの会計処理に関するガイダンスを下記の適用上の論点に関して修正した。
① ライセンスと他の約束を含んでいる結合後の履行義務にライセンスのガイダンスを適用すべきか否か（本章3．「他の財またはサービスと組み合わせたライセンスの会計処理」（180頁）参照）。
② ライセンスの性質の判定にあたって，すべてのライセンスを「象徴的（symbolic）」な知的財産または「機能的（functional）」な知的財産の2つのカテゴリーに分類することとしている。本ASUによると，ライセンスが重大な独立の機能性を有している場合（例：ソフトウェア，テレビ番組，音

楽），当該ライセンスは「機能的」な知的財産に分類され，原則として収益は一時点で認識される。一方，それ以外の場合（例：商標，ロゴ，フランチャイズ権），ライセンスは「象徴的」な知的財産として分類され，一定の期間にわたり認識されることになる（本章4．「ライセンスを供与する約束の性質の判定」（181頁）参照）。

③　時期，地域，または用途に関連するライセンスの制限が履行義務の識別に影響を与えるか否か（本章5．(1)「時期・地域・用途による制限」（189頁）参照））。

④　ライセンスの更新・延長時には，ライセンスの更新・延長期間の開始時点までは通常収益を認識することができない（本章6．(1)「ライセンスの更新・延長」（193頁）参照）。

⑤　売上高ベースまたは使用量ベースのロイヤルティ形式の報酬のある知的財産のライセンスの収益認識に関する特定のガイダンスをどの範囲で適用すべきか（本章7．(2)「売上高・使用量ベースのロイヤルティに関する例外規定の適用範囲」（198頁）参照）。

一方，IASBは，2016年4月に公表した修正基準「IFRS第15号の明確化」において，FASBのような大幅な改訂は行わず，以下の適用上の論点についてのみ，明確化のための修正を行っている。

①　ライセンスを供与する約束の性質の判定にあたって，企業の活動が知的財産に著しい影響を与える場合について，顧客が権利を有する知的財産の形態または機能性に変更を与える場合，もしくは，権利を有する知的財産から便益を得る顧客の能力が，知的財産の価値を補強または維持する企業の当該活動から得られるか，またはそれに依存している場合であること。（本章4．「ライセンスを供与する約束の性質の判定」（181頁）参照）

②　売上高・使用量ベースのロイヤルティの適用範囲。（本章7．(2)「売上高・使用量ベースのロイヤルティに関する例外規定の適用範囲」（198頁）参照）

第3章 本人／代理人取引

　取引においては，顧客への特定された財またはサービスの提供について複数の当事者が関与していることがある。このような場合，企業は，自らの約束の性質が，特定された財またはサービス自体を提供する履行義務（すなわち，企業が本人）であるのか，それらの財またはサービスが当該他の当事者によって提供されるための手配をする履行義務（すなわち，企業が代理人）であるのかを判断しなければならない（IFRS第15号B34項）。その決定にあたっては判断が必要となる状況も多く，また，その結論によって，収益の金額および認識時期が大きく異なることとなる。

　このような判断が必要となることの多い契約の例としては，インターネット広告，インターネット販売，仮想アイテムや携帯電話上のアプリ／ゲームの販売，委託販売，旅行代理店やチケット販売業者を通じての販売，契約上の義務の一部または全部を下請業者が履行する際の販売，および第三者のサービス・プロバイダーによって提供されるサービスの販売などが挙げられる。

　この章では，このような本人か代理人かの判断について，配送および取扱手数料などの実務上の例も参照しながら解説していく。

1. 本人か代理人かの判断に関する考え方

(1) 判断を行う単位および判断プロセス

　契約に含まれる約束の性質を判断するにあたっては，企業は以下のことを考慮しなければならない（IFRS第15号B34A項）。

> (a) 顧客に提供すべき特定された財またはサービスを識別する(これは,例えば,他の当事者が提供する財またはサービスに対する権利である可能性がある)。
> (b) 特定された財又はサービスのそれぞれについて,顧客に移転される前に,企業が当該財またはサービスを支配しているのかどうかを評価する。

　企業は,自らが本人であるのか代理人であるのかを,契約に含まれる顧客に約束した「特定された財またはサービス」のそれぞれについて判断する。特定された財またはサービスとは,顧客に提供すべき別個の財またはサービス(または財またはサービスの別個の束)である(IFRS第15号B34項)。
　IFRS第15号B34項でも記載されているとおり,企業が本人か代理人かの判断を行うにあたっては,履行義務ではなく,「特定された財またはサービス」が判断を行う単位として用いられている。これは,特に企業が代理人であった場合,代理人自身が顧客に対して自ら財またはサービスを移転するのを約束するわけではなく,代理人の履行義務は他の当事者が財またはサービスを顧客に移転するのを手配することであるため,特定された財またはサービスが最終消費者に移転することは必ずしも企業の履行義務であるとは限らないからである(IFRS第15号BC385B項)。
　本人なのか代理人なのかの判断は,IFRS第15号における収益認識の5ステップのうち,ステップ2(契約における履行義務を識別する)に関連している。そのため,顧客に移転する特定された財またはサービスを適切に識別することが非常に重要となる。例えば,以下が特定された財またはサービスに含まれることもある。

- 財またはサービスに対する権利(例えば,チケットなど)
- 互いに別個のものではない財またはサービスの束

　特定された財またはサービスが適切に識別されれば,たとえそれが無形の財やサービスの場合であっても,支配の判断はあまり複雑ではないことが多い(IFRS第15号BC385N項)。これは,無形の財やサービスについては,形がなかったり,資産が瞬時にしか存在していないことにより,支配の移転を判断す

るのが難しいことが挙げられる。

なお，顧客との契約に複数の特定された財またはサービスが含まれている場合には，企業はある特定された財またはサービスについて本人であり，他の特定された財またはサービスについて代理人である可能性がある。

(2) 基本原則

IFRS 第15号の中心となる原則は，約束した財またはサービスの顧客への移転を描写するように収益を認識することである。この原則を達成するためには，企業の履行義務の性質が特定された財またはサービスを顧客に移転することなのか，それとも別の当事者が特定された財またはサービスを顧客に提供する手配をすることなのかを明らかにする必要がある。そこで，IFRS 第15号では，本人か代理人かの判断にあたって，取引で移転される特定された財またはサービスを，顧客に移転する前に企業が支配しているかどうかで，企業の約束の性質を判断することとしている。IFRS 第15号 B35項からB35B項およびB36項では，履行義務の違いに応じて企業がどのような場合に本人および代理人となるか，また，その場合における会計処理について規定している。

企業が特定された財またはサービスが顧客に移転する前に支配している場合には，企業は本人である。契約における本人である企業は，履行義務を自ら充足する場合もあれば，別の当事者（例えば，外注先）に自らに代わって履行義務の一部または全部を充足させる場合もある（IFRS 第15号 B35項）。本人である企業が履行義務を充足する時点で（または充足するにつれて），企業は移転する特定された財またはサービスと交換に権利を得ると見込んでいる対価の総額を収益に認識する（IFRS 第15号 B35B項）。

企業の履行義務が，他の当事者による特定された財またはサービスの提供を手配することである場合には，企業は代理人である。代理人である企業が履行義務を充足する時点で（または充足するにつれて），企業は，収益の認識を，財またはサービスが他の当事者によって提供されるように手配することと交換に権利を得ると企業が見込んでいる報酬または手数料の金額で行う（IFRS 第15号 B36項）。

ここで，企業は，取引の形式にとらわれず，企業が約束した履行義務の性質

を踏まえて本人か代理人かの判断を行う必要がある。例えば，顧客に移転される前に企業が特定された財の法的所有権を獲得する場合であっても，それが瞬間的である場合には，企業は必ずしもその財を支配していない場合がある（IFRS 第15号 B35項）。また，特定された財またはサービスの対価をいったん総額で受け取ったとしても，企業が代理人と判定され，受取額から他の当事者への支払額を差し引いた純額で収益を認識する場合もある（IFRS 第15号 B36項）。

収益は履行義務の充足時に認識されるため，本人か代理人かの判断において，約束した履行義務の性質を検討した結果が，収益の金額のみならず，認識時期にも影響が生じる可能性がある。一部の状況においては，最終顧客が特定された財またはサービスを受け取る前に代理人による手配が完了している場合がある。このような場合，本人が財またはサービスを移転する履行義務より，代理人が手配を行う履行義務のほうが先に充足されることになる。

(3) 本人か代理人かの判定における支配の考え方

顧客への財またはサービスの提供に他の当事者が関与する場合には，本人である企業は次のいずれかに対する支配を獲得する（IFRS 第15号 B35A項）。

(a) 当該他の当事者からの財または他の資産で，企業がその後に顧客に移転するもの

(b) 当該他の当事者が履行するサービスに対する権利（それにより，企業が当該他の当事者に企業に代わって顧客にサービスを提供するよう指図する権利を得る）

(c) 当該他の当事者からの財またはサービスで，企業がその後に顧客に特定された財またはサービスを提供する際に他の財またはサービスと組み合わせるもの。他の当事者が提供した財またはサービスを顧客が契約している特定された財またはサービスに統合するという重要なサービス（第Ⅱ部第2章2．「財またはサービスが別個のものであるか否かの判定」（63頁）参照）を企業が提供する場合には，企業は特定された財またはサービスを当該財またはサービスが顧客に移転される前に支配している。その場合，企業はまず当該財またはサービスに対する支配を当該他の当事者から獲得し，

それを組み合わせたアウトプット（これが特定の財またはサービスである）を創出するために使用することを指図する。

　他の当事者が提供すべきサービスを企業が支配するためには，他の当事者から顧客に提供されることになる特定されたサービスに対する権利を企業が支配する必要があると考えられる。そのため，当該サービスを支配するには，企業が当該権利を顧客に移転するか，または顧客へのサービスを企業に代わって行う等，当該他の当事者を指図する権利を使用するかのいずれかであるとした。そして，顧客への財またはサービスの提供に他の当事者が関与する場合に，本人である企業が他の当事者の提供するサービス等について支配を獲得しているかどうかの判断にも，上記の考え方を当てはめることとなった。

(4) 本人となる指標

　企業の約束の性質には判断が伴うため，企業が本人か代理人か，必ずしも容易に明らかにはならない場合がある。そのため，IFRS 第15号では，企業が特定された財またはサービスを移転する前にそれらを支配しているのかどうか（すなわち，企業が本人なのか代理人なのか）を判定する助けとするための指標を盛り込んでいる。IFRS 第15号における本人か代理人かの判断は，履行義務の識別および支配の移転という考え方に基づいているという点で，従来の収益認識の要求事項とは異なるが，盛り込まれた指標は，これらの従来の収益認識の要求事項に含まれていた指標を基礎としたものとなっている。

　具体的には，IFRS 第15号 B37項では，企業が特定された財またはサービスを，それが顧客に移転する前に支配している（すなわち，本人である）という指標には以下のようなものが含まれるとしている。

① 企業が，特定された財またはサービスを提供するという約束の履行に対する主たる責任を有している（契約履行の主たる責任）。
② 特定された財またはサービスが顧客に移転される前，または顧客にその支配が移転された後（例えば，顧客が返品する権利を有している場合）に，企業が在庫リスクを有している（在庫リスク）。
③ 特定された財またはサービスの価格の設定において企業に裁量権がある（価格設定における裁量権）。

IFRS第15号B37項を検討する場合において，そこに示されているのは要件ではなくあくまでも指標の例示であり，また，それぞれの指標について重み付けは定められていない。そのため，企業は，特定された財またはサービスの性質および契約条件をもとに，それぞれの指標およびその他考慮すべき事象および状況がないかを検討したうえで，総合的に判断する必要がある。さらに，企業が本人であるか代理人であるかは会計方針として選択するものではなく，状況に応じて適切に判断する必要がある。

以下では，それぞれの指標について解説を行う。

① **契約履行の主たる責任**

どの当事者が契約における義務の履行に主たる責任（primary responsibility）を負っているかの判断にあたっては，契約条件や，顧客に提供されている販促資料その他の情報が参考になる。企業は，カスタマーサポートの実施，顧客の苦情の解決，特定された財またはサービスの品質や適合性の責任をどの当事者が引き受けるかなどを考慮し，顧客の視点で主たる責任を企業が負っているのかどうかを判断する必要がある。

② **在庫リスク**

企業が，特定された財またはサービスが顧客に移転するか顧客から返品される際に，物理的損害，価値の下落，または陳腐化などの要因により，損失のリスクを負担している場合に，企業が在庫リスクを負っている。企業が販売できなかった在庫を供給者に返品できる場合には，在庫リスクは相対的に軽減され，逆に，供給者と解約不能の購入契約や特定の保証を約している場合には，企業はより多くの在庫リスクに晒されていると考えられる。

在庫リスクは，現物の販売以外の場合でも存在する可能性がある。例えば，企業がサービスプロバイダーを通じてサービスを提供する際に，顧客が解約をした場合であっても企業がサービスプロバイダーに支払を行う必要がある場合には，企業は当該サービスに関する在庫リスクを負っている可能性がある。

また，製品を所有し一定期間にわたる損失リスクを負っている場合であっても，これだけをもって企業が本人となるわけではない。企業が本人であるため

には製品を顧客へ移転する前に支配している必要がある。

③ **価格設定における裁量権**

特定された財またはサービスに対する顧客の支払に関して価格設定における裁量権があることにより、企業が財またはサービスの使用を指図して、残りの便益のほとんどすべてを得ることができるものと考えられる。例えば、企業が販売価格に固定の率を乗じた金額を受け取る場合は、取引から得られる便益が限定されているため、通常は企業は代理人と判断される。

企業が価格設定についてある程度の柔軟性が認められても、依然として代理人であるとみなされることがある。例えば、本人の財またはサービスの販売を促進する目的で、代理人が自ら最終顧客に対して値引きを提供することが考えられる（通常は、代理人としての手数料の取り分はその分少なくなる）。また、企業は、財またはサービスの納入先である再販業者から最終顧客への販売価格について一定の幅を許容する場合があるが、その幅が狭い場合には、再販業者が本人とはいえない可能性もある。

以下のケーススタディⅢ－3－1では、これまで解説した指標を踏まえた本人か代理人かの判断について解説する。

ケーススタディⅢ－3－1▶企業が代理人―オンライン書店

前 提

企業Ａは、書籍販売のためのウェブサイトを運営している。企業Ａは、ある書店と契約を締結し、当該書店の書籍を販売する。契約条件は以下のとおりである。
- 企業Ａは、最終顧客に販売する書籍を配送する。
- 企業Ａは、最終顧客に販売された書籍の所有権を有さない。ただし、最終顧客は、商品に満足しない場合には企業Ａに書籍を返品する。
- 企業Ａは、最終顧客による返品について、書店にペナルティーなしで書籍を返品する権利を有する。
- 企業Ａは、書籍の販売に関して最終顧客に代金を請求する。
- 企業Ａは、書籍の販売価格の設定については裁量権を有していない。

企業Ａは、最終顧客に対する書籍の販売に関して、総額と純額のいずれで収益を認識すべきか。

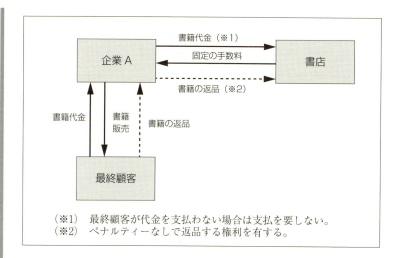

(※1) 最終顧客が代金を支払わない場合は支払を要しない。
(※2) ペナルティーなしで返品する権利を有する。

ポイント

まず，特定された財またはサービスを識別し，それが最終顧客に移転する前に企業が支配している指標を検討した結果，企業Aは本人か代理人かを検討する。

考え方

企業Aは，収益を純額で認識する必要がある。

まず，企業Aが運営するウェブサイトは，供給業者である他の当事者（書店）が自社の財またはサービスを顧客に提供する市場としての役割を果たしている。したがって，ウェブサイトを使用する最終顧客に提供すべき特定された財は，供給者である書店が提供する財，つまり書籍である。企業は顧客に他の約束をしていないことに着目する。

書籍が顧客に移転する前に企業Aが支配を有しているかどうかについて，各指標の評価結果は以下のとおりとなる。

指　標	評価結果
契約履行の主たる責任	最終顧客に書籍を提供することに責任を負うのは企業Aである。
在庫リスク	企業Aは，ペナルティーなしで返品する権利を有しているため，在庫リスクはなく，書店が在庫リスクを有している。
価格設定における裁量権	企業Aには書籍の価格設定における裁量権はなく，書店が販売価格の設定を行う。

上記の指標は，企業Aが書籍の支配を獲得していないことを示唆している。これを踏まえて支配の有無を検討した結果，企業Aは，最終顧客への販売の前に書籍を支配しておらず，契約において書店の代理人となる。

> **日本基準の実務における取扱い**
>
> 日本基準では，企業会計原則において，収益を総額表示すべきか純額表示すべきかに関して，「費用及び収益は，総額によって記載することを原則とし，費用の項目と収益の項目とを直接相殺することによってその全部又は一部を損益計算書から除去してはならない。」（企業会計原則　第二　1B）という定めがある。また，ソフトウェア取引実務対応報告において，一連の営業過程における仕入および販売に関して通常負担すべきさまざまなリスク（瑕疵担保，在庫リスクや信用リスクなど）を負っていない場合には，収益の総額表示は適切ではないという定めが存在する。しかし，これ以外に本人か代理人かの検討という観点で明確な定めはなく，日本基準の実務においては，売上を総額表示している場合も純額表示している場合のいずれもあると考えられる。

Short Break　本人か代理人かの検討に関する明確化のための修正

2016年4月にIASBは，修正基準「IFRS第15号の明確化」を公表し，以下の適用上の論点に関して，本人か代理人かの検討に関するガイダンスと設例の追加および修正を反映している。
① 支配の原則と判断のための指標の関係（本章1．(4)「本人となる指標」(204頁)参照）
② 無形の財やサービスに対する支配の原則の適用（本章1．(3)「本人か代理人かの判定における支配の考え方」(203頁)参照）
米国会計基準においても，2016年3月に公表されたASU2016-08「顧客との契約から生じる収益（トピック606）本人か代理人かの検討（収益の総額表示か純額表示か）」において同じ修正が反映されている。

2．具体的事例への適用

本人か代理人かの判断にあたっては，契約全体についてのみならず，契約の中の特定の要素についても考慮することが必要になる。ここでは，いくつかの例を挙げて，その適用について解説する。

(1) 配送および取扱手数料

　製品を販売する企業は，第三者の運送業者に依頼した配送および取扱サービスについて，配送および取扱手数料として独立で顧客に請求する場合もあれば，製品価格に含めて回収する場合もある。また，独立で請求する場合，これが第三者に支払った額の弁済となっている場合もあれば，利益マージンの要素を含む場合もある。

　この会計処理を検討するにあたり，製品自体の支配が出荷時点で顧客に移転している場合には，企業は，自らが本人として配送および取扱サービスを提供しているのか，あるいは代理人として顧客に配送および取扱サービスが提供されるよう手配しているのかを決定する必要がある。その結果，製品については本人として総額で収益を認識するが，配送および取扱サービスについては代理人として純額で収益を認識することになる可能性もある。

　その判断につき，以下の**ケーススタディⅢ－3－2**により解説する。

ケーススタディⅢ－3－2 ▶ 本人か代理人か――配送および取扱手数料

| 前 提 |

　企業Bは小売店およびウェブサイトを運営しており，顧客はどちらでも玩具を購入することができる。オンラインで玩具を購入する顧客は，小売店において追加料金なしで玩具を受け取るか，もしくは送料を支払って配送を依頼するかを選択することができる。配送を依頼する場合，顧客は指定の運送業者による通常配送か翌日配送を選択でき，それぞれに応じて，顧客は，企業Bが運送業者に支払う料金と同額の配送料を請求されることになる。また，配送においては追跡番号が付されるため，顧客は，いつでも運送業者に配送状況を確認できる取扱サービスも受けることができる。注文された玩具が企業Bの倉庫から出荷された時点で，玩具の支配は顧客に移転する。企業Bは，玩具の配送および取扱サービスが契約において約束された別個のサービスであると結論づけた。

　この場合，企業Bは，同社が顧客に請求する配送料と運送業者に支払う料金を（収益および費用として）総額で認識すべきか，それとも収益を費用と相殺すべきか。

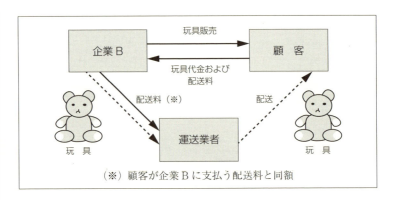

ポイント

配送および取扱サービスを顧客に移転する前に企業が支配しているかどうかについて指標を検討した結果，企業Bは配送および取扱サービスにおいて本人なのか代理人なのかを検討する。

考え方

まず，特定された財またはサービスは配送サービスであると識別された。

企業Bは，顧客に請求される配送料について収益を費用と相殺して純額で表示すべきである。各指標の評価結果は以下のとおりとなる。

指標	評価結果
契約履行の主たる責任	企業Bは玩具の配送について責任を負っていない。
在庫リスク	企業Bは配送中の在庫リスクを負っていない。配送業者が配送中の在庫リスクを負っている。
価格設定における裁量権	企業Bは配送料設定について裁量権を有さない。配送料は配送業者が設定する。

これを踏まえて支配の有無を検討した結果，企業Bは，顧客に代わって単に配送および取扱サービスを手配するのみで配送および取扱サービスを支配しないことから，運送業者の代理人となる。

日本基準の実務における取扱い

日本基準では収益の総額表示・純額表示について，一般的な規定はない。日本基準の実務においては，売上を総額表示している場合も純額表示している場合もあると考えられる。

> **Short Break　配送サービスの取扱い**
>
> 　FASBは，製品販売と配送サービスを顧客に提供する契約において，製品販売と配送サービスを別個のサービスとして識別した場合には，多くの企業にとって現行実務から大幅な変更になる可能性があると考えている。そのため，配送サービスを製品販売と区別して独立の履行義務として取り扱う原則的取扱いのほか，顧客に製品の支配が移転した後に発生する配送活動を契約履行活動として取り扱う実務上の便法を認める規定を盛り込んだASU2016-10「顧客との契約から生じる収益：履行義務の識別およびライセンス供与」を2016年4月に公表した。IASBはこれについて基準の修正は行わないことを決定している。

(2) 顧客への請求金額

　サービスを提供する企業が顧客のために作業を行う過程で，交通費・宿泊費・雑費等，さまざまな経費が発生する場合がある。このような経費については，個別に顧客に請求する場合もあれば，サービスの価格に含まれる場合もある。企業は，顧客への請求金額について収益として認識するか（本人），それとも，関連する費用と相殺するか（代理人）を決定する必要がある。

> **PwC's Eyes**
>
> 　上述した顧客への請求金額についても，本人か代理人かの検討を行う必要がある。その検討においては判断が要求されるが，まず，顧客に提供される特定された財またはサービスを識別する。
> 　このような経費は，企業が，単一の履行義務（顧客に移転する特定された財またはサービス）に束として統合される財またはサービスに関連して発生することが多い。つまり，顧客が契約の対象である結合されたアウトプットに対するインプットである。このような状況であれば，企業が本人であると考えられる。なぜなら，顧客に移転する前に，企業が特定された財またはサービスを支配しているからである。例えば，従業員の出張旅費を精算する権利を有している請負業者は，その出張が顧客に対して提供された契約上のサービス（結合されたアウトプット）の一部として発生したものであれば，通常この経費精算を総額で認識すべきであると考えられる。

(3) 第三者のために顧客から回収する金額

企業は，顧客から代金を回収した後，第三者に支払う場合がある。典型的なものは，政府機関への支払のために顧客から回収する売上税，付加価値税，消費税のような税金（以下「売上税等」という）である。これらの税金が第三者（政府機関）のために回収されている金額であると考えられる場合，当該金額は取引価格から除く必要があるが（IFRS第15号第47項），その判断にあたっては本人か代理人かの検討が必要となる。

> *PwC's Eyes*
>
> 販売ではなく製造を基礎とした税金は，通常，顧客ではなく販売者（製造業者）に賦課されるものと考えられる。そのため，自らの製造活動を基礎とした税金を支払う義務を有する企業は，通常，当該税金に関して本人であるとされ，その支払額は収益に影響させずに営業費用として計上する。
>
> 実務上，企業は，法域ごとに，税金の特徴や税法を検討して，自らが納税義務を負っているのか，あるいは税金が顧客に賦課されているのかを判断する必要がある。

> *Short Break* FASBにおける売上税等の取扱い
>
> 現行の米国会計基準は，顧客から回収した税金を総額（収益と費用として）または純額で表示する会計方針の選択を企業に認めているため，特に米国の利害関係者より，検討作業の増加に対する懸念が寄せられていた。
>
> これを受けて，FASBは，2016年5月に公表されたASU2016-12「顧客との契約から生じる収益（トピック606）：狭い範囲の改善および実務上の便法」において，会計方針の選択として，すべての売上税等を純額で表示する実務上の便法を任意で選択することを認めている。
>
> 一方，IASBにおいては，現行のIFRSで売上税を総額と純額のいずれで表示するかの評価がすでに要求されているため，この実務上の便法を提供しないことを2016年4月に公表された修正基準「IFRS第15号の明確化」で決定している。

第4章 追加の財またはサービスに対する顧客のオプション

　顧客との契約においては，追加的な財またはサービスを無料で（または値引価格で）取得するオプションが顧客に付与される場合がある。そのようなオプションが契約における独立の履行義務となるのは，当該契約を締結しなければ顧客が受け取れない「重要な権利」を顧客に提供する場合である。本章では，顧客のオプションが「重要な権利」となるのはどのような場合か，また，その場合の具体的な会計処理について解説する。

1．重要な権利となる顧客のオプション

(1) 対象となる顧客のオプション

　本章で扱うのは，顧客との契約において，追加的な財またはサービスを，将来，無料または値引価格で取得する顧客のオプションである。これは，例えば，販売インセンティブ，ポイント，契約更新オプションなどの形態をとる場合がある。また，数量値引も，このような顧客のオプションの形態の1つである。

　ただし，販売インセンティブの中でも，現金を顧客に与えるようなインセンティブである場合は，顧客のオプションではなく，取引価格の減額として会計処理の検討を行う（第Ⅱ部第3章5．「顧客に支払われる対価」（105頁）参照）。販売インセンティブが，実質的に現金によるものかどうかについては，実態を踏まえて判断が必要となる場合がある。数量値引および取引価格の減額については第Ⅱ部第3章2．「変動対価」（80頁）を参照。

(2) 重要な権利

　契約において付与するオプションが，当該契約を締結しなければ顧客が受け取れない重要な権利を顧客に提供する場合には，顧客は実質的に将来の財またはサービスに対して企業に前払いをしていると考えられる。このような場合に，顧客のオプションを契約における履行義務として取り扱い，その将来の財またはサービスの移転時，またはそのオプションの消滅時に収益を認識する（IFRS第15号B40項）。IFRS第15号では，その地域または市場において，いずれの顧客にも通常与えられる範囲の値引きに対して，ある顧客階層に与えられる増分となる値引きが例として挙げられている。

　将来において顧客がオプションを行使することによって生じる追加的な対価は，たとえ顧客が追加的な財またはサービスを購入する可能性が高いもしくはほぼ確実と経営者が判断していたとしても，現時点での契約における取引価格には含めない。顧客が将来追加的な購入を行うことが法的に強制可能である場合を除き，経営者は現時点での契約における約束として将来の購入に関する見積りを含めてはならない。

　また，顧客が，追加的な財またはサービスの独立販売価格を反映する価格で購入するオプションを有している場合は，単なる購入機会の提供にすぎず，重要な権利には当たらない。これは，そのオプションが以前の契約を締結した場合にしか得られない権利であっても同様である（IFRS第15号B41項）。

PwC's Eyes

　契約の締結時においては，追加的な財またはサービスの独立販売価格を反映する価格での購入オプションであったとしても，当該財またはサービスの価格が今後上昇することが見込まれる場合がある。このような場合には，そのオプションを将来行使することによって受け取る追加的な財またはサービスが重要な権利となる可能性があると考えられる。

　オプションが顧客にとって重要な権利となるかどうかを評価するにあたっては，判断が要求される。権利が累積していくかどうか（例えばロイヤルティ・ポイント）など，定性的な要因と定量的な要因の両方を考慮すべきである。企業は，関連する取引（対象となる取引において受け取った

権利の価値合計を含む），過去の取引から累積された権利，およびその顧客との将来の取引から見込まれる追加的な権利を考慮しなければならない。

また，企業は，顧客に提供される将来の値引きが，同じ階層の顧客に通常与えられる範囲の値引きを上回るかどうかについても考慮する必要がある。仮に顧客が対象となる取引を行わなかったとしても同じ値引きを受けることができる場合には，将来の値引きは重要な権利を提供していないと考えられる。この評価に用いられる「顧客の階層」には，過去に同様の購入を行っていない同等の顧客（例えば，同じ地域または市場にいる顧客）が含まれるべきである。例えば，もしある小売店がテレビを購入した顧客に対して将来の購入から50％の値下げを提供している場合，それがその小売店でテレビを購入しなかった顧客に対して提供されている値引きと比べて追加的な値引きとなっているかどうかを評価する必要がある。

顧客のオプションがどのような場合に重要な権利となるかについて，次の**ケーススタディⅢ－4－1**で検討を行う。

ケーススタディⅢ－4－1 ▶顧客のオプション―重要な権利を提供しないオプション

前　提

企業Aは，ある製造業者に機械および200時間のコンサルティング・サービスを60百万円で提供する契約を締結している。独立販売価格は，機械が55百万円，コンサルティング・サービスは1時間当たり50千円である。機械とコンサルティング・サービスは別個のものであり，それぞれ独立の履行義務として会計処理される。

また，企業Aはこの製造業者に対し，今後14日間，追加で10時間のコンサルティング・サービスを独立販売価格の10％割引である1時間当たり45千円の料金で購入できるオプションを提供している。企業Aは，同じ時期に，すべての顧客に販売促進キャンペーンの一環としてコンサルティング・サービスの10％割引を提供している。

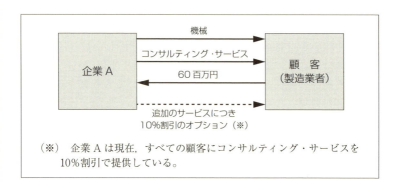

ポイント

企業Aが提供する追加のコンサルティング・サービスを10％割引で購入できるオプションは重要な権利に該当するか否かを検討する。

考え方

この10％割引で追加購入できるオプションは重要な権利には該当しないと考えられる。

今後14日間提供される10％割引は、この機械を購入しなかった同様の顧客に提供されるコンサルティング・サービスの独立販売価格を反映するため、類似の顧客に提供される割引を超過する増分ではないからである。このオプションは、顧客が、追加的な財またはサービスを、独立販売価格を反映した金額で購入できる機会を提供するにすぎない。そのため、このオプションは、顧客が行使した時点で会計処理される。

日本基準の実務における取扱い

日本基準では、追加的な財またはサービスに対する顧客のオプションに関する一般的な定めはない。このような制度に関する会計処理の考え方としては、以下の2つが実務上考えられる。

1つは、付与したオプションと将来の財やサービスとの交換を、元となった当初売上取引の構成要素として取り扱わず、むしろ顧客への財またはサービスの販売促進に資する別個の取引として取り扱う考え方である。この考え方によれば、収益を当初売上取引額の総額で認識するとともに、将来、オプションと交換される財またはサービスを販売費及び一般管理費として見積もり、負債計上することとなる。

もう1つは，付与したオプションと将来の財やサービスとの交換を，元となった当初売上取引において，値引きやリベートと同様に考慮すべき販売条件の1つとして捉える考え方である。この考え方によれば，実質的には当初販売対価の一部減額が将来交換される財またはサービスの対価の前受金という性格を有するため，売上高から控除するとともに前受金として繰り延べることになる。

ケーススタディⅢ－4－2 ▶顧客のオプション──重要な権利を提供するオプション

前提

小売店Bは，Bの店舗で10千円分購入するごとに，ロイヤルティ・プログラム1ポイントを顧客に付与している。ロイヤルティ・プログラムの加入者は，たまったポイントを使用して，小売店Bが販売する商品と無料で交換することができる。過去の経験に基づくと，顧客はポイントをためて，無料の商品と交換することが多い。

顧客は小売店Bから50千円で商品を購入して，5ポイント付与されるとする。小売店Bは，ポイントが使用される確率に基づいて，1ポイント当たり200円（つまり，5ポイント付与ごとに1千円）が独立販売価格であると見積もっている。

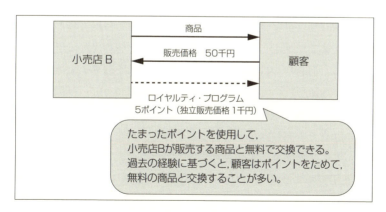

ポイント

このロイヤルティ・プログラムのポイントは重要な権利を顧客に提供しているか。

> 考え方

　この例では，ロイヤルティ・プログラムのポイントは顧客に重要な権利を提供していると考えられる。
　この取引で付与される5ポイントはそれだけでは重要でないかもしれないが，ポイントがたまると，顧客が無料で商品をもらう権利を得ることができる。したがって小売店Bは，この取引から生じる収益のうち一部を，ロイヤルティ・プログラムのポイントに配分したうえで，ポイントが使用された時かポイントの有効期限が切れた時に収益として認識しなければならない。

> 日本基準の実務における取扱い

　上記ケーススタディⅢ－4－1に記載のとおり，日本基準では，追加的な財またはサービスに対する顧客のオプションに関する一般的な定めはない。

2．重要な権利となる顧客のオプションの会計処理

(1) 顧客のオプションへの取引価格の配分
① 独立販売価格の決定

　顧客のオプションが重要な権利として契約における履行義務となる場合，第Ⅱ部第4章「ステップ4：取引価格を契約における履行義務に配分する」（109頁）で解説したとおり，当該オプションへ取引価格を独立販売価格の比率で配分する必要がある。このときに，そのオプションについて，直接的に観察可能な独立販売価格がある場合には，これを用いることになる。しかし，顧客のオプションは独立で販売されていないことが多く，たとえ独立で販売されている場合であっても割増価格で販売されていることも考えられ，調整せずに用いることは不適切であると考えられる。したがって，多くの場合は，顧客のオプションの独立販売価格が直接に観察可能でない場合にあたり，見積もることが必要となる。この場合，その見積りは，顧客がそのオプションの行使時に得るであろう値引きを次の両方について調整したものを反映しなければならない（IFRS第15号B42項）。

(a) 顧客がオプションを行使することなしに受けることのできる値引き
(b) そのオプションが行使される可能性

上記(a)の調整を行うことにより，他の顧客でも受けられる値引きが除外され，顧客のオプションを提供された顧客だけが受けられる増分だけが見積りに反映されることになる。また，上記(b)の調整を行うことで，予想されるオプションの非行使部分だけ独立販売価格が減額され，将来において充足すると見込まれる履行義務にのみ取引価格が配分されることとなる。なお，非行使部分については，本章5.「顧客の未行使の権利」（229頁）にて後述する。

上記2点の調整につき，次の**ケーススタディⅢ－4－3**により解説する。

ケーススタディⅢ－4－3 ▶ 顧客のオプション──重要な権利となるオプション

前　提

小売店Cは，顧客に対して契約上の取引価格100千円で商品を販売する。また，小売店Cは，この商品販売時に，その後90日間における追加的な商品の購入に対して60％の値引きを受けることができるクーポンを顧客に渡す。小売店Cは，同じ期間において，販売促進キャンペーンの一環で，ほかの全顧客に対しては10％の値引きを提供している。小売店Cの見積りによれば，クーポンを受け取った顧客のうち約75％が，追加的な商品を約40千円（値引き後の平均）で購入するために利用している。

小売店Cは，このクーポンによってもたらされる顧客のオプションをどのように会計処理すべきか。

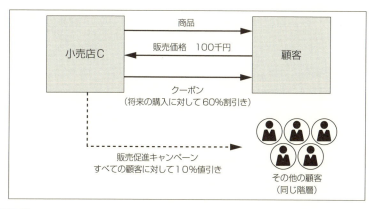

ポイント

このクーポンが顧客にとって重要な権利となるかどうか検討する。

> **考え方**
>
> 　このクーポンは顧客にとって重要な権利となるため，小売店Cは独立した履行義務としてこのオプションを会計処理しなければならない。
>
> 　クーポンによる値引きは，同じ期間において，同じ階層の顧客に対して提供された10%の値引きと比較しても追加的なものである。そのため，実質的には，顧客は将来の財またはサービスの購入に対して，小売店Cに一部代金を前払いしているものとみなすことができる。この顧客のオプションの独立販売価格は，追加的な商品の見積平均購入価格（40千円）に追加的な値引き率（50%）とクーポンが利用される確率（75%）を掛け合わせることにより，15千円と計算される。独立販売価格の比率に基づいて取引価格全体からクーポンに対して配分される金額については，クーポンが利用される時（すなわち，追加的な商品が購入される時）か有効期限が切れる時に収益として認識されることになる。

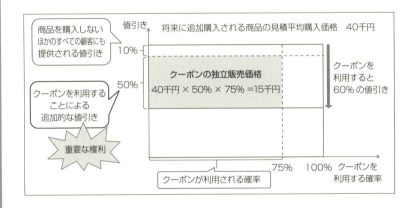

> **日本基準の実務における取扱い**
>
> 　上記ケーススタディⅢ－4－1に記載のとおり，日本基準において顧客のオプションについての一般的な定めはない。

② 独立販売価格の具体的な見積方法

　顧客オプションの独立販売価格の見積りについて具体的な方法は記載されていないため，見積りに際しては判断が必要となる。例えば，オプション価格モデルを用いることによって，そのオプションから生じる貨幣の時間価値を考慮することも考えられる。

また，多くの場合，そのオプションの行使時期は顧客の裁量によって決定されるため，重大な金融要素を考慮する必要はない。しかし，そのオプションの行使時期が顧客の裁量によって決定されない場合（例えば，そのオプションが1年を超える特定の日にしか行使できない場合）には，そのオプションに重大な金融要素が存在する可能性がある。重大な金融要素については第Ⅱ部第3章3.「契約における重大な金融要素」（96頁）を参照。

(2) 顧客のオプションによる履行義務の充足

企業は，顧客のオプションによる重要な権利（履行義務）の対象となっている将来の財またはサービスが移転した時，またはそのオプションが消滅した時に，当該履行義務に配分された収益を認識する（IFRS第15号B40項）。なお，顧客のオプションについて，顧客の非行使部分が生じた場合の会計処理方法は，本章5.「顧客の未行使の権利」（229頁）で解説する。

> **Short Break　重要な権利の行使時の会計処理**
>
> IFRS第15号では，重要な権利が行使されて将来の財またはサービスが移転した時における会計処理を明示していない。2015年3月のTRGでは，これを当初の契約の継続とみなして将来の財またはサービスの取引価格に含めるか，契約変更として会計処理を行うか（第Ⅱ部第1章「ステップ1：顧客との契約を識別する」（30頁）を参照）が議論された。
>
> TRGのメンバーは，オプションの行使を契約の継続とみなすアプローチをおおむね支持したものの，企業がどちらのアプローチを適用することも合理的であるというスタッフの見解に合意した。TRGメンバーは，企業による当ガイダンスの解釈は類似する取引に首尾一貫して適用されなければならないと考えている。なお，本件に関しては，IASB等における審議は予定されていない。

3．ポイント等の付与に関する会計処理

(1) 重要な権利となるポイント等の態様

追加の財またはサービスに対する顧客のオプションの一環として，顧客が財やサービスを購入した際に一定のポイントを付与し，顧客が一定の条件を満た

すことを条件にそのポイントと交換に財またはサービスを無料または割引額で購入できるような制度（カスタマー・ロイヤルティ・ポイント）を導入している場合がある。また，必ずしも「ポイント」という名称が使われていなくても，このような顧客のオプションに該当する場合がある。例えば，航空会社のフライトを利用することで付与される「マイレージ」なども，顧客のオプションの一態様となりうる。

このようなポイント等の交換方法にはさまざまなものがあり，それぞれに応じて会計処理を検討する必要がある。以下(2)では，顧客のオプションの態様としてポイント等が利用される場合の交換方法に応じた会計処理の留意点を解説する。

(2) 交換方法ごとの会計処理

① すべてのポイント等が発行企業により交換される場合

企業が発行したポイント等が当該企業（発行企業）自身によって交換される場合は，ポイントが利用されて対象の財またはサービスが移転されるか，もしくは，ポイントが失効した時に収益を認識することになる（なお，非行使部分については，本章5．「顧客の未行使の権利」（229頁）を参照）。

また，ポイント等の会計処理を検討するにあたっては，第3章「本人／代理人取引」（200頁）で解説したとおり，企業は自身が本人か代理人かの判定を行うことが必要となる。企業が発行したポイント等が当該企業自身によって交換される場合は，通常，財またはサービスの販売とポイントによる重要な権利の双方について，企業が本人であると判断することになると考えられる。

② すべてのポイント等が発行企業以外により交換される場合

すべてのポイントが発行企業以外により交換される場合，発行企業は，ポイントを提供するという約束が充足された時に収益を認識する一方で，対象となる財またはサービスとポイントを交換する当事者に対して支払うと見込まれる金額について負債を計上することになる。

このようなポイント等の会計処理を検討するにあたって，企業は，自身がポイント等に関連する取引において本人か代理人かの判定を行う。他方自らが代

理人であると判定された場合には，ポイントに関連する履行義務は，顧客が財またはサービスを本人から受け取る時期を待たずに，当該ポイントが顧客に移転される時点で充足されるものと考えられる（IFRS第15号 BC383項）。

次の**ケーススタディⅢ－4－4**では，企業が代理人とされた場合における具体的な会計処理を解説する。

ケーススタディⅢ－4－4 ▶顧客のオプション─発行企業以外により交換されるマイレージ

前提

企業Dは，ある航空会社と提携して，企業Dから購入した商品100円につき，この航空会社の航空券にのみ引換可能なマイレージを1マイル付与するプログラムを顧客に提供している。1マイルの独立販売価格は1円である。企業Dは，マイレージが航空券に交換されるごとに航空会社に1マイルにつき0.9円を支払う。

企業Dは，当期に合計100百万円の商品を販売し，顧客にマイレージを1百万マイル付与した。企業Dは，この発行済マイレージに対して，独立販売価格の比率により，取引価格のうち1百万円を配分した。IFRS第15号に従い，企業Dは自らをこの取引における代理人であると結論付けている。

企業Dは，顧客に発行したマイレージをどのように会計処理すべきか。

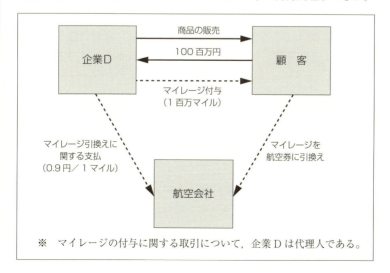

※ マイレージの付与に関する取引について，企業Dは代理人である。

> ポイント
> 企業Dが代理人である場合に，マイレージに係る履行義務は，いつ充足されるか交換方法に着目して会計処理を検討する。

> 考え方
> 企業Dは，自らを取引における代理人であると結論付けているため，認識すべき収益の額は，マイレージに配分された取引価格（1百万円）と航空会社に対し支払われる900千円の純額である100千円である。企業Dは顧客にマイレージを提供する約束を果たしていることから，100千円の収益が認識されるのは，顧客にマイレージが付与された時，すなわち顧客が企業Dから商品を購入した時となる。

> 日本基準の実務における取扱い
> 上記ケーススタディⅢ－4－1のとおり，日本基準では，追加的な財またはサービスに対する顧客のオプションに関する一般的な定めはない。実務上は，マイレージについては，将来のマイレージとの交換に要すると見込まれる金額を引当金として計上する等の会計処理が考えられる。

③ ポイント等が発行企業または発行企業以外の当事者のいずれかにより交換される場合

ポイントが発行企業または発行企業以外の当事者のいずれかにより交換される場合，企業は，顧客によるポイントの交換にあたり，自らの財またはサービスを移転した時，履行義務（待機義務を含む）を発行企業以外の当事者に移転した時，または，ポイントが失効した時に収益を認識することになる。したがって，ポイントに関連する履行義務が具体的にいつ充足されるのかを決定するにあたっては，発行企業は自らの履行義務の性質を考慮することが必要となる。

さらに，顧客が発行企業以外によるポイントの交換を選択した場合において，発行企業がその取引における本人か代理人かのいずれに該当するかを検討することとなる。発行企業が代理人に該当する場合には，当該企業は収益を純額で認識することとなる。

以下のケーススタディⅢ－4－5で，履行義務の性質に応じた具体的な会計処理を解説する。

ケーススタディⅢ－4－5 ▶ 顧客のオプション―発行企業または発行企業以外による交換が選択可能なポイント

前 提

企業Ｅは，あるホテルと提携して，顧客が企業Ｅから購入した商品100円につき，ホテルの施設での宿泊，または企業Ｅでの将来の購入値引きと交換可能なポイントを１点付与するプログラムを顧客に提供している。見積独立販売価格の比率でポイント１点に配分された取引価格は，１円である。

企業Ｅは，当期に合計100百万円の商品を販売し，１百万ポイントを付与した。企業Ｅは，取引価格のうち１百万円を当該ポイントに配分している。顧客がホテルでポイントを交換しないことを選択する場合に備えて，企業Ｅはいつでも財またはサービスを移転できるよう待機しておかなければならないため，ポイントを付与した時点では，企業Ｅは履行義務を充足していないと結論付けている。

企業Ｅは顧客に付与したポイントをどのように会計処理すべきか。

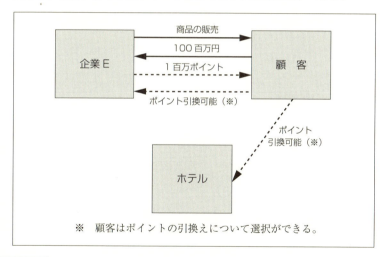

ポイント

交換方法の選択が可能な場合に，ポイントに係る企業Ｅの履行義務がいつ充足されるかに留意して検討する。

> **考え方**
>
> 　企業Eは，ポイントを付与した時点ではその履行義務を充足していないため，この時点で当該ポイントに配分された1百万円について収益を認識すべきではない。したがって，企業Eは，顧客が企業Eでポイントを交換した時，顧客がホテルでの宿泊を選択したことにより企業Eの待機義務がなくなって履行義務を充足した時，または，ポイントの失効時に，収益を認識すべきである。
>
> 　なお，顧客がホテルでのポイント交換を選択する場合，企業Eは，この取引において自らが本人か代理人かを評価し，収益を総額もしくは純額表示することが適切なのかを検討する必要がある。
>
> **日本基準の実務における取扱い**
>
> 　日本基準では，追加的な財またはサービスに対する顧客のオプションや本人か代理人かの検討（収益の総額表示・純額表示）に関する一般的な定めはない。実務上は，ポイントについては，顧客への商品の販売時にその価格により全額を収益認識し，将来のポイントとの交換に要すると見込まれる金額を別途引当金として費用を計上する実務が見受けられる。

4．更新または解約オプション

(1) 更新または解約オプションの態様

　更新オプションとしては，例えば，2年契約を締結しているが，顧客が希望した場合には，当初の契約と同じ条件で契約期間を1年延長し，契約期間を合計3年とできる場合が挙げられる。また，契約期間が複数年にわたる契約を締結しているが，1年ごとに顧客による解約が可能となるオプションが付いているような契約も，実質的に，契約期間を延長するような更新オプションと同じ経済効果を有する場合がある。

　このような更新オプションについては，他のオプションと同様，重要な権利に該当するか否かを検討することとなる。

　重要な権利に配分するための独立販売価格の算定，および，前払報酬のうち重要な権利に帰属する部分を認識するための期間の決定を行うには，判断を要する。企業が重要な権利に配分する金額，および，その金額を収益認識する期

間を見積もる際に考慮される要因としては,以下のようなものが含まれる。
- 過去のデータ(現在の要因を反映するために調整された)
- 予想更新率
- 予算
- 市場調査
- 取決めの価格条項の設定に利用されたデータ
- 取決めの交渉期間中または期間後の顧客との協議事項
- 特にサービスが同質な場合における産業データ

(2) 見積りの実務的代替

顧客のオプションにより重要な権利が提供される場合,本章2.「重要な権利となる顧客のオプションの会計処理」(218頁)のとおり,企業は原則として当該オプションの独立販売価格を見積もり,取引価格の配分を行うことになる。しかし,そのオプションの対象となる財またはサービスが契約の中の当初の財またはサービスと類似しており,かつ,当初の契約の条件に従って提供される場合には,企業は,独立販売価格の見積りの実務的代替として,提供すると予想される財またはサービスおよびそれに対応する予想対価を参照して,取引価格を当該オプションに係る財またはサービスに配分することができる(IFRS第15号 B43項)。

> *PwC's Eyes*
>
> この実務的代替の適用対象は必ずしも更新オプションに限られてはいないが,他のオプションの場合,対象となる財またはサービスが当初と異なっていたり,価格設定が異なっていたりすることから,実務的代替の適用要件を満たさないことが多く,通常は更新オプションについて適用されると考えられる。

以下の**ケーススタディⅢ-4-6**で,この実務的代替について解説する。

ケーススタディⅢ-4-6 ▶ 顧客のオプション―更新オプションへの実務的代替の適用

前 提

企業Ｆは，住宅設備販売業者との間で，12か月間，温水浴槽を１台300千円で販売する（販売台数の限定はない）契約を締結する。住宅設備販売業者は，当初の12か月が経過した時点で，追加で12か月間，当初の契約と同じ製品および同じ条件で契約を更新するオプションを有している。企業Ｆは，通常，対象製品について，毎年15％の値上げをしている。

企業Ｆは，この更新オプションをどのように会計処理すべきか。

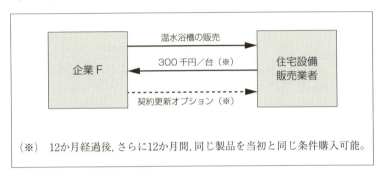

ポイント

重要な権利について実務的代替を用いた場合の会計処理を検討する。

考え方

契約が更新された場合，住宅設備販売業者には類似の顧客よりも安い価格が提示されることになるため，この更新オプションは住宅設備販売業者にとって重要な権利を表していると考えられる。ここで，更新オプションの対象は当初の契約と同じ温水浴槽であり，かつ，条件も当初の契約と同じであるため，企業Ｆは実務的代替を適用することができる。その場合，企業Ｆは，当初契約期間および更新期間を合わせた24か月間に300千円で販売すると見込まれる温水浴槽の合計台数に対して取引価格を配分する。

なお，実務的代替を用いない場合は，この更新オプションの独立販売価格を見積もり，当初契約期間である12か月間に販売すると見込まれる温水浴槽の独立販売価格との比率に基づき，温水浴槽と更新オプションのそれぞれに対して取引価格を配分することになる。

> 日本基準の実務における取扱い

上記ケーススタディⅢ－4－1のとおり，日本基準では，追加的な財またはサービスに対する顧客のオプションに関する一般的な定めはない。実務上は，更新オプションを特に考慮せずに，温水浴槽の販売にあわせて売上高を計上することが考えられる。

5．顧客の未行使の権利

(1) 未行使の権利が生じる状況

企業が財またはサービスを顧客に移転する前に顧客が前払いを行った場合，顧客は，将来において財またはサービスを受け取る契約上の権利が生じる。しかし，顧客は必ずしも契約上の権利のすべてを行使しない場合がある（この未行使の権利は，しばしば非行使部分と呼ばれる）。例えば，販売インセンティブが存在する場合やポイントプログラムが存在する場合などに，このような状況が生じうる。また，ギフトカードを販売する場合も，通常，そのすべてが財またはサービスに交換されることにはならないため，非行使部分が生じうる。

(2) 未行使の権利の会計処理

企業は，顧客から前払いを受け取った時に，将来において財またはサービスを移転する（または移転するために待機する）という履行義務に対応する契約負債を，前払いの金額により認識する（IFRS第15号B44項）。しかし，企業が，認識した契約負債の中に非行使部分が存在し，この非行使部分の金額に対する権利を得ると見込んでいる場合には，見込まれる非行使部分の金額を，顧客が行使する権利のパターンに比例して収益として認識する（IFRS第15号B46項）。

以下の**ケーススタディⅢ－4－7**において，ギフトカード（前払報酬）および顧客のオプション（ロイヤルティ・プログラム）における非行使部分の会計処理を解説する。

ケーススタディⅢ-4-7 ▶ 非行使部分—ギフトカードの販売

前 提

レストランを営む企業Gは，20X1年度に1枚当たり5千円のギフトカードを1,000枚，合計5,000千円販売した。企業Gは，過去の経験から，販売済みギフトカードのうち10%である500千円分が非行使部分になると見込んでいる。

20X2年度において，企業Gのギフトカードは2,250千円使用された。

企業Gは，20X2年度に収益をいくら認識すべきか。

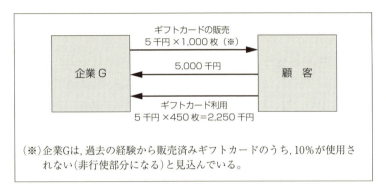

(※)企業Gは，過去の経験から販売済みギフトカードのうち，10%が使用されない（非行使部分になる）と見込んでいる。

ポイント

見込まれる非行使部分の会計処理を検討する。

考え方

使用されたギフトカードの金額2,250千円と，非行使部分に関する250千円を合計した，2,500千円を収益として認識すべきである。非行使部分に関する収益250千円は，顧客が行使する権利のパターンに比例して，20X2年度における使用金額2,250千円と最終的な使用見込額である4,500千円（5千円×1,000枚×90%）の比率50%を500千円に掛け合わせることで算定される。

日本基準の実務における取扱い

日本基準では，非行使部分の取扱いに関する一般的な定めはない。日本基準における実務では，商品券等については，顧客から事前に対価を受領する時に前受金等の負債を認識して，商品等を提供した段階で負債の認識を中止して収益を認識する。未行使のまま残存している負債については，税法等の規定に従い，一定期間経過後に認識を中止して収益を計上しているものと考えられる。その後，必要に応じて引当金を計上する場合もある。

第4章　追加の財またはサービスに対する顧客のオプション　231

　また，重要な権利となる顧客のオプションの場合には，取引価格の配分に必要となるオプションの独立販売価格の見積りにおいて，オプションが行使される可能性を調整する（IFRS第15号B42項）。具体的には，独立販売価格の算定にあたって非行使部分に対応する減額を行い，これをもとに取引価格を配分することで，充足されると見込まれる履行義務のみに取引価格が配分され，認識される収益額から非行使部分の影響が除外されることとなる。

　企業が非行使部分の金額に対する権利を得ると見込んでいない場合には，企業は見込まれる非行使部分の金額を，顧客が残りの権利を行使する可能性がほとんどなくなった時に収益として認識しなければならない（IFRS第15号B46項）。企業が非行使部分の金額に対する権利を得ると見込んでいるかどうかを決定するために，変動対価の見積りの制限に関する要求事項を考慮しなければならない（第Ⅱ部第3章2．「変動対価」（80頁）を参照）。

　なお，受け取った対価のうち顧客の未行使の権利に帰属するもので，法律に従って企業が他の当事者（例えば，政府機関）への送金を要求されるものがあれば，収益ではなく負債を認識しなければならない（IFRS第15号B47項）。

　以下の**ケーススタディⅢ－4－8**では，顧客のオプションにおける非行使部分の会計処理について解説する。

ケーススタディⅢ－4－8▶権利の非行使部分―ポイントの付与

前提

　企業Hは，宿泊料2,500円ごとに2ポイントを顧客に付与し，1ポイントにつき将来の宿泊への値引き100円と交換することができるプログラムを有している。20X1年度に，顧客は宿泊に100,000千円を支払った結果，80,000ポイントが顧客に付与されている。顧客に請求される金額はプログラム会員かどうかにかかわらず同じであり，20X1年度の宿泊の独立販売価格は100,000千円である。企業Hは，付与されたポイントの75％が交換されると見積もっている。したがって，企業Hは，交換の発生可能性を考慮し，独立販売価格を1ポイント当たり75円（合計6,000千円）と見積もっている。企業Hは，このポイントは，契約を締結していなければ受け取ることができないことから，顧客に重要な権利を与えるものであり，顧客に提供されるポイントは独立の履行義務であると結論付けている。

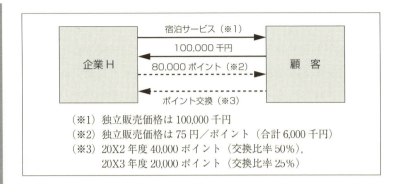

　顧客は20X2年度中に40,000ポイントを交換した。企業Hは，最終的には，合計60,000ポイントまで交換されると見込んでいる。

　20X3年度において，企業Hは，交換されるポイント合計の見積りを60,000ポイントから70,000ポイントに増加させた。顧客は20X3年度中に20,000ポイントを交換した。

　企業Hは，20X1年度，20X2年度および20X3年度の各期において，このポイントプログラムをどのように会計処理すべきか。

ポイント

　重要な権利となる顧客のオプション（ポイント）および見込まれる非行使部分の会計処理を検討する。

考え方

1．20X1年度の会計処理

　　企業Hは，取引価格100,000千円を，独立販売価格の比率に基づき，以下のように宿泊およびポイントに配分する。

履行義務	計算式	配分額
宿泊	100,000千円×（100,000千円／106,000千円）	94,340千円
ポイント	100,000千円×（6,000千円／106,000千円）	5,660千円
取引価格合計		100,000千円

　　企業Hが顧客に付与したポイントについて，取引価格を配分した結果，5,660千円の契約負債を認識する。

2. 20X2年度の会計処理

企業Hは，20X2年度中に交換されたポイントについて，以下のような計算により，3,774千円の収益を認識する。

交換されたポイントの累積合計		40,000
交換が見込まれるポイント合計	÷	60,000
20X1年にポイントに配分した取引価格	×	5,660千円
認識すべき収益の累計額	=	3,774千円

企業Hは，交換されると見込まれる残余ポイントに配分される対価として，1,886千円（5,660千円 − 3,774千円）の契約負債を維持することになる。

3. 20X3年度の会計処理

企業Hは，20X3年度中に交換されたポイントについて，以下のような計算により，1,078千円の収益を認識する。

交換されたポイントの累積合計		60,000
交換が見込まれるポイント合計	÷	70,000
20X1年にポイントに配分した取引価格	×	5,660千円
認識すべき収益の累計額	=	4,852千円
控除：20X2年度に認識された収益	−	3,774千円
20X3年度に認識すべき収益	=	1,078千円

残余の契約負債808千円（5,660千円 − 4,852千円で算定。当初，ポイントに配分された金額の7分の1となる）は，未行使ポイントが交換された時点または有効期限切れとなった時点で収益として認識される。

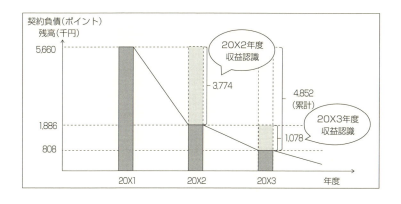

|日本基準の実務における取扱い|

　日本基準では，追加的な財またはサービスに対する顧客のオプションや非行使部分の取扱いに関する一般的な定めはない。日本基準における実務では，商品券等については，顧客から事前に対価を受領する時に前受金等の負債を認識して，商品等を提供した段階で負債の認識を中止して収益を認識する。顧客への商品の販売時にその価格により全額を収益認識したうえで，非行使部分を特に考慮することなく，将来のポイントとの交換に要すると見込まれる金額を別途引当金として費用を計上する実務が見られる。

第 5 章　その他の論点

IFRS 第15号は，複雑な契約や特定の状況について会計処理を行う際に，企業をサポートするガイダンスを提供している。IFRS 第15号には，返品権付きの販売，製品保証，返金不能の前払報酬，請求済未出荷契約，委託販売，買戻し契約に対する特定のガイダンスが含まれている。本章では，これらのガイダンスの内容について解説する。

1．返品権付きの販売

(1) 返品権

企業は，顧客に対して購入した製品について返品権を認めている場合がある。すなわち，契約の中には，企業が製品の支配を顧客に移転するとともに，その製品をさまざまな理由で返品して次の組み合わせのいずれかを受ける権利を顧客に付与する場合がある（IFRS 第15号 B20項）。

(a) 支払った対価の全額または一部の返金
(b) 企業に対して負っているまたは負う予定の金額に適用することのできる値引き
(c) 別の製品への交換

また，返品権は，以下のようにさまざまな形式をとりうる。

- 特定の理由により製品を返品する権利
- 製品が陳腐化する場合に製品を返品する権利
- 在庫入替えを行う権利
- 新しいモデルの製品への入替えの際に下取りされる取決め

●ある契約が解除される場合に製品を返品する権利

これらの権利は，契約の中で明確なものもあれば，黙示的なものもある。黙示的な権利は，販売プロセスの過程，法律上で要求される場合，または企業の取引慣行において企業が顧客と合意することによって生じる可能性がある。こうした実務は，一般的に，顧客がリスク（例えば，製品への不満のリスク，技術的なリスク，顧客である流通業者が製品を販売することができないリスク）を軽減すること，あるいは，売手が顧客満足を確保することを要求することを目的として，行われているものである。

また，企業は，返品権として，顧客に過去または将来の購入に対する現金支払額（または売掛金）の全額または一部の返金を受ける権利を付与する場合がある。このような返品権が存在する場合，企業はその会計処理を決定するためには，契約当事者の権利と義務を理解することが不可欠である。

(2) 返品権付きの販売の会計処理

返品権は，独立した履行義務ではないため，移転された財の見積取引価格に影響を与えるものである。収益は，返品されないと見込まれる財に対してのみ認識される。

予想される返品の見積りは，他の変動対価と同様の方法により行われなければならない。この見積りには，「期待値」または「最も可能性が高い金額」（第Ⅱ部第3章2．「変動対価」（80頁）を参照）のいずれかで，より適切な方法を用いて，企業が返金または値引きすると見込んでいる金額を反映させることとなる。予想される返品の見積りが変動する場合には，返品による収益の累計額の重大な戻入れが生じない可能性が非常に高いと見込まれる対価の金額を，取引価格に含める必要がある。

状況によっては，予想される返品が，認識された収益の累計額の重大な戻入れとなる可能性が非常に高いと見込まれる場合がある。このような場合には，企業は，重大な戻入れとならないであろう最小限の収益の金額を含める必要がある。その際，予想される返品を見積もるために，すべての利用可能な情報を考慮する必要がある。

ケーススタディⅢ－5－1で，返品の見積りが変動する場合の会計処理につ

いて解説をする。

ケーススタディⅢ－5－1 ▶ 返品権—流通業者に対する製品の販売

前 提

製造業者である企業Aは，消費者に自社の製品を供給するために流通業者の流通網を利用している。企業Aは，流通業者が当該製品の支配を獲得した日から120日後まで返品することを認めている。企業Aは製品に対してそれ以上の義務を負わず，流通業者は120日経過後は，いかなる返品権も有しない。企業Aは，この流通業者の流通網を通じて販売している新製品の返品水準については不確実性を考慮する必要がある。

企業Aは，自社の製品の収益をどのように認識すべきか。

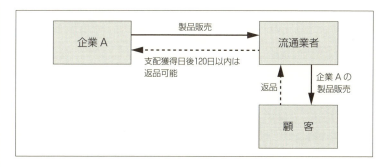

ポイント

当該契約には返品権が含まれているが，この契約において収益の認識時期および金額について，収益の累計額の重大な戻入れに係る制限を考慮して検討する。

考え方

企業Aは，本販売契約の会計処理について，収益の累計額の重大な戻入れが生じない可能性が非常に高い範囲内で，収益を認識する必要がある。企業Aは，過去の情報およびその他の関連する情報に基づいて予想される返品の見積りを評価し，収益の累計額の重大な戻入れがない可能性が非常に高い最小限の水準の金額がある場合，当該販売に対して収益として計上する。

例えば，契約開始時に企業Aが，取引価格に含まれる販売金額の70％について，収益の累計額の重大な戻入れとならないと見込んだ場合，企業Aは，販売金額の70％を収益として計上する。企業Aは，予想される返品の見積りについて，各報告期間末に見直しを行う必要がある。

> **日本基準の実務における取扱い**
>
> 　日本基準では，企業会計原則注解（注18）において，返品調整引当金が引当金の1つとして示されている。業種によっては法人税法で返品調整引当金の設定が認められており，会計上も当初販売時点で予想される返品を含んだ対価の全額で収益を認識するとともに，返品調整引当金を計上している実務がある。また，返品調整引当金が計上される場合，過去の返品実績等に基づき，予想される将来の返品に対応する売上総利益相当額が返品調整引当金として計上される実務もある。この場合，当該引当金の繰入額については，売上総利益の調整として表示される例が見られる。

　企業は，返品権付きの製品を販売する場合，または，返金条件付きのサービスを提供する場合，以下のとおり，収益，返金負債，および資産を認識することとなる（IFRS第15号B21項）。
　①　移転した製品について，企業が権利を得ると見込んでいる対価の金額での収益（対価の金額）
　②　返金負債
　③　返金負債の決済時に顧客から製品を回収する権利についての資産（および対応する売上原価の調整）（返品権）

① 　対価の金額
　企業は，企業が権利を得ると見込んでいる金額，すなわち，見込まれる返品を除外した金額を算定する場合，取引価格の算定に関する要求事項（変動対価の見積りの制限を含む）に従って算定する必要がある（第Ⅱ部第3章2.「変動対価」（80頁）を参照）。

② 　返金負債
　企業は，顧客から受け取った（または受け取る）金額のうち企業が権利を得ると見込んでいない金額については，製品を顧客に移転する時点で収益を認識してはならず，返金負債として認識する（IFRS第15号B23項）。
　返金負債は，顧客へ返金されるため，企業が得ると見込んでいない対価を表

すことになる。返金負債は，各報告期間末に返金の金額に関する見込みの変動を反映させるために再測定し，対応する調整を収益（または収益の減額）として認識しなければならない（IFRS 第15号 B24項）。

③ 返金負債の決済時に顧客から製品を回収する企業の権利についての資産（返品権）

返品される財を回収する権利についての資産は，企業が顧客から財を回収する権利を表す。返品権は，販売時の財の帳簿価額から，財の回収のための予想コスト（当該資産の価値の潜在的な下落を含む）を控除した金額で当初測定を行い，返金負債と区別して表示する（IFRS 第15号 B25項）。資産として認識した後，返金負債が変動する場合や資産の減損を示唆するような状況の変化がある場合には，返品権の認識金額を見直す必要がある（IFRS 第15号 B25項）。

ケーススタディⅢ－5－2では，返金負債と返品権の会計処理について解説する。

ケーススタディⅢ－5－2 ▶返品権―返金負債と返品権

前 提

ゲーム制作会社である企業Bは，販売業者に1パッケージ5,000円のテレビゲームを1,000パッケージ販売する。販売業者は，購入後180日以内であれば，いかなる理由でも全額が返金される返品権を有している。テレビゲームの原価は1パッケージ1,000円である。企業Bは，期待値方式に基づいて，販売したテレビゲームのうち6％が返品され，返品率が6％を超えない可能性が非常に高いと見積もっている。なお，企業Bは，テレビゲームの支配の移転後，一切の義務を負わない。

企業Bは，テレビゲームの販売についてどのように会計処理すべきか。

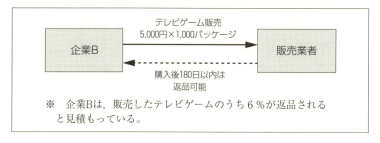

※ 企業Bは，販売したテレビゲームのうち6％が返品されると見積もっている。

> [ポイント]
>
> 当該契約には返品権が含まれているため,収益の累計額の重大な戻入れが生じない可能性が非常に高い範囲内でのみ収益を認識することができるかどうか,また,返金負債および返品権の会計処理を検討する。

> [考え方]
>
> 企業Bは,販売業者にテレビゲームの支配が移転する時点で,4,700千円（5,000円×940パッケージ（＝1,000パッケージ×（100％－6％）））の収益と940千円（1,000円×940パッケージ）の売上原価を認識する必要がある。また,企業Bは,見込まれる返品について60千円（1,000円×60パッケージ（＝1,000パッケージ×6％））の資産,および返金義務について300千円（販売価格5,000円×60パッケージ）の負債を認識する必要がある。
>
> 返品権は,返金負債と区別して表示される。企業Bは,返品権の減損の評価を行い,返品権が減損している場合には,資産の評価額を調整する必要がある。
>
> なお,会計処理を仕訳で示すと,次のとおりとなる。
>
> (単位：千円)
>
> | (借方) | 売 掛 金 | 5,000 | (貸方) | 売 上 高 | 4,700 |
> |---|---|---|---|---|---|
> | | | | | 返金負債 | 300 |
> | (借方) | 売上原価 | 940 | (貸方) | 棚卸資産 | 1,000 |
> | | 返 品 権 | 60 | | | |

> [日本基準の実務における取扱い]
>
> 上記ケーススタディⅢ－5－1に記載のとおりである。

(3) 交換権

契約の中には,顧客に,ある製品を別の製品と交換することを認めているものがある。顧客が,ある製品を同じ種類,品質,状態および価格の別の製品と交換すること（例えば,別の色またはサイズのものとの交換）は,収益認識の目的上は,返品として捉えない（IFRS第15号B26項）。取引価格の調整が行われない場合は,権利の交換となる。

また,正常品と交換に欠陥のある製品を顧客が返金することができる契約は,製品保証であり返品権ではない（IFRS第15号B27項）。製品保証の会計処理に

ついては，以下の2.「製品保証」で説明する。

(4) 返品手数料

　企業は，返品に関連して発生するさまざまなコストを補填するために，顧客に返品時に返品手数料を請求することがある。このコストには，配送手数料，再検査や再梱包などの費用が含まれる。返品手数料は，返品を防止するほか，返品された製品を他の顧客に再販売する際に引き下げる再販価格を企業に補償するものである。

　当該返品手数料がかかる製品の販売は，部分的な返品権付き販売と異なるものではないため，返品権付き販売と同様の会計処理を行うことになるものと考えられる。企業は，返品が見込まれる製品に対し，顧客に返金すると見込む金額，すなわち，製品に支払われた対価から返品手数料を差し引いた金額で，返品負債を認識することになる。この結果，返品手数料は，取引価格に含められるべきものであり，製品の支配が顧客に移転したときに認識される。返金負債を決済する時に企業が製品を回収する権利に対しては，資産が計上される。企業は，返品を見込む製品に係る返品手数料を，製品を回収するためのコストと同様に当該資産の帳簿価額の減額として認識することになるものと考えられる。

2．製品保証

(1) 製品保証の概要と類型

　企業は，一般的に，財の販売またはサービスの提供に関する保証（以下「製品保証」という）を顧客に提供している。製品保証は，契約，法律または企業の取引慣行に従って提供され，その性質は，企業，産業，製品または契約によって大きく異なる可能性がある。この製品保証は，メーカー保証，標準保証，または，標準保証の保証範囲が広がったり，保証期間等が延長されるような拡大保証のようなものがある。製品保証は契約の中に記載されることもあれば，企業の取引慣行または法律上の要求により黙示的な場合もありうる。

　製品保証の中には，関連する製品が合意された仕様に従っていることにより，各当事者が意図したとおりに機能するというアシュアランスを顧客に提供する

ものがある。この場合の製品保証は，既存の欠陥に対する顧客の保護を目的としている。他方，製品が合意された仕様に従っているというアシュアランスに加えて顧客にサービスを提供する製品保証もある。

製品保証は，以下の**図表Ⅲ－5－1**のフローチャートのように3つの類型に区分することができ，それぞれ会計処理は異なる。

(図表Ⅲ－5－1) 製品保証の会計処理

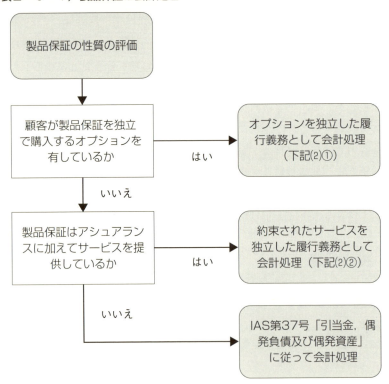

(2) 製品保証の類型別の会計処理
① 顧客が製品保証を独立で購入するオプションを有している場合
顧客が関連する財またはサービスから独立して購入できる製品保証（例えば，製品保証が独立に価格が設定されている，または，交渉される場合）は，独立

した履行義務である。

製品保証が独立したサービスとして販売されるという事実は，製品が契約の仕様どおりに機能することを保証することに加えて，追加的なサービスを顧客に提供することを約束していることを示している。

このような状況では，企業は，約束した製品保証を独立した履行義務として会計処理し，取引価格の一部を製品保証に配分したうえで，製品保証期間にわたって収益を認識する（IFRS 第15号 B29項）。

② 顧客が製品保証を独立で購入するオプションを有していない場合で，製品保証がアシュアランスに加えてサービスを提供している場合

顧客が製品保証を独立して購入できない場合，単一の履行義務として会計処理されるサービスを提供しているかどうかを評価しなければならない。製品保証（または製品保証の一部分）が，製品が合意された仕様に従っているというアシュアランスに加えて顧客にサービスを提供していることがある。この製品保証は，製品の販売時に存在した欠陥製品を購入するリスクから顧客を保護することを超えるサービスを提供するものである。例えば，販売後の期間に生じた損傷，または特定の種類の損害に対して補償するような場合がこれに該当する。製品保証がアシュアランスであるか追加的なサービスであるかの評価には判断が要求される。製品保証で提供されるこうした追加的なサービスは，当該契約における他の財またはサービスとは別個のものであるならば，契約において約束されたサービス，すなわち，独立した履行義務として会計処理される。企業がアシュアランス型の製品保証とサービス型の製品保証の両方を提供しているが，製品保証のサービスの要素とアシュアランスの要素に合理的に区別して会計処理できない場合，企業は，顧客に提供する両方の製品保証を一括して単一の履行義務として会計処理する必要がある（IFRS 第15号 B32項）。

製品保証が，製品が合意された仕様に従っているというアシュアランスに加えて顧客にサービスを提供しているのかどうかを評価する（すなわち，顧客が製品保証を独立で購入するオプションを有していない場合に，製品保証が独立した履行義務として会計処理されるサービスを提供しているかどうか評価をする）際に，企業は次の要因を考慮する必要がある。(IFRS 第15号 B31項)。

- 製品保証が法律で要求されているかどうか——企業が法律で製品保証の提供を要求されている場合，その法律の存在は，約束した製品保証が履行義務でないことを示している。このような要求は，通常，欠陥製品を購入するリスクから顧客を保護するために存在するものだからである。
- 保証対象期間の長さ——対象期間が長いほど，約束した製品保証が履行義務である可能性は高い。そのほうが，製品が合意された仕様に従っているというアシュアランスに加えてサービスを提供している可能性が高いからである。
- 企業が履行を約束している作業の内容——製品が合意された仕様に従っているというアシュアランスを提供するために，企業が特定の作業（例えば，欠陥製品に係る返品の運送サービス）を行う必要がある場合には，その作業は履行義務を生じさせない可能性が高い。

③ 顧客が独立で製品保証を購入するオプションを有していない場合で，製品保証でアシュアランスのみを提供している場合

　顧客が製品保証を独立で購入するオプションを有しておらず，追加的なサービスを提供していない場合，修理または製品の交換により生じた費用は，当初に提供した財またはサービスの追加的コストとなる。したがって，約束した製品保証（または約束した製品保証の一部分）は，IAS 第37号「引当金，偶発負債及び偶発資産」に従って会計処理される（IFRS 第15号 B30項）。

　企業は，法律により，顧客が製品の使用により損害を受けた場合に補償金の支払を義務付けられることがある。例えば，製造業者がある法域で製品を販売する場合，消費者が意図された目的で製品を使用した際に生じる損害については，いかなるものも製造業者が責任を負うとされることがある。このような補償は，IFRS 第15号においては履行義務とはならない。このような事例として，以下の法定の製品保証や製造物責任法に基づく製品保証が挙げられる。

ⅰ．法定の製品保証

　法域によっては，企業は，法律により，販売時から所定の期間内に故障が発生した製品を修理または交換することを義務付けられる場合がある。法定の製

品保証が，販売時に存在する欠陥だけでなく，販売後に発生する故障も対象とする場合，当該製品保証は，一見，サービス型の製品保証のように見える。しかし，所定の期間内に故障が発生した場合に，当該法律により販売時点の製品の欠陥の有無にかかわらず，販売時に欠陥があったと推定されるため，このような法定の製品保証はアシュアランス型の製品保証として会計処理することとなる。

ⅱ．製造物責任法に基づく製品保証

製造物責任法は，通常，顧客が使用している製品から損害が生じた場合だけではなく，企業が販売した製品のいずれか（または複数）が，顧客に危害や損害を与えた場合に企業に補償を義務付けるものである。契約における履行義務は，製品を顧客に移転することであるため，企業は，この製造物責任法に基づく責任から生じる履行義務を認識すべきではない。すなわち，企業は，当該義務を顧客との契約とは区別し，IAS 第37号に従って，製品に欠陥があると見込まれる範囲で当該製品を修理または交換するための予想コストを見積もり，負債を認識することとなる（IFRS 第15号 B33項）。

以下のケーススタディⅢ－5－3では，製品保証がアシュアランスと追加的なサービスのどちらを提供したかの評価について解説する。

ケーススタディⅢ－5－3 ▶製品保証—製品保証が履行義務となるかどうかの評価

前 提

モバイル通信事業会社である企業Cは，顧客との間で，スマートフォンを販売し，製造上の欠陥および顧客事由による損害（例えば，スマートフォンの水没）の両方に対して1年の製品保証を提供する契約を締結した。なお，この製品保証サービスは製造業者・販売業者として直接行うものであり，IFRS 第4号「保険契約」の適用範囲に含まれるものではない。

企業Cは，製品保証についてどのように会計処理すべきか。

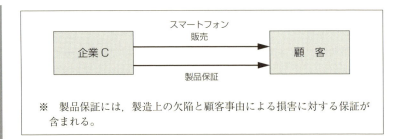

ポイント

企業Cが提供する製品保証が，アシュアランスに加えてサービスを提供しているかを検討し，当該製品保証をどのように会計処理すべきか決定することとなる。

考え方

この契約には次の財またはサービスが含まれる。
- スマートフォン
- 製品保証
- 修理および交換サービス

企業Cは，製造上の欠陥に対する製品保証については，アシュアランスを提供していると考えられるため，履行義務として会計処理を行わず，この義務に関連して生じる修理および交換の予想コストについて，費用および負債を計上する。他方で，企業Cは，修理および交換サービス（すなわち，顧客事由の損害に対する保護）を独立した履行義務として会計処理し，当該履行義務が充足される時に収益を認識することとなる。ただし，企業Cが製品保証と，修理および交換サービスを合理的に区別できない場合には，2つの保証サービスを単一の履行義務としてまとめて会計処理する必要がある。

日本基準の実務における取扱い

日本基準では，製品保証に関する一般的な定めはない。日本基準の実務においては，アシュアランスに加えてサービスを提供している場合でも，それを区別せずに将来発生すると予想されるコストの見積りに対して製品保証引当金を計上する例が実務上見られる。この場合，関連する製品の売上高は全額認識されたままとなっており，通常，製品保証引当金の計上は別途，売上原価等により費用計上されているものと考えられる。

> **PwC's Eyes**
>
> 　1つの契約で標準保証と追加の延長保証サービスの両方を提供する製品保証契約の中には，追加の延長保証サービスを別の履行義務として識別して取引価格を配分する必要があるものの，契約書の文言上では標準保証と追加の延長保証サービスを区別することが困難な場合がある。この標準保証と追加の延長保証サービスが独立して販売されていない場合には，企業は，独立販売価格を見積もり，契約の履行義務に取引価格を配分するプロセスを構築する必要がある。

3．返金不能の前払報酬

(1)　返金不能の前払報酬の概要と会計処理

　契約の中には，企業が契約開始時またはその前後に，返金不能の前払報酬を顧客に課すものがある。業界によっては，このような前払報酬は一般的である。例えば，フィットネスクラブ会員契約の入会手数料，電話通信契約の加入手数料，サービス契約のセットアップ手数料，供給契約の初期手数料などがこれに該当する。企業は，前払報酬を受け取った時点で何らかの収益を認識するかどうかを決定するために，前払報酬が含まれる契約を分析する必要がある。

　このような契約において履行義務を識別するために，企業は，その手数料が約束した財またはサービスの移転に関連しているかどうかを評価する必要がある。多くの場合，返金不能の前払報酬は，企業が契約開始時またはその前後において，契約の履行のために行う必要がある活動に関連するものであるが，その活動は，約束した財またはサービスの顧客への移転をもたらすものではない（IFRS第15号第25項）。むしろ，前払報酬は，将来の財またはサービスに対する前払いであるため，将来の財またはサービスが提供された時に収益として認識される。企業が顧客に契約更新のオプションを付与しており，そのオプションが重要な権利を顧客に提供している場合には，収益認識期間は，当初の契約期間を超えて延長される。

　返金不能の前払報酬が財またはサービスに関連している場合には，企業は，当該財またはサービスを第Ⅱ部第2章「ステップ2：契約における履行義務を

識別する」(58頁) に従って，独立した履行義務として会計処理すべきかどうかを評価する必要がある。

前払報酬の受領時における企業の活動が財またはサービスに関連していない場合には，たとえ当該前払報酬が返金不能であったとしても，その受領時には，いかなる収益も認識されるべきではない。当該返金不能な前払報酬は，取引価格に含まれ，契約における将来の財またはサービスの提供を約束する独立した履行義務に配分される。

以下の**ケーススタディⅢ-5-4**では，独立した履行義務に関連する前払報酬が異なる時点で充足される場合について解説する。

ケーススタディⅢ-5-4 ▶ 返金不能の前払報酬—独立した履行義務に配分された前払報酬

[前 提]

企業Dは，新薬を開発し，ライセンスを供与する契約を製薬会社と締結している。この契約では，製薬会社が新薬の製造販売承認を得るために，企業Dに研究開発サービスを提供することを要求している。企業Dは，契約時に500百万円の前払報酬を受け取っているほか，特定の事象または状況についての条件を達成した場合の研究開発の成功報酬とマイルストーンによる支払を受ける契約となっている。

企業Dは，当該契約には以下の2つの独立した履行義務が含まれていると結論付けた。
● 知的財産のライセンス
● 研究開発サービス

なお，この契約には，その他の一切の履行義務はない。

企業Dは，返金不能の前払報酬をどのように取引価格に配分すべきか。

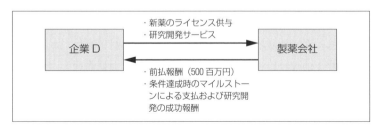

第5章　その他の論点　249

> **ポイント**
> 500百万円の前払報酬の対価を配分する際に固定価格となる報酬と変動対価となる報酬を区分し，配分方法を検討することとなる。

> **考え方**
> 企業Dは，契約開始時に固定対価および変動対価の両方を含む取引価格を算定する必要がある。固定価格となるものは，前払報酬である。変動対価には，研究開発の成功報酬とマイルストーンによる支払が含まれる。この変動対価は，第Ⅱ部第3章2．「変動対価」(80頁)で説明した原則をもとに見積もられる。企業Dは，全体の取引価格の算定後，その金額を2つの履行義務に配分する必要がある。当該取引価格の履行義務の配分方法については，第Ⅱ部第4章「ステップ4：取引価格を契約における履行義務に配分する」(109頁)で詳細に説明している。

> **日本基準の実務における取扱い**
> 日本基準では，返金義務のない前受金等の収益認識に関する一般的な定めはない。日本基準の実務においては，入金時に一括して収益を認識する処理や収益を契約期間にわたって配分する処理が見受けられる。

企業は，返金不能の手数料の一部を契約のセットアップの際に発生したコストの補償として課すことがある。セットアップが顧客へのサービスの移転を表さない場合，履行義務を充足しないため，企業は，履行義務の充足の進捗度を測定する方法としてインプット法を利用しているときに，一定期間にわたる履行義務の進捗度を測定する（第Ⅱ部第5章「ステップ5：企業が履行義務の充足時に（または充足するにつれて）収益を認識する」(124頁) 参照）際に，セットアップの活動および関連するコストについて考慮しない。しかし，特定の要件を満たす場合，契約のセットアップの際に発生したコストは，契約コストとして資産化されることがある（IFRS第15号B51項）。契約コストの資産化の詳細な説明は，第1章「契約コスト」(154頁)を参照のこと。

(2) 更新オプションが存在する場合の前払報酬の会計処理

前払報酬および更新オプションを含む契約においては，顧客が契約を更新する場合に，企業が，更新時に顧客に改めて支払を求めない場合や支払が割り引

かれる場合がある。このような契約における更新オプションは，第4章「追加の財またはサービスに対する顧客のオプション」（213頁）で説明したとおり，場合によっては，重要な権利を顧客に提供することになる。重要な権利は独立した履行義務であるため，企業が重要な権利を顧客に提供する場合，重要な権利の独立販売価格を算定し，取引価格の一部を重要な権利に配分する必要がある。このような更新オプションの独立販売価格を見積もることの実務的代替（IFRS第15号B43項）として，予想される対価を参照して，原契約と更新オプションに前払報酬を配分することができる。

以下の**ケーススタディⅢ－5－5**では，前払報酬と更新オプションの会計処理を解説する。

ケーススタディⅢ－5－5 ▶ 返金不能の前払報酬──フィットネスクラブの入会金

前提

企業Eはフィットネスクラブを運営している。企業Eは，同社の運営するどのフィットネスクラブでも1年間利用できるという契約を顧客と締結している。顧客は，年会費60,000円および返金不能な入会金150,000円を支払う必要がある。入会金の一部は，企業Eが顧客の登録等の当初の手続に要する費用を補償するためのものである。顧客は1年ごとに契約を更新可能で，年会費60,000円を支払う必要があるが，再度入会金を支払う必要はない。顧客が自分の会員権を失効させてしまった場合には，再び入会金を支払わなければならない。

企業Eは，入会金および年会費をどのように会計処理すべきか。

ポイント

返金不能な入会金が重要な権利に該当するかどうかを検討したうえで，その会計処理を検討する。

> 考え方

　顧客は，契約を更新する場合には入会金を支払う必要がないため，重要な権利が与えられている。ここでの重要な権利とは，新規に入会する顧客に通常請求される価格よりも低い価格で年間会員権を更新することができることである。

　入会金は取引価格に含まれ，当該取引価格の全額は契約における独立した履行義務であるフィットネスクラブの利用権および契約更新のオプションの提供に係る権利（更新権）に対し，独立販売価格に基づいて配分される。企業Eが顧客を登録する活動は，顧客に対するサービスには該当しないため，履行義務を充足しない。フィットネスクラブの利用権に配分された金額は，初年度に年間にわたり認識され，契約の更新権に配分された金額は，権利の行使時または失効時に認識される。

　企業Eは，契約の更新権の独立販売価格を算定するための実務的代替として，提供されると見込まれる将来のサービスおよびそれに対して見込まれる対価を参照することによって，取引価格を契約の更新権に配分できる。例えば，企業Eが，ある顧客が契約をさらに2年間更新すると見込まれると決定した場合，対価の合計は，330,000円（150,000円の入会金と180,000円の年会費（3年分））となる。企業Eは，サービスが3年にわたり提供されるため，330,000円を3年間にわたって収益を認識することになると考えられる。実務的代替と顧客のオプションについての詳細な説明は，第Ⅲ部第4章「追加の財またはサービスに対する顧客のオプション」（213頁）を参照のこと。

> 日本基準の実務における取扱い

　日本基準では，返金義務のない前受金や顧客の更新オプション等の収益認識に関する一般的な定めはない。日本基準の実務においては，入金時に一括して収益を認識する処理も見受けられる。

(3) 予約販売

　企業は，商品を販売する際に商品を取り置きし，顧客から預り金（予約金）を受領するという，予約販売を行うことがある。ただし，企業は，顧客に商品の購入完了期日を明示する場合もあれば，逆に，一定金額の予約金を求めない場合もある。予約販売では，通常，顧客が購入価額を全額支払うと，商品が引き渡されるが，顧客が購入価額を全額支払うことができない場合は，予約金およびその後の支払代金は返金されない。また，企業が，商品の支配を顧客へ移

転する前に，紛失，損傷，または破壊した場合，顧客が支払った代金を返金しなければならない。

　企業は，予約販売の会計処理を検討する際に，まず，契約の中に予約に関する取決めが含まれているかどうかを評価する必要がある。通常の予約に関する取決めにおいては，顧客が予約購入の義務（すなわち，購入価額全額を支払う義務）を履行することを確約していないため，契約開始時点ではまだ契約は存在しない可能性が高いと考えられる。企業は，契約識別の要件（第Ⅱ部第1章参照）が満たされるまでは，収益を認識してはならない。

　顧客が購入を確約していて，契約が存在する場合，予約の取決めは実質的には営業債権の認識を伴う販売取引とも考えられる。

　このような状況においては，財に対する支配が顧客に移転されているかどうか決定する必要がある。予約期間中に別の顧客の注文を充足したり，予約された財を類似の財と交換するために，予約された財を使用することができる場合，当該財に対する支配が顧客に移転していない可能性が高いと考えられる。

　企業は，予約販売において，財に対する支配がいつ顧客に移転されたかを決定するために，後述で解説する本章5.「請求済未出荷契約」（263頁）の要件を考慮する必要がある。

(4)　ギフトカード

　企業は，顧客からの依頼を受けて，財またはサービスを交換するギフトカードを販売する場合がある。将来にギフトカードが引き換えられる際に，財またはサービスを提供することが履行義務であるため，企業は，ギフトカードを販売した時点で収益を計上するべきではない。ギフトカードに対する支払は，将来の財またはサービスに対する一種の前払報酬である。ギフトカードに関する収益は，顧客がギフトカードを財またはサービスとの引き換えのために提示し，当該財またはサービスが顧客に移転される時点で認識される。

　販売されたギフトカードの一部は，永久に財またはサービスと交換されない場合がある。永久に交換されない部分の金額は，一般に「非行使部分」に該当すると考えられる。非行使部分がある場合の会計処理は，第4章5.「顧客の未行使の権利」（229頁）を参照のこと。

4．買戻し契約

(1) 買戻し契約の定義と種類

買戻し契約は，IFRS 第15号では，以下のように定義されている。

> **買戻し契約**
> 　企業が資産を販売するとともに，（同一契約又は別契約のいずれかで）当該資産を買い戻すことを約束するか，又は，買い戻すオプションを有する契約である。

　買戻権は顧客との販売契約の中，または，別個の契約に含まれていることがある。買戻し契約において買い戻される資産は，さまざまなケースがあり，当初に顧客に販売した資産である場合，当該資産と実質的に同じ資産である場合，あるいは，当初に販売した資産を構成部分とする資産である場合がある（IFRS 第15号 B64項）。
　買戻し契約には，一般的に3つの形態がある（IFRS 第15号 B65項）。
- 企業（売手）が資産を買い戻す義務（先渡取引）
- 企業（売手）が資産を買い戻す権利（コール・オプション）
- 企業（売手）が顧客（買手）の要求により資産を買い戻す義務（プット・オプション）

　企業の財に対する支配が顧客へ移転した後に当事者間で交渉される財の買戻し契約は，IFRS 第15号における買戻し契約には該当しない。これは，企業が，当初の契約の一部として買い戻す権利を有しておらず，また，義務も負っていないためである。以前から存在する契約上の権利に基づかずに行う財の買戻しの事後的な決定は，顧客が財の使用を指図してその財からの残りの便益のほとんどすべてを獲得するという顧客の能力に対して影響を与えない。
　例えば，自動車メーカーが，原契約では要求により販売特約店から自動車を買い戻す権利を有するコール・オプション契約を締結していなかったが，別の販売特約店の在庫不足に対応するために，ある販売特約店から在庫を買い戻す

ことを決定したとする。こうした買戻しを過去から他の顧客に対しても一般的に企業慣行として行ってきた場合，たとえ契約で定められていなくとも，企業は，当初の引渡し時に財に対する支配が顧客に移転しているかどうか検討する必要がある。

(2) 先渡取引およびコール・オプションが付された契約の会計処理
① 会計処理の概要

企業が資産を買い戻す義務（先渡取引）または権利（コール・オプション）を有している場合には，顧客は当該資産に対する支配を獲得していない。したがって，企業は，実質的に先渡取引またはコール・オプションによって財を移転する場合，財が移転した時点で収益を認識するべきではない。これは，たとえ顧客が当該資産を物理的に占有しているとしても，顧客が当該資産の使用を指図する能力や当該資産からの残りの便益のほとんどすべてを受ける能力が制限されているからである。顧客は，当該資産を企業に返還する義務または返還するために待機する義務があるため，資産全体を消費することができず，当該資産を別の第三者に販売することができない。

先渡取引またはコール・オプションの会計処理は，企業が買い戻せる金額または買い戻さなければならない金額によって異なる。当該評価にあたっては，実行可能性は考慮されない。

この契約は，下記のいずれかとして会計処理する（IFRS 第15号 B66項）。

(a) リース（買戻し価格＜当初の販売価格の場合）
(b) 融資契約（買戻し価格≧当初の販売価格の場合。この場合，顧客は企業に融資を提供している）

先渡契約またはコール・オプションの会計処理の検討にあたってのフローは，以下の**図表Ⅲ－5－2**のとおりとなる。

(図表Ⅲ-5-2) 先渡取引とコール・オプションの会計処理

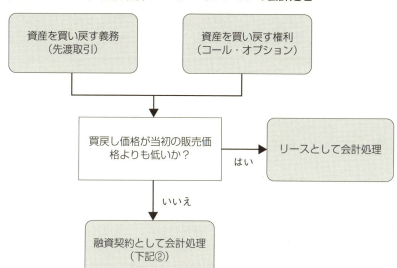

② 融資契約となる場合の会計処理

企業は，買戻し契約が融資契約である場合には，企業は資産を引き続き認識するとともに，顧客から受け取った対価について金融負債を認識する必要がある。企業は，顧客から受け取る対価の金額と顧客に支払う対価の金額との差額を金利とし，該当があれば，処理コストまたは保有コスト（例えば，保険料）として認識する（IFRS第15号B68項）。なお，金利については，当初の合意から事後的な買戻しを行った期間にわたって収益を認識することとなる。一方，コール・オプションが未行使のまま消滅する場合，企業は，当該負債の認識を中止し，収益を認識する（IFRS第15号B69項）。

買戻し価格と財の当初の販売価格との比較を行う際に，契約期間が1年未満の契約も含め，貨幣の時間価値の影響を含める必要がある（IFRS第15号B67項）。貨幣の時間価値の影響は，先渡取引またはコール・オプションが，リースか，融資契約かの決定に影響を与える可能性があるためである。すなわち，例えば，企業がコール・オプションを付した契約を締結した場合，単純に，契約に記載された買戻し価格（貨幣の時間価値が含まれていない）と当初の販売

価格を比較した結果，当該契約が融資契約と判定される場合もある。しかし，貨幣の時間価値の影響を含めると，実際は，当初の販売価格よりも低い買戻し価格になる結果となる場合がある。この場合には，当該契約をリースとして会計処理する必要がある。

以下のケーススタディⅢ－5－6では，コール・オプションが含まれる契約の会計処理について解説する。

ケーススタディⅢ－5－6 ▶ 買戻し契約—リースとして会計処理されるコール・オプション

前提

精密機械メーカーである企業Fは，20百万円で機械を製造業者に販売する。契約には，5年以内に，15百万円で買い戻す権利を企業Fに付与するコール・オプションが含まれる。契約はセール・アンド・リースバックの一部ではない。

企業Fは，当該契約をリースまたは融資契約のいずれとして会計処理すべきか。

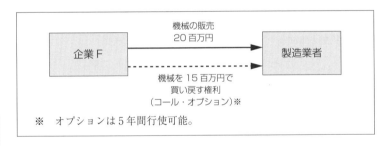

ポイント

買戻し価格が当初の販売価格よりも低いか否かを検討することで，この取引をリースまたは融資契約のいずれで会計処理すべきか検討する。

考え方

企業Fは，当該契約をリースとして会計処理する必要がある。5年間の買戻しが可能な期間は，顧客が，当該機械の使用を指図したり，当該機械の残りの便益のほとんどすべてを獲得したりする能力が制限されることを示唆している。加えて，企業Fは，資産の当初の販売価格よりも低い金額で機械を買い戻すことが可能である。よって，本取引はリースである。企業Fはこの契約を，IFRS第16号（またはIAS第17号）「リース」に従って，会計処理することになる。

第5章 その他の論点　257

> 日本基準の実務における取扱い
> 　日本基準では，買戻し取引の収益認識に関する一般的な定めはない。わが国の実現主義の考え方に照らして，販売当初時点で収益認識要件の1つと解される「財貨の移転の完了」要件を満たしているかを判断することになる。実務上は，買手への販売当初時点で収益を一括して認識している場合と機器の引渡しから買い戻すまでの一定期間のオペレーティング・リース取引と判断し，その期間にわたって当初販売価格と買戻価格との差額を収益として認識している場合がある。

(3) プット・オプションが付された契約の会計処理
① 会計処理の概要
　プット・オプションは，企業が顧客の要求により，資産を当初の販売価格よりも低い価格で財を買い戻す義務であり（IFRS第15号B70項），企業がプット・オプションを有している場合には，顧客が当該資産に対する支配を有していることを示している。顧客には，資産を返還する義務も，返還するために待機する義務もないからである。したがって，顧客は資産の使用を指図する能力と資産からの残存する便益のほとんどすべてを受ける能力を有している。顧客は，資産を保持する，第三者に販売する，または企業に売り戻すことを選択することが可能である。

　プット・オプションが付された契約に対する会計処理は，顧客がプット・オプションを行使する際に，企業が支払わなければならない金額，および，顧客が当該権利を行使する重大な経済的インセンティブを有しているかどうかによって異なる。IFRS第15号では，プット・オプションが付された契約を以下のとおりに会計処理する。

(a) 融資契約
　（買戻し価格≧当初の販売価格，かつ，買戻し価格＞資産の予想市場価値の場合）

(b) 返品権付きの販売
　●（買戻し価格＜当初の販売価格，かつ，顧客が権利を行使するための重大な経済的インセンティブを有していない場合）
　●（資産の予想市場価値≧買戻し価格≧当初の販売価格，かつ，顧客が権

利を行使するための重大な経済的インセンティブを有していない場合）
(c) リース
（買戻し価格＜当初の販売価格，かつ，顧客が権利を行使するための重大な経済的インセンティブを有している場合）

プット・オプションが付された契約の会計処理の検討にあたってのフローは，以下の**図表Ⅲ－5－3**のとおりとなる。

（図表Ⅲ－5－3）プット・オプションが付された契約の会計処理

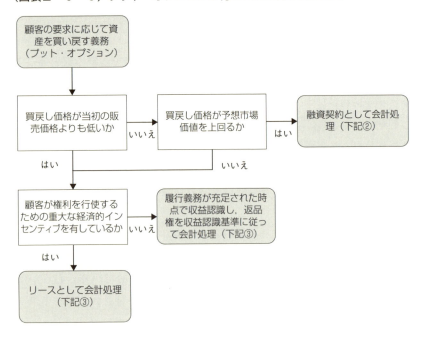

② 融資契約となる場合の会計処理

買戻し契約が融資契約である場合には，企業は，先渡契約またはコール・オプションが付された契約の場合と同様，移転の対象となる資産を引き続き認識し，顧客から受け取った対価について金融負債を認識する必要がある。企業は，顧客から受け取る対価の金額と顧客に支払う対価の金額との差額を金利として，該当があれば，処理コストまたは保有コスト（例えば，保険料）として認識す

る（IFRS第15号B73項，B68項）。金利については，先渡取引またはコール・オプションが付された契約の場合と同様，当初の合意から事後的な買戻しを行った期間にわたって認識する。

企業は，プット・オプションが未行使のまま消滅する場合，負債の認識を中止し，収益として認識する（IFRS第15号B76項）。

なお，買戻し価格と資産の当初の販売価格の比較を行う場合，先渡取引およびコール・オプションと同様に，契約期間が1年未満の契約の影響であっても，貨幣の時間価値を含める必要がある（IFRS第15号B75項）。これは，貨幣の時間価値は，買戻し価格と資産の当初の販売価格の比較に影響を及ぼすため，プット・オプションがリースか融資契約かの決定に影響を及ぼす可能性があるためである。

③ 重大な経済的インセンティブの有無についての検討

プット・オプションが付された契約に対する会計処理を行う場合，企業は，顧客が契約開始時に当該権利を行使する重大な経済的インセンティブを有しているかどうかを考慮する必要がある。顧客が当該権利を行使する重大な経済的インセンティブを有している場合，当該権利を行使すると，顧客は，実質的に一定期間にわたって資産を使用する権利の対価を企業に支払う結果となる。したがって，このような場合，企業は当該契約をIFRS第16号（またはIAS第17号）に従って，リースとして会計処理する必要がある（IFRS第15号B70項）。

企業は，プット・オプションを行使する重大な経済的インセンティブを有しているかどうかの評価を行う際に，以下を含むさまざまな要因について考慮する必要がある（IFRS第15号B71項）。
- 買戻し価格と買戻し日の時点での資産の予想市場価値との関係
- 権利が消滅するまでの期間

例えば，買戻し時に買戻し価格が資産の市場価格を大幅に超えると見込まれる場合，顧客がプット・オプションを行使する重大な経済的インセンティブを有している可能性がある。

他方，顧客が資産の当初の販売価格よりも低い価格で権利を行使する重大な経済的インセンティブを有していない場合（IFRS第15号B72項），または，資

産の買戻し価格が当初の販売価格以上で，資産の予想市場価値以下であり，かつ，顧客が権利を行使する重大な経済的インセンティブを有していない場合（IFRS 第15号 B74項）には，企業は当該契約を返品権付きの製品販売であるかのように会計処理する必要がある（本章１．「返品権付きの販売」（235頁）参照）。この場合，企業は，次のものを認識する結果となる。

- 資産の移転に係る収益（資産の販売価格と，資産を買い戻す義務について認識した負債との間の差額）
- 資産を買い戻す義務に係る負債（顧客に支払うと予想される対価の金額で測定）
- 当該負債の決済時に企業が資産を受け取る権利に係る資産（資産の測定金額は，企業の当該資産の従前の帳簿価額と同額の場合も同額でない場合もある）

以下のケーススタディⅢ－５－７およびケーススタディⅢ－５－８では，プット・オプションが付された契約の会計処理について解説する。

ケーススタディⅢ－５－７ ▶ 買戻し契約―返品権として会計処理されるプット・オプション

前提

精密機械メーカーである企業Ｆは，製造業者に20百万円で機械を販売する。製造業者は，５年以内に，７百万円でこの機械を買い戻すことを企業Ｆに要求できる。買戻日における機械の市場価格は，８百万円であると見込まれる。企業Ｆが製造業者にプット・オプションを付与しているのは，この機械には点検が通常５年後以降に必要になると予想されるためである。企業Ｆは機械の点検を実施し，整備済みの機械を顧客に販売し，当該整備済の機械について多額のマージンを受け取る。この設例では貨幣の時間価値については考慮しないものとする。

企業Ｆは，当該契約を返品権付きの販売，リース，または融資契約のいずれとして会計処理すべきか。

第5章 その他の論点　261

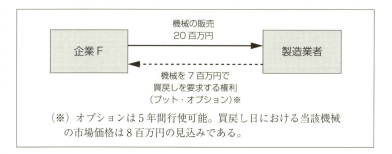

（※）オプションは5年間行使可能。買戻し日における当該機械の市場価格は8百万円の見込みである。

> ポイント

　企業Fがこの取引について，買戻し価格が当初の販売価格よりも低いか，買戻し価格が予想市場価値を上回るか，顧客が権利を行使するための重大なインセンティブを有しているかについて検討を行い，返品権付きの販売，リース，または融資契約のうち，いずれで会計処理すべきかを検討する。

> 考え方

　企業Fは，当該契約を，返品権付きの製品の販売として会計処理する必要がある。買戻し価格が当初の販売価格よりも低く，かつ，買戻し価格が買戻日の予想市場価値よりも低いことから，製造業者は権利を行使する重大な経済的インセンティブを有さない。企業Fは，この取引について，本章1．(1)「返品権」(235頁）で説明したモデルと首尾一貫した会計処理を行う必要がある。

> 日本基準の実務における取扱い

　上記ケーススタディⅢ－5－6のとおり，日本基準では，買戻し取引の収益認識に関する一般的な定めはない。実務上は，買手への販売当初時点で収益を一括認識している場合と，買い戻すまでの期間のオペレーティング・リース取引として処理している場合が考えられる。

> ケーススタディⅢ－5－8 ▶買戻し契約―リースとして会計処理されるプット・オプション

> 前提

　精密機械メーカーである企業Fは，20百万円で製造業者に機械を販売する。製造業者は，5年以内に，15百万円で機械を買い戻すことを企業Fに要求できる。買戻し価格は，買戻日において市場価格8百万円を大幅に超えることが見込まれる。本ケースでは貨幣の時間価値については考慮しないものとする。

企業Fは、当該契約を返品権付きの販売、リース、または融資契約のいずれとして会計処理すべきか。

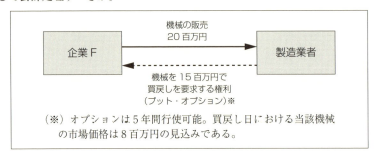

（※）オプションは5年間行使可能。買戻し日における当該機械の市場価格は8百万円の見込みである。

|ポイント|

企業Fが、この取引について、買戻し価格が当初の販売価格よりも低いか、買戻し価格が予想市場価値を上回るか、顧客が権利を行使するための重大なインセンティブを有しているかについて検討を行い、返品権付きの販売、リース、または融資契約のうち、いずれで会計処理すべきかを検討する。

|考え方|

企業Fは、IFRS第16号（またはIAS第17号）に従って、リースとして当該契約を会計処理する必要がある。製造業者は、企業Fに機械を再販するためのプット・オプションを有しており、買戻し価格が、機械の当初販売価格より低い。さらに、買戻価格が買戻日の予想市場価値を大幅に超えるため、この権利を行使する重大な経済的インセンティブを有している。

|日本基準の実務における取扱い|

上記ケーススタディⅢ－5－7参照。

ケーススタディⅢ－5－7およびⅢ－5－8は、ともに、買戻し価格が当初の販売価格よりも低いため、顧客が権利を行使するために重大な経済的インセンティブを有しているかどうかを判断することになる。前者のケースでは、買戻し価格が予想市場価値を下回るため、重大な経済的インセンティブを有しているとはいえず、返品権付きの販売と同様の会計処理を行うこととなる。一方、後者のケースでは、買戻し価格が予想市場価値を大幅に上回るため、重大な経済的インセンティブを有することとなり、リースとして会計処理を行うこととなる。

なる。

5．請求済未出荷契約

(1) 請求済未出荷契約における収益の認識要件

請求済未出荷契約とは，例えば，当該製品に利用できる倉庫等の保管場所が顧客にないこと，あるいは顧客の生産スケジュールの遅延などの理由により，企業が製品について顧客に請求するが，当該製品の物理的占有は，将来のある時点で顧客に移転するまで企業が保持する契約である（IFRS 第15号 B79項）。

このような契約を締結する場合，企業は，たとえ顧客が財の物理的占有を有していなくても，顧客に財の支配が移転しているかどうかを評価する必要がある。すなわち，製品の履行義務が移転する時点は，顧客が当該製品の支配を獲得した時点により決定される（IFRS 第15号第38項参照）。

契約の中には，支配の移転が契約の条件に応じて，製品が顧客の受取場所に引き渡された時点，または，製品が出荷された時点のいずれかとなる。しかし，取引の中には，上述のとおり，顧客に引き渡すべき製品を企業が物理的に占有したままであっても，顧客に製品に対する支配が移転する契約もある。このような契約においては，たとえ顧客が当該製品の物理的占有を得る権利を行使しないと決定している場合でも，顧客は製品の使用を指図する能力および製品からの残りの便益のほとんどすべてを受ける能力を有していることがある。顧客が当該能力を有すると判定される場合，企業は当該製品を支配していないため，財が未出荷であっても収益が認識される。その代わりに，企業は，顧客の資産に対する保管サービスを顧客に提供していることになる（IFRS 第15号 B80項）。

収益は，財に対する支配が顧客に移転した時点で認識されるが，企業は，請求済未出荷契約においては，支配の移転に関連する要件（第Ⅱ部第5章5．「一時点で充足される履行義務」(149頁) 参照）に加えて，顧客が財に対する支配を獲得したといえるための特定の追加的な要件を満たす必要がある。請求済未出荷契約において，顧客が製品に対する支配を獲得したといえるためには，次の要件をすべて満たす必要がある（IFRS 第15号 B81項）。

① 請求済未出荷契約の理由が実質的なものである（例えば，顧客が当該契

約を要請した)。

例えば,顧客が財の物理的な保管場所を有していないため請求済未出荷契約を要請する場合や,注文した財について顧客の製造スケジュールの都合上,必要としていない場合のように,請求済未出荷契約とする実質的な目的が存在する必要がある。

② 当該製品が顧客に属するものとして区分して識別されていなければならない。

例えば,財が顧客のために倉庫の独立した区画に保管されているなど,当該財が明確にその顧客に帰属するものとして区分して識別できる状態となっている必要がある。

③ 当該製品が現時点で顧客への物理的な移転の準備ができていなければならない。

財は,顧客からの要請に基づいてき引き渡される状態にある必要がある。

④ 企業は当該製品を利用したり,別の顧客に振り向けたりする能力を有することができない。

企業が,財の使用方法を指図または決定できない,あるいは,財から別の便益を得ることができない状態である必要がある。企業が財の使用方法を制約される場合や,顧客が財から受け取る便益が制限される場合には,財に対する支配が顧客に移転していない可能性がある。

(2) 請求済未出荷契約における収益の測定

企業が請求済未出荷の製品の販売による収益を認識する場合には,企業は,第Ⅱ部第4章「ステップ4:取引価格を契約における履行義務に配分する」(109頁)に従って,取引価格の一部分を配分しなければならない残存履行義務(例えば,保管サービスに係る義務)を有しているかどうかを,第Ⅱ部第2章「ステップ2:契約における履行義務を識別する」(58頁)に従って考慮しなければならない(IFRS第15号B82項)。すなわち,企業は,財に対する支配が移転され,請求済未出荷についての収益認識の要件を満たす場合,企業が財の提供に加えて保管サービスを提供しているかどうかを検討する必要がある。企業が,保管サービスを提供している場合,取引価格の一部は,独立した個々の履

行義務(すなわち,財および保管サービス)に配分される必要がある。

以下のケーススタディⅢ-5-9およびⅢ-5-10では,請求済未出荷取引の検討事項について解説する。

ケーススタディⅢ-5-9▶請求済未出荷契約—重工業・産業機械業界

前 提

ドリルメーカーは,製鉄会社である企業Gにドリルパイプを発注する。ドリルメーカーは,リモートエリアのガス田開発の頻繁なスケジュール変更や,ドリル器具および補給部品の引渡しに長いリードタイムを要するため,契約を請求済未出荷契約とすることを要求している。企業Gは,これまでもドリルメーカーと請求済未出荷契約による取引を過去から行っており,請求済未出荷契約における標準的な契約条件がすでに確立されている。

企業Gによって倉庫で区分保管されているドリルパイプは,すでに完成しており,引渡し待ちの状態である。企業Gは,ドリルパイプをひとたび倉庫に搬入すると,そのドリルパイプを利用したり,別の顧客に振り向けたりすることはできない。契約条件により,ドリルメーカーは,企業Gの倉庫へのドリルパイプの搬入後30日以内に送金することが要求されている。ドリルメーカーは,必要な時にドリルパイプの引渡しを要請する。

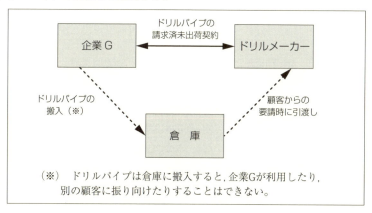

ポイント

企業Gはいつ収益を認識すべきかについて,本章5.(1)「請求済未出荷契約における収益の認識要件」(263頁)のIFRS第15号B81項の要件に従って検討する。

> 考え方

　企業Gは，ドリルパイプを倉庫に搬入した時点でドリルパイプの支配がドリルメーカーに移転するため，当該時点で収益を認識する必要がある。その理由は，下記のとおり，IFRS第15号 B81項の要件（本章5．(1)「請求済未出荷契約における収益の認識要件」(263頁)参照）をすべて満たすからである。
- ドリルメーカーは，自社のビジネスの都合上，請求済未出荷による取引を要求しており，請求済未出荷契約を締結する理由は実質的なものである。
- ドリルパイプは，倉庫で区分保管されている。
- ドリルメーカーからの要請がある時点でただちに出荷する準備が整っている。
- 当該ドリルパイプを別の顧客からの注文に振り向けることはできない。

　また，企業Gは，取引価格の一部を保管サービスに配分する必要があるのか（すなわち，保管サービスが独立した履行義務であるか）を評価する必要がある。

> 日本基準の実務における取扱い

　日本基準では，請求済未出荷契約の収益認識に関する一般的な定めはない。実現主義の考え方に従って，引渡しの確実性の程度，契約の取消しの可能性，対価の回収の確実性の程度等を踏まえて，収益認識要件と解される「財貨の移転の完了」と「対価の成立」の2つの要件が満たされているかどうかを判断することになると考えられる。実務上は，請求時に収益を認識している場合と物品の実際の引渡し時に収益を認識している場合とがあると考えられる。

ケーススタディⅢ-5-10▶請求済未出荷契約—小売・消費財業界

> 前提

　花屋である企業Hは，20X7年3月30日に30個のブーケを供給する契約をイベント会場と締結した。この契約では，ブーケの引渡場所について特別の条項が含まれている。企業Hは，創立記念パーティーが催される20X7年4月2日にかけてイベント会場により指示された日時に，ブーケを引き渡す必要があり，その準備ができている。イベント会場は，（現状，十分な保管場所がないが，）ブーケの引渡しを受ける時点では十分な保管場所を有しているものと見込まれる。

　20X7年3月31日，企業Hはイベント会場と契約しているブーケ30個を含む40個のブーケを在庫として保有している。30個のブーケは他の10個のブーケと一緒に保管されており，それらはすべて交換可能である。企業Hのブーケの在庫は30個以下にはならないと見込まれる。

第5章　その他の論点

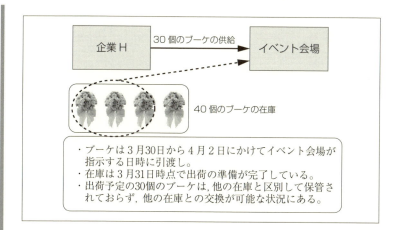

ポイント

企業Hはイベント会場に引き渡す30個のブーケをいつ収益認識するべきかについて、前述のIFRS第15号B81項の要件に従って検討する。

考え方

請求済未出荷取引を締結する理由は実質的なもの（保管場所がない）であるが、その他の要件が満たされていない。すなわち、イベント会場に供給するブーケは、他のブーケと区別して保管されていない。したがって、企業Hは、イベント会場に引き渡すブーケが他のブーケと区別して保管される状態となり、かつ、別の顧客に振り向けることができない状態となるまで、または、実際に引渡しが行われるまで、収益を認識するべきではない。

日本基準の実務における取扱い

上記ケーススタディⅢ－5－9のとおり、日本基準では、請求済未出荷契約の収益認識に関する一般的な定めはない。実務上は、未出荷でも収益を認識している場合と物品の実際の引渡し時に収益を認識している場合とがあると考えられる。

6．委託販売

(1) 委託販売の会計処理

　企業は，他の当事者（販売業者または流通業者など）に財を出荷するものの，所定の事象が発生するまで財に対する支配を保持している場合がある。こうした取引は，委託販売契約として知られている。引き渡した製品が他の当事者に委託のため保有されている場合には，企業が，製品を最終消費者への販売のために，当該他の当事者に引き渡したとしても，当該他の当事者が製品に対する支配を獲得していない。したがって，他の当事者への製品の引渡し時に収益を認識してはならない（IFRS 第15号 B77項）。

　企業は，契約が委託販売契約に該当するかどうかを評価するためには，次の指標について検討する必要がある（IFRS 第15号 B78項）。以下の指標は，例示であり，これらに限定されるものではない。

- 所定の事象（販売業者による顧客への製品の販売など）が生じるまで，または所定の期間が満了するまで，企業が製品を支配している。
- 企業が製品の返還を要求するかまたは第三者（別の販売業者など）に製品を移転することができる。
- 販売業者が，製品に対して支払う無条件の義務を有していない（ただし，預け金の支払が要求される場合がある）。

　収益は，企業が財に対する支配を他の当事者に移転した時点で認識される。他の当事者は財の物理的占有を有しているが，委託販売契約に基づいて，財を支配していない場合がある。例えば，企業の要求次第で他の当事者に財の返品を要求できる場合，企業は，当該財に対して支配していない可能性がある。

　以下のケーススタディⅢ－5－11では，委託販売契約の評価について解説する。

ケーススタディⅢ-5-11▶委託販売―消費財・小売・流通業界

前提

アパレルメーカーである企業Ⅰは,百貨店に衣料品の販売を委託している。百貨店はレジに商品を通すまで,商品の所有権を有しない。また,百貨店は,自ら商品を保管・陳列中に紛失または破損しない限り,顧客に販売されるまで企業Ⅰに対する支払義務を負わない。紛失または破損したものを除き,顧客に販売されていない商品は,企業Ⅰに返品することができる。また,企業Ⅰは,ある百貨店に商品を返品させ,別の百貨店に商品を移転する裁量権を有している。

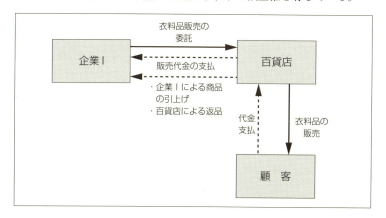

ポイント

企業Ⅰの収益の認識時点を検討するために,IFRS第15号B78項の指標に従って,委託販売に該当するか否かを検討する。

考え方

企業Ⅰは,商品の支配が顧客に移転する時点で収益を認識する必要がある。すなわち,企業Ⅰが商品の返品や移転を要求することが可能であるならば,支配は百貨店に移転していない。商品が最終顧客に販売された時点,または,百貨店が商品を保管・陳列している間に紛失・破損した時点で収益を認識する必要がある。

日本基準の実務における取扱い

日本基準では,企業会計原則注解6において,委託販売に関して,受託者が委託品を販売した時点で収益を計上する定めがある。ただし,仕切精算書が販売のつど送付される場合,仕切精算書到達日基準で収益を計上することも認められている。実務上はいずれの会計処理も行われているものと考えられる。

第Ⅳ部

IFRS 第15号に基づく表示・開示

　第Ⅳ部では，IFRS 第15号に基づいた財務諸表上の表示と開示について解説する。特に，開示については，従来の収益基準である IAS 第18号において収益に関連する具体的な開示要求が含まれていなかった。そのため，実務上，多くの企業が財務諸表外での自発的な開示を提供してきたが，財務諸表利用者は，会計基準による収益の開示要求が改善されるべきと考えていた。この点に着目し，IFRS 第15号では，従来の開示実務と財務報告の有用性を改善するために，開示要求が拡充されている。

第1章 表示・開示

1. 表　示

(1) 契約資産と契約負債の表示

　IFRS第15号では，顧客との契約から生じた資産と負債を財務諸表に表示するために，以下が規定されている（IFRS第15号第105項）。

> 　契約のいずれかの当事者が履行している場合には，企業は，当該契約を財政状態計算書において，企業の履行と顧客の支払との関係に応じて，契約資産又は契約負債として表示しなければならない。企業は，対価に対する無条件の権利を債権として区分表示しなければならない。

　契約当事者のいずれかが，他の当事者より先に義務を履行する場合には，当該契約の当事者である企業は，資産もしくは負債を認識することになる。
　例えば，企業が，対価を受け取る前に，財またはサービスを提供する義務を履行したときには，財政状態計算書において契約資産または債権を認識する（図表Ⅳ－1－1）。

(図表Ⅳ－1－1）契約資産または債権を認識する取引の例

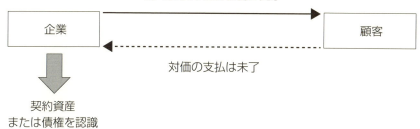

また，企業が，財またはサービスを提供する前に，対価を受け取っているとき，もしくは，対価に対する無条件の権利を有したときには，契約負債が認識される（図表Ⅳ－1－2）。

(図表Ⅳ－1－2）契約負債を認識する取引の例

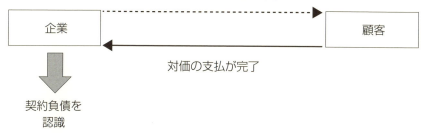

(2) 契約資産と債権との区別

　IFRS 第15号では，対価に対する権利が，対価の支払期限が到来する前に時の経過だけが要求されるのか（すなわち，支払期限が到来していないだけの状況なのか），それとも，時の経過以外の条件（他の履行義務の充足など）が要求されるのかによって，契約資産と債権とを区別している。

　契約資産は，IFRS 第15号において以下のように定義されており，契約資産の減損の測定，表示および開示については，IFRS 第9号の範囲に含まれる金融資産と同じ基礎での会計処理が要求されている（IFRS 第15号第107項）。

> **契約資産**
>   企業が顧客に移転した財又はサービスと交換に受け取る対価に対する企業の権利である。企業は契約資産の減損を IFRS 第 9 号に従って評価しなければならない。契約資産の減損の測定，表示及び開示は，IFRS 第 9 号の範囲に含まれる金融資産と同じ基礎で行わなければならない。

また，債権は，IFRS 第15号で以下のように定義されており，IFRS 第 9 号に従った会計処理が要求されている（IFRS 第15号第108項）。

> **債権**
>   債権は，対価に対する企業の権利のうち無条件のものである。対価に対する権利は，当該対価の支払の期限が到来する前に時の経過だけが要求される場合には，無条件である。企業は債権を IFRS 第 9 号に従って会計処理しなければならない。顧客との契約から生じる債権の当初認識時に，IFRS 第 9 号に従った当該債権の測定値と，それに対応する認識した収益の金額との間に差額があれば，費用（例えば，減損損失）として表示しなければならない。

上記の債権の定義における「無条件のもの」には，対価に対する企業の権利について，対価の支払期限が到来する前に時の経過だけが要求される（すなわち，支払期限が到来していないだけの状況である）場合が含まれる。このような場合には，当該対価に対する権利を債権として認識することになる。

契約資産は，対価に対する企業の権利が時の経過以外の条件について無条件なものとなった時点で，債権に振り替えられることになる（図表Ⅳ－ 1 － 3 ）。

（図表Ⅳ－ 1 － 3 ）契約資産と債権の関係

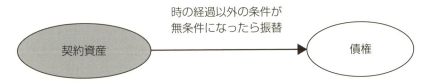

ケーススタディⅣ－1－1では，上述の契約資産と債権の関係を踏まえて，契約資産と債権の区分について解説する。

ケーススタディⅣ－1－1▶契約資産と債権との区別

前 提

企業Aは，顧客に2つの製品（製品Xと製品Y）を引き渡す契約を締結している。製品Xと製品Yの販売価格は契約上それぞれ2百万円と3百万円である。製品Xと製品Yはそれぞれ異なる時点で引き渡される（製品Xが，製品Yよりも先に引き渡される）。企業Aは，各製品の引渡しは独立の履行義務であり，引渡しによって製品の支配は顧客に移転すると結論付けている。製品Yの引渡後，企業Aに残存する履行義務はない。顧客は，両製品が引き渡された1か月後に製品代金を支払う義務を負う。本ケースにおいては，重大な金融要素は存在しないと仮定する。

企業Aは，製品Xの引渡しおよび製品Yの引渡しに関する取引を会計上，それぞれどのように処理すべきか。

<契約内容>
・製品X（価格：2百万円）の引渡し
　×1年1月15日
・製品Y（価格：3百万円）の引渡し
　×1年2月15日
・両製品の代金（5百万円）支払日
　×1年3月15日

<取引の時間軸>

ポイント

製品Xに関する顧客の支払義務が，製品Yの引渡しを条件としている場合，企業Aは製品Xの引渡し時にどのような会計処理をすべきか。また，製品Yの引渡しから1か月経過するまで顧客に支払義務が生じない場合，製品Yの引渡し時にどのような会計処理をすべきか。ここでは，時の経過以外の条件が要求される場合と時の経過のみが要求される場合の2つのポイントを検討する。

> 考え方

　企業Aは，第1の履行義務（製品Xの引渡し）に配分される取引価格（2百万円）について，その履行義務を充足する時点（X1年1月15日）で契約資産および対応する収益を認識すべきである。なお，企業Aは，製品XとYの両方が引き渡されるまで契約対価への無条件の権利を有していないため，製品Xの引渡時点では，売上債権ではなく契約資産が認識される。

　契約に基づく売上債権および残りの収益は，製品Yの顧客への引渡時点（X1年2月15日）で認識される。また，同時点において製品Xに関する契約資産を売上債権へ振り替える必要がある。製品Y引渡後の支払期限までの期間（1か月）は，時の経過のみが要求されるものであるため，企業Aは，対価に対して無条件の権利を有していることになる。

　本ケースの取引に係る仕訳は，以下のとおりである。

＜製品Xの引渡し時＞

（借方）契約資産　2百万円	（貸方）収　　益　2百万円

＜製品Yの引渡し時＞

（借方）債　　権　5百万円	（貸方）収　　益　3百万円
	契約資産　2百万円

> 日本基準の実務における取扱い

　日本基準では，得意先との間の通常の取引に基づいて発生した営業上の未収入金は「売掛金」として表示されることになる（財務諸表等規則第15条第3号および同ガイドライン15-3）。また，工事契約会計基準では，工事進行基準が適用される場合に，工事の進行途上において計上される未収入額について金銭債権として会計処理されることになる（工事契約会計基準第17項）。日本基準では，契約資産と債権に関する区別はないため，貸借対照表の表示がIFRSとは異なる可能性がある。

(3) 契約負債

　企業は，契約に基づいた履行を行う前に，顧客から対価の支払を受けた場合，契約負債を認識しなければならない。IFRS第15号では，契約負債を以下のように定義している（IFRS第15号第106項）。

契約負債

企業が顧客に財又はサービスを移転する義務のうち企業が顧客から対価を受け取っている（又は対価の金額の期限が到来している）ものである。企業が財又はサービスを顧客に移転する前に，顧客が対価を支払うか又は企業が無条件である対価の金額に対する権利（すなわち，債権）を有している場合には，企業は当該契約を，支払が行われた時又は支払期限が到来した時（いずれか早い方）に，契約負債として表示しなければならない。

ケーススタディⅣ－1－2では，企業が財を移転する前に，顧客が対価を支払うことにより，財政状態計算書上に契約負債が表示されるケースについて解説する。

ケーススタディⅣ－1－2 ▶契約負債

前提

企業Bは，顧客と製品を5百万円で引き渡す契約を締結している。顧客は，2百万円を前払いするが，残金の支払は引渡し時に行うことになっている。なお，当該製品の引渡しは，前払い時点から3週間後に発生するものとし，重大な金融要素は存在しないと仮定する。収益は，製品の支配が顧客に移転するとき，すなわち，製品の引渡し時に認識される。

企業Bは，財政状態計算書上，顧客からの前払いをどのように表示すべきか。

＜契約内容＞
・製品代金の前払い（2百万円）
　×1年3月1日
・製品（価格：5百万円）の引渡し
　×1年3月21日
・製品代金の残金（3百万円）支払日
　×1年3月31日

ポイント

企業Bは，製品の支配が顧客に移転する前に，顧客から企業Bへ支払われた2百万円を，財政状態計算書上どのように表示するべきかを検討する。

考え方

企業Bは，2百万円を顧客への製品の引渡し前に受け取っているため，その金額について契約負債を認識する必要がある。

製品の引渡し時に，契約負債は戻し入れられ，残額の3百万円と合わせて，5百万円の収益として認識される。

本ケースの取引に係る仕訳は，以下のとおりである。

＜預り金の受領時＞
（借方）現　　　金　2百万円　　（貸方）契約負債　2百万円
＜製品の引渡時＞
（借方）債　　　権　3百万円　　（貸方）収　　　益　5百万円
　　　　契約負債　2百万円

(4) 請求時期と履行時期の関係

前述したように，企業の履行時期と企業の顧客への対価の請求時期は，契約資産および契約負債の財政状態計算書上の表示を考えるうえで，重要なポイントとなる。対価に対する企業の無条件の権利は，一般的に，企業が財またはサービスの支配を顧客へ移転した後に生じるものである。

しかしながら，企業が履行する前に，対価に対する無条件の権利を企業が得ている場合がある。例えば，企業が解約不能な契約を顧客と締結し，履行前に対価に対する支払を前受金として請求できる場合には，企業は履行の有無にかかわらず前受金の支払期日が到来した時点で，対価に対する無条件の権利を得ることができる。したがって，企業が履行義務を充足するまで収益は認識されないが，この時点で債権は認識されることになる（図表Ⅳ－1－4参照）。

（図表Ⅳ－1－4）企業の履行前に債権が認識されるケース

＜取引の時間軸＞

次のケーススタディⅣ－1－3では，解約不能な契約の会計処理について解説する。

ケーススタディⅣ－1－3▶解約不能な契約

前　提

1月1日に，企業Cは，3月31日に顧客へ製品を引き渡すという契約を締結している。当該契約は解約不能である。1月31日に5百万円の対価を顧客が前払いにより支払う期限が到来し，企業Cは，前払金を請求している。顧客は，3月1日に5百万円を支払った。

企業Cは，財政状態計算書において本ケースの取引をどのように反映すべきか。

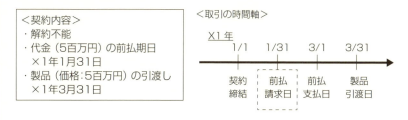

ポイント

解約不能な契約に基づいて，企業Cが履行義務を充足する前に，その対価の支払を顧客に請求している場合，どのような会計処理を行うべきかを検討する。

> 考え方

1月31日に,前払金の支払期限が到来したため,企業Cは,債権とこれに対応する履行義務を認識する。

| (借方) 債　　権　5百万円 | (貸方) 契約負債　5百万円 |

3月1日に,企業Cは,売上債権を現金で回収する。

| (借方) 現　　金　5百万円 | (貸方) 債　　権　5百万円 |

3月31日に,企業Cは,顧客との約束に基づいた履行義務を充足し,収益を認識する。

| (借方) 契約負債　5百万円 | (貸方) 収　　益　5百万円 |

> 日本基準の実務における取扱い

解約不能な契約において,財またはサービスを移転する前に対価の支払期日が到来しているが顧客からの支払がないような場合,日本基準では,資産および負債は計上されない。このため,日本基準とIFRSでは貸借対照表の表示が異なる可能性がある。

(5) 契約資産と契約負債の相殺

企業は,顧客と複雑な内容の契約を締結することがある。例えば,契約に複数の履行義務が含まれており,それぞれの履行義務について,履行義務の充足のタイミングとは関係なく支払期日が複数回定められている場合がある。このような契約に基づく取引では,顧客は,ある履行義務に係る対価については,企業の履行時期とは関係なく支払期日の到来前に対価の一部を先に支払い,一方で,他の履行義務に係る対価については,履行済み部分について支払が行われていないということも生じうる。

このような場合には,1つの契約に関連する契約資産と契約負債をそれぞれ認識することも考えられるが,これらは相互に関連性があることから,財政状態計算書上は相殺表示しなければならない(図表Ⅳ－1－5参照)。

(図表Ⅳ－1－5) 契約資産と契約負債の相殺

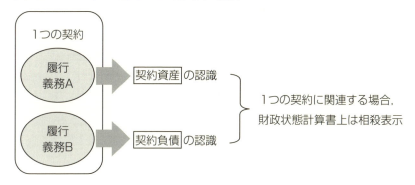

　また，複数の契約を結合して，単一の契約として会計処理する場合（第Ⅱ部第1章5．「契約の結合」（44頁）参照）には，結合した単一の契約に関連する契約資産および契約負債を，財政状態計算書上，相殺表示しなければならない。
　なお，契約資産および契約負債が異なる契約に基づいて認識されている場合には，他のIFRSの規定に基づいて相殺するべきかどうかについて判断することになる。

(6)　財政状態計算書上の表示項目の名称

　IFRS第15号においては，「契約資産」および「契約負債」という用語を用いているが，企業が財政状態計算書において表示するときには，それらの項目について代替的な名称を用いることが認められる。例えば，繰延収益や前受金など従前より使用している用語が，特定の業界の企業においてある場合には，その名称を使用することは妨げられない。しかしながら，企業は，契約資産について代替的な名称を用いる場合には，財務諸表の利用者が債権と契約資産を区別するための十分な情報を提供しなければならない（IFRS第15号第109項）。

(7)　財政状態計算書上の表示項目の決定モデル

　図表Ⅳ－1－6では，財政状態計算書上の表示項目を決定するためのフローチャートを決定モデルとして示す。

(図表Ⅳ－1－6) 財政状態計算書上の表示項目の決定モデル

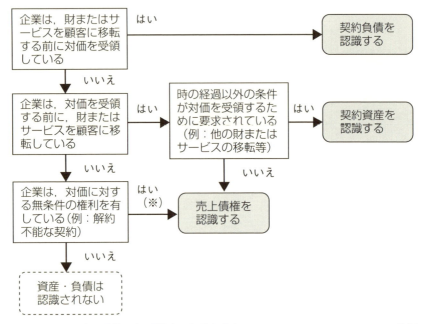

(※) この場合、売上債権の相手勘定は契約負債となる。ケーススタディⅣ－1－3参照。

(8) 包括利益計算書上の表示項目

IFRS 第15号では、顧客との契約から生じる収益を、その他の源泉から生じる収益とは区別して包括利益計算書上において表示するか、もしくは、包括利益計算書上において区別して表示していない場合は、その他の源泉から生じる収益とは区別して開示することを要求している（IFRS 第15号第113項）。その他の源泉から生じる収益とは、利息、配当、リース収入などである。

また、契約資産や債権の減損損失のように、顧客との契約から生じた減損損失についても、他の契約から生じた減損損失とは区別して包括利益計算書上で表示するか、もしくは、包括利益計算書上で表示されていない場合は、他の契約から生じた減損損失から区別して開示することを要求している（IFRS 第15号第113項）。なお、顧客との契約から生じた減損損失について、収益から減額してはならない。さらに、減損損失の評価に係る規定は、IFRS 第15号に含ま

れていないことから，金融資産である債権の測定や減損について規定のある他のIFRS（IFRS第9号など）に基づいて会計処理することになる。

2．開　示

⑴　目　的

　IFRS第15号では，財務諸表の利用者が，顧客との契約から生じる収益およびキャッシュ・フローの性質，金額，時期および不確実性を理解できるようにするための十分な情報を開示することを要求している。この開示目的を達成するため，以下のすべてに関する定量的および定性的情報を開示しなければならない（IFRS第15号第110項）。

　①　顧客との契約（収益の分解，契約残高，履行義務を含む）
　②　当該契約にIFRS第15号を適用する際に行った重要な判断および当該判断の変更
　③　顧客との契約の獲得または履行のためのコストから認識した資産

　企業は，開示目的を満たすために必要な詳細さのレベルと，さまざまな要求事項のそれぞれについてどの程度の重点を置くべきかを考慮しなければならない。また，企業は，大量に瑣末な詳細情報を記載したり，特徴が大きく異なる項目を合算したりすることで，有用な情報が不明瞭とならないように開示を集約または分解しなければならない（IFRS第15号第111項）。

　なお，IFRS第15号においては，開示要求についても実務上の便法を認めている場合があり，要件に該当する場合には，実務上の便法を利用している事実を開示することにより，IFRS第15号第110項で要求する開示を省略することができる。

　また，他の基準に基づいてすでに開示されている情報については，IFRS第15号に基づいた開示を重ねて行う必要はない（IFRS第15号第112項）。

PwC's Eyes

　開示は重要な項目に対して求められるものである。どの項目を重要性があるとして開示するのか，また，どの程度詳細に記載することが適切であ

るかは，企業のビジネスや環境，顧客との取引の状況等によって異なると考えられる。そのため，企業が開示の集約や分解を決定する際には，開示目的および重要性に基づき判断する必要がある。

図表Ⅳ－1－7では，IFRS第15号により，事業年度末に要求される主な開示項目の一覧を示している。

(図表Ⅳ－1－7) 事業年度末に要求される主な開示項目の一覧

開示項目	主な定量的情報	主な定性的情報
顧客との契約	認識された収益，債権等の減損損失	－
収益の分解	製品分類別，地域別，顧客別等の収益	収益の分解情報とセグメント情報との関係（※）
契約残高	売上債権，契約資産，契約負債の期首および期末残高，収益に振り替わった金額	企業結合，契約資産の減損等による重要な変動
履行義務	－	典型的な履行義務の充足時期，重要な支払条件
残存する履行義務に配分される取引価格	期末時点で配分されている金額の総額 (ただし，開示に関する実務上の便法を採用している場合は開示不要)	●残存する履行義務が充足する時期（※） ●取引価格に含まれていない対価（変動対価） ●実務上の便法を適用している場合は，その旨および上記の取引価格に含まれていない対価の開示に含まれていない旨
重要な適用上の判断	－	●収益の測定方法と採用の理由 ●一時点で充足する履行義務の充足時点の説明 ●取引価格の算定と配分方法（変動対価の見積りを含む）
契約コスト	主要な区分別資産の期末残高，償却額，減損損失	契約コストの価格の決定の判断と償却方法
実務上の便法を採用している場合	－	採用した事実 (貨幣の時間価値および契約獲得の増分コストの資産化について)

(※) 定量的情報を含めた開示も考えられる。

以下では，IFRS 第15号で要求される開示項目のそれぞれについて解説するが，具体的な開示のイメージについては次章「IFRS 第15号に準拠した開示例」を参照されたい。

(2) 分解した収益の開示
① 目　的
　IFRS 第15号では，企業に対して，顧客との契約から生じる収益を，収益およびキャッシュ・フローの性質，金額，時期および不確実性がどのように経済的要因の影響を受けるのかを描写する区分に分解することを要求している（IFRS 第15号第114項）。収益は，さまざまな財またはサービスをさまざまな市場の顧客に移転する契約から生じているため，包括利益計算書において認識される収益は，顧客との多くの契約から生じた複合的な金額となっている。IFRS 第15号では，認識された収益の内訳を財務諸表の利用者が理解する助けとなるよう，分解した収益の情報を提供することを求めている。

② 区分の種類
　分解した収益を開示するため，企業はどのような区分が適切であるかを判断しなければならない。企業の収益をどの程度分解するのが適切であるかは，企業の顧客との契約に固有の事実および状況に応じて決まるため，IFRS 第15号では具体的な区分の要求はない。企業によっては，複数の種類の区分を使用することが必要になる場合もあるが，他方で，1つの種類の区分だけを使用することで目的を満たせる場合もある（IFRS 第15号 B87項）。
　企業は，収益を分解するために用いる区分の種類を選択する際に，企業の収益に関する情報が他の目的でどのように表示されているのかを，以下のすべてを含めて考慮しなければならない（IFRS 第15号 B88項）。
　(a) 財務諸表の外で表示されている開示（例えば，決算発表，年次報告書，投資家向けの発表において）
　(b) 最高経営意思決定者が事業セグメントの財務業績を評価するために定期的に検討している情報
　(c) 他の情報のうち，上述の(a)および(b)で識別された種類の情報に類似し，

企業または企業の財務諸表の利用者が企業の財務業績の評価または資源配分の決定を行うために使用するもの

③ 区分の種類の例示

IFRS 第15号では,適切であると考えられる区分の種類の例として,以下のものを示しているが,これらの区分の種類に限定されるものではない。

(a) 財またはサービスの種類（例えば,主要な製品ライン）
(b) 地理的区分（例えば,国または地域）
(c) 市場または顧客の種類（例えば,政府と政府以外の顧客）
(d) 契約の種類（例えば,固定価格と実費精算契約）
(e) 契約の存続期間（例えば,短期契約と長期契約）
(f) 財またはサービスの移転の時期（例えば,一時点で顧客に移転される財またはサービスから生じる収益と一定の期間にわたり移転される財またはサービスから生じる収益）
(g) 販売経路（例えば,消費者に直接販売される財と仲介業者を通じて販売される財）

④ セグメント情報との関係

企業は,財務諸表利用者が,分解した収益の開示と IFRS 第8号に基づいて開示される各報告セグメントの収益情報との関係を理解できるようにするために十分な情報を開示しなければならない（IFRS 第15号第115項）。

> **PwC's Eyes**
>
> 他の基準に基づいてすでに開示した情報について，IFRS 第15号に基づく開示を重ねて行う必要はない。例えば，IFRS 第8号「事業セグメント」に従って提供される収益に関する情報が，IFRS 第15号の開示要求を満たしており，かつ，当該収益の開示が IFRS 第15号の認識および測定の要求事項に基づいている場合には，企業は分解した収益の開示を重ねて行う必要はない。
>
> しかし，企業の経営者は，セグメント情報として開示される収益情報と IFRS 第15号に基づく分解した収益の開示が同様のレベルの分解でよいとの先入観を持つべきではない。例えば，セグメント情報においては，一定の要件を満たした場合には，集約することが認められている（IFRS 第8号第12項）が，IFRS 第15号においてはこれと同様の集約を認める規定は存在しない。したがって，セグメント情報において一部の情報が集約されているときには，分解した収益の開示は，より詳細に分解したレベルの情報を開示する必要がある場合も考えられる。

(3) 契約残高の開示

① 目 的

契約残高の開示要求は，財務諸表の利用者が，ある報告期間に認識された収益と企業の契約資産および契約負債の残高の変動との関係を理解することを助け，契約資産の債権への振替または現金での回収が通常いつ行われるのかおよび契約負債がいつ収益として認識されるのかに関する情報が提供される。また，当事業年度の収益として認識された金額に，当事業年度の業績の成果とはいえない部分がある場合，このような情報を提供することは当期の営業成績および将来の収益の予測に関して有用である。

この契約残高の開示方法については，必ずしも表形式で示すことは求められていない。要求される契約残高の情報が開示されている限りにおいて，開示の形式や方法は，企業が決めることができる。

② 開示内容

IFRS 第15号では，以下の定量的な事項を開示することを求めている（IFRS

第15号第116項)。

- 顧客との契約から生じた債権,契約資産及び契約負債の期首残高及び期末残高(区分して表示又は開示していない場合)
- 当報告期間に認識した収益のうち期首現在の契約負債残高に含まれていたもの
- 当報告期間に,過去の期間に充足(又は部分的に充足)した履行義務から認識した収益(例えば,取引価格の変動)

また,以下の事項については,開示することが要求されているが,定性的な情報として開示することが認められている(IFRS第15号第117項)。

- 履行義務の充足の時期が通常の支払いの時期にどのように関連するか。
- 上述したそれぞれの時期に関連する要因が,契約資産及び契約負債の残高に与える影響

さらに,IFRS第15号では,報告期間中の契約資産および契約負債の残高の重大な変動を,定性的情報と定量的情報を使用することにより説明しなければならない(IFRS第15号第118項)。この情報を企業が作成するにあたって,契約資産および契約負債の残高の変動の例として,以下のものが示されている。

- 企業結合による変動
- 収益に対しての累積的なキャッチアップ修正のうち,対応する契約資産又は契約負債に影響を与えるもの。これには,進捗度の測定値の変動,取引価格の見積りの変更(変動対価の見積りが制限されるのかどうかの評価の変更を含む)又は契約変更が含まれる。
- 契約資産の減損
- 対価に対する権利が無条件となる(すなわち,契約資産が債権に分類変更される)時間枠の変化
- 履行義務が充足される(すなわち,契約負債から生じる収益が認識される)時間枠の変化

(4) 履行義務の開示
① 目　的
　企業が顧客との契約における履行義務に関する情報を含めることにより，財務諸表の利用者に対して，企業が既存の契約から認識すると見込んでいる収益の金額と時期に関して十分に理解できる有用な情報を提供することができる。

> **PwC's Eyes**
>
> 　履行義務の開示については，どのような企業にも該当する標準的な説明に終始するのではなく，企業の収益認識に関する会計方針を補足するような情報を提供するべきである。

② 履行義務に関する開示
　企業は，顧客との契約における履行義務に関する以下のすべての情報を開示しなければならない（IFRS 第15号第119項）。

- 企業が履行義務を充足する通常の時点（例えば，出荷時，引渡時，サービスを提供するにつれて，あるいはサービスの完了時）。この開示には，請求済未出荷契約において履行義務がいつ充足されるのかが含まれる。
- 重大な支払条件（例えば，通常の支払期限，契約に重大な金融要素があるかどうか，対価の金額に変動性があるかどうか，変動対価の見積りの規定（本規定の内容は，第Ⅱ部第 3 章 2 .「変動対価」（80頁）参照）に従って通常制限されるのかどうか）
- 企業が移転を約束した財又はサービスの内容（他の当事者が財又はサービスを移転するよう手配する履行義務（すなわち，企業が代理人として行動する場合）を強調する）
- 返品及び返金の義務並びにその他の類似の義務
- 製品保証及び関連する義務の種類

③ 残存履行義務に関する開示
　企業は，残存履行義務に関して以下の情報を開示しなければならない（IFRS 第15号第120項）。

- 報告期間末現在で未充足（又は部分的に未充足）の履行義務に配分した取引価格の総額
- 上記に従って開示した金額を企業がいつ収益として認識すると見込んでいるのかの説明。企業はこれを以下のいずれかの方法で開示しなければならない。
  - 残存履行義務の残存期間に最も適した期間帯を使用した定量的ベースによる方法
  - 定性的情報を使用した方法

PwC's Eyes

残存履行義務に関する開示について、企業がいつ収益として認識すると見込んでいるかの説明は、履行義務を充足する時期について、企業の経営者の判断を求めるものである。このため、企業のコントロールできない外的な要因が履行義務を充足する時期に影響を与える場合には、どのような説明を行うかについて重要な判断が求められることになる。

④ 履行義務の開示に関する実務上の便法

IFRS第15号では、履行義務の開示に関する実務上の便法が設定されており、企業は、以下のいずれかの条件に該当する場合に、履行義務について、上記③の開示をすることは求められていない（IFRS第15号第121項）。

- 当該履行義務が、当初の予想期間が1年以内の契約の一部である。
- 企業が、一定の期間にわたり充足される履行義務の進捗度の測定方法としてアウトプット法の実務上の便法を適用して収益を認識している。

上記のアウトプット法の実務上の便法とは、一定の期間にわたり充足される履行義務について認められる進捗度の測定方法の1つである。これは、現在までに完了した企業の履行に対する顧客にとっての価値に直接対応する金額で、企業が顧客から対価を受ける権利を有している場合には、企業は請求する権利を有している金額で収益を認識することができるというものである（IFRS第

15号B16項)。例えば，企業が提供するサービスについて，固定金額が時間チャージで定められており，時間数ごとにこの固定金額を顧客が支払う契約などは，この実務上の便法が利用できる対象となる。

なお，企業は，履行義務の開示に関する実務上の便法（すなわち，上記③の開示をしない）を適用した場合には，以下を説明することが要求される（IFRS第15号第122項）。

> - 履行義務の開示に関する実務上の便法を適用しているかどうか。
> - 顧客との契約からの対価の中に取引価格に含まれていないものがあるのかどうか（例えば，取引価格の見積りには，制限されている変動対価の金額の見積りは含まれない）。

(5) 重要な判断に関する開示
① 目 的
　企業は，IFRS第15号の適用にあたり行った判断および判断の変更のうち，顧客との契約から生じる収益の金額や時期の決定に重要な影響を与える情報を開示することにより，利用者に対して顧客との契約から生じる収益に関する有用な情報を提供することとなる。したがって，企業は，次の2つの事項を決定する際に用いた判断および当該判断の変更を説明しなければならない（IFRS第15号第123項）。

> - 履行義務の充足の時期
> - 取引価格及び履行義務への配分額

　以下では，履行義務の充足の時期と取引価格および履行義務への配分額のそれぞれについて，どのような開示が要求されているのかを説明する。

② 履行義務の充足の時期の決定
　履行義務の充足については，一定の期間にわたり充足される履行義務と一時点で充足される履行義務がある。そのため，企業は，履行義務の充足についてそれぞれ以下を開示しなければならない（IFRS第15号第124項および第125項）。

- 一定の期間にわたり充足される履行義務
  - 収益を認識するために使用した方法（例えば，使用したアウトプット法又はインプット法の記述及び当該方法をどのように適用しているのか）
  - 上記の使用した方法が財又はサービスの移転の忠実な描写となる理由の説明
- 一時点で充足される履行義務
  - 約束した財またはサービスに対する支配を顧客がいつ獲得するのかを評価する際に行った重要な判断

③ 取引価格および履行義務への配分額の算定

企業は，以下のすべてについて使用した方法，インプットおよび仮定に関する情報を開示しなければならない（IFRS第15号第126項）。

- 取引価格の算定（これには，変動対価の見積り，対価の貨幣の時間価値の影響についての調整，現金以外の対価の測定が含まれるが，これらに限定されない）
- 変動対価の見積りが制限されるのかどうかの評価
- 取引価格の配分（約束した財又はサービスの独立販売価格の見積り及び契約の特定の部分への値引き及び変動対価の配分（該当がある場合）を含む）
- 返品及び返金の義務並びにその他の類似した義務の測定

(6) 顧客との契約の獲得または履行のためのコストから認識した資産

① 目　的

　IFRS第15号の対象となる取引から生じる顧客との契約の獲得または履行のためのコストから認識した資産について，コストの種類や償却方法・償却期間，減損に関する情報を提供することは，財務諸表の利用者の顧客との契約から生じる収益に係る理解を助けるものと考え，開示が要求されている。

② 開示内容

企業は，以下の両方を記述しなければならない（IFRS 第15号第127項）。

- 顧客との契約の獲得又は履行のために発生したコストの金額を算定する際に行った判断
- 各報告期間に係る償却の決定に使用している方法

また，企業は，定量的な情報として以下のすべてを開示しなければならない（IFRS 第15号第128項）。

- 顧客との契約の獲得又は履行のために発生したコストから認識した資産について，主要な区分別の期末残高（主要な区分の例としては，顧客との契約の獲得のためのコストや契約前コスト，セットアップコストなどがある）
- 当報告期間に認識した償却及び減損損失の金額

(7) 期中財務報告における開示

IFRS では，IAS 第34号において期中財務報告の開示要求が定められている。顧客との契約から生じる収益については，以下の事項を開示することが，IAS 第34号において明示的に求められている。

- 収益の分解（上記(2)参照のこと）：通常，期首からの累計ベースで報告しなければならない（IAS 第34号第16A 項(1)）。
- 資産の減損損失及び戻入れ：金融資産や有形固定資産などと同様に，顧客との契約から生じる資産についても，減損による損失の計上や戻入れが重要である場合には開示が求められる（IAS 第34号第15B項(b)）。

なお，IAS 第34号では，直近の年次報告期間の末日後の企業の財政状態の変動および業績を理解するうえで重要な事象および取引についての説明を含めることが求められている（IAS 第34号第15項）。

第2章 IFRS 第15号に準拠した開示例

　本章では，ある架空の上場企業（VALUE IFRS Plc）を想定して作成したIFRSに基づく連結財務諸表のうち，IFRS 第15号で要求される開示を抜粋したものを紹介する。本章の開示例は，2016年1月1日以後開始する事業年度に適用となるIFRSに準拠しており，VALUE IFRS Plc が，2016年12月31日に終了する連結会計年度において IFRS 第15号を初めて適用する場合に必要と考えられる内容を例示している。

　VALUE IFRS Plc は，製品の製造およびサービスの提供を行う会社であり，従前から IFRS を適用して連結財務諸表を作成していると仮定している。本開示例の作成にあたっては，現実的で一般的な連結財務諸表となるよう心がけたが，注記等で示している金額は単なる例示を目的としたものであるため，全体を通して必ずしも整合していない可能性がある。また，表示および開示に関して金額的な重要性は考慮していないことにも留意いただきたい。

　本章では IFRS に準拠した開示例を示しているが，本開示例の形式が IFRS上，唯一認められる開示の方法というわけではない。IFRS の要求事項に従っている限り，別の表示や開示も認められると考える。また，本開示例が前提としている事実や状況と異なる場合には，異なる測定および分類，ならびに表示・開示が適切なケースもあると考える。本開示例は，以下に記載する前提に基づくものであることに留意いただきたい。

＜本開示例における主要な前提＞
- ■VALUE IFRS Plc（以下「当グループ」）は，2016年度の連結財務諸表に初めて IFRS 第15号を適用している（すなわち，適用開始日は2016年1月1日

である）。当グループは，IFRS 第15号 C5項の実務上の便法を使用せず，IFRS 第15号 C3項(a)に従って IFRS 第15号の完全遡及適用を選択している。

- IFRS 第15号の適用により当グループの会計方針を変更したため，連結財政状態計算書と連結包括利益計算書で認識している特定の表示項目の金額の認識，測定，および表示に影響が生じた。この説明は，本章の開示例における注記26「会計方針の変更」を参照のこと（なお当該注記においては，IFRS 第15号の適用が連結貸借対照表の表示項目に与える影響についてのみ説明している）。
- 当グループは，販売手数料など，契約を獲得するための重要なコストはない。
- 例えば，顧客との契約から生じる債権に対して求められる IFRS 第7号の開示など，IFRS 第15号以外の基準で要求される開示は例示していない。
- その他，IFRS 第15号の要求事項のうち，次の論点については本開示例では例示していない。
  - 契約獲得のために発生したコスト（IFRS 第15号127項〜129項，94項）
  - 製品保証および関連する義務の種類（IFRS 第15号119項(e)）
  - 簡素化した移行の方法（IFRS 第15号 C5項〜C7A項）
- 本開示例に含まれる内容は次のとおりである。
  - 連結包括利益計算書の抜粋
  - 連結財政状態計算書の抜粋
  - 顧客との契約から生じる収益に関する注記（注記3）
  - 金融リスク管理の抜粋（注記12）
  - 重要な会計方針の要約の抜粋（注記25）
  - 会計方針の変更（注記26）

本章の開示例は，VALUE IFRS Plc の連結財務諸表からの抜粋である。他の表示および開示についてご覧になりたい場合は下記 URL の「IFRS に基づく連結財務諸表のひな型2016年版」が有用であるため，参照されたい。

https://inform.pwc.com/inform2/s/informContent/1655300106011205

連結包括利益計算書（抜粋）

IAS 1号		注記	2016年 （単位：百万円）	2015年 修正再表示* （単位：百万円）
IAS 1号51項(c),(e) IAS 1号113項				
IAS 1号82項(a)	継続事業 収益	3	204,890	148,680

連結財政状態計算書（抜粋）

		注記	2016年 12月31日 （単位：百万円）	2015年 12月31日 修正再表示* （単位：百万円）	2015年1月1日 修正再表示* （単位：百万円）
IAS 1号60項,66項	資産 流動資産				
IAS 1号54項(h) IFRS 7号8項(c)	売上債権およびその他の債権	7(a)	17,388	9,587	6,346
	契約資産	3(b)	1,859	3,117	1,897
IAS1号60項,69項 IAS1号54項(n)	流動負債 契約負債	3(b)	2,527	1,760	934

* 会計方針の変更の詳細については注記26「会計方針の変更」を参照のこと。

3 顧客との契約から生じる収益

IFRS15号113項

当グループは、収益に関連する以下の金額を損益計算書に認識している。

	注記	2016年 (単位：百万円)	2015年 修正再表示* (単位：百万円)
顧客との契約から生じる収益	3(a)	197,650	141,440
その他の源泉から生じる収益：賃貸料およびサブリース賃貸料	8(b)	7,240	7,240
収益合計		204,890	148,680

IFRS15号113項(a)

* 会計方針の変更の詳細については注記26「会計方針の変更」を参照のこと。

3(a) 顧客との契約から生じる収益の分解

IFRS15号114項

当グループの収益は、以下の主要な製品ラインおよび地理的区分に基づく一定の期間にわたるおよび一時点における財およびサービスの移転から構成される。

2016年	家具－製造		家具－小売	ITコンサルティング		電子機器	その他の全セグメント	合計
	日本 (単位：百万円)	中国 (単位：百万円)	日本 (単位：百万円)	米国 (単位：百万円)	欧州 (単位：百万円)	日本 (単位：百万円)	(単位：百万円)	(単位：百万円)
セグメント収益	55,100	35,100	31,600	33,300	16,900	13,850	16,600	202,450
セグメント間収益	(1,200)	(700)	(900)	(800)	(300)	(500)	(400)	(4,800)
外部顧客からの収益	53,900	34,400	30,700	32,500	16,600	13,350	16,200	197,650
収益の認識時期								
一時点	53,900	34,400	30,700	1,000	600	13,350	16,200	150,150
一定の期間にわたる	－	－	－	31,500	16,000	－	－	47,500
	53,900	34,400	30,700	32,500	16,600	13,350	16,200	197,650

IFRS15号115項
IFRS8号23項(b)
IFRS8号23項(a),28項(a)
IFRS15号B87項-B89項

2015年	家具－製造		家具－小売 日本 修正再表示* (単位：百万円)	ITコンサルティング		電子機器	その他の全セグメント	合計
	日本 (単位：百万円)	中国 (単位：百万円)		米国 (単位：百万円)	欧州 (単位：百万円)	日本 (単位：百万円)	(単位：百万円)	(単位：百万円)
セグメント収益	60,350	22,560	14,300	22,600	14,790	－	10,400	145,000
セグメント間収益	(1,150)	(800)	(300)	(600)	(610)		(100)	(3,560)
外部顧客からの収益	59,200	21,760	14,000	22,000	14,180		10,300	141,440
収益の認識時期								
一時点	59,200	21,760	14,000	800	500		10,300	106,560
一定の期間にわたる	－	－	－	21,200	13,680		－	34,880
	59,200	21,760	14,000	22,000	14,180		10,300	141,440

IFRS15号115項
IFRS15号B87項-B89項

3(b) 契約資産および契約負債

当グループは，収益に関連する契約資産および契約負債を以下のとおり認識している。

		注記	2016年12月31日(単位:百万円)	2015年12月31日*(単位:百万円)	2015年1月1日*(単位:百万円)
IAS1号77項	ITコンサルティング契約に関連する契約資産	(b)(i),(c)(iv)	1,547	2,597	1,897
	契約履行コストから認識した資産	(b)(iv)	312	520	–
	契約資産合計		1,859	3,117	1,897
IAS1号77項	契約負債 – 予想数量割引	(b)(i),(c)(i)	350	125	100
IAS1号77項	契約負債 – 顧客への予想返金	(c)(i),(ii)	145	110	179
IAS1号77項	契約負債 – カスタマー・ロイヤルティ・プログラム	(c)(iii)	602	536	450
IAS1号77項	契約負債 – ITコンサルティング契約	(b)(iii),(c)(iv)	1,430	989	205
	契約負債合計		2,527	1,760	934

* 組替および再測定金額 – 説明については注記26「会計方針の変更」を参照のこと。

(i) 契約資産および契約負債の重大な変動

固定価格の契約について，合意している支払期日前に当グループが提供したサービスが減少したため，契約資産が減少した。さらに，契約履行コストに係る資産に関連して77百万円の減損損失も認識した。詳しい情報については下記(iv)を参照のこと。

予想数量割引およびITコンサルティング契約についての契約負債は，VALUE IFRSエレクトロニクス・グループを取得したことで473百万円増加した。注記14「企業結合」を参照。

(ii) 契約負債に関連して認識した収益

以下の表は，当報告年度に認識した収益のうち，繰り越された契約負債に関連する金額および過去の期間に充足した履行義務に関連する金額を示している。

	2016年12月31日(単位:百万円)	2015年12月31日 修正再表示*(単位:百万円)
認識した収益のうち期首現在の契約負債残高に含まれていたもの		
ITコンサルティング契約	230	178
カスタマー・ロイヤルティ・プログラム	190	272*
過去の期間に充足した履行義務について認識した収益		
制限により従前は認識しなかった，家具の卸売契約からの対価	150	–

下記の3(c)(i)を参照のこと。

* 会計方針の変更に関する詳細については注記26「会計方針の変更」を参照のこと。

(iii) 未充足の長期ITコンサルティング契約
以下の表は，固定価格の長期ITコンサルティング契約により生じた，未充足の履行義務を示している。

	2016年 12月31日 (単位：百万円)	2015年 12月31日* (単位：百万円)
IFRS15号120項 — 12月31日現在で，部分的またはすべて未充足の長期ITコンサルティング契約に配分した取引価格の総額	8,881	-*

IFRS15号C5項(d), C6項　　* IFRS15号の経過措置で認められているとおり，2015年12月31日現在で未充足の（部分的な未充足を含む）履行義務に配分した取引価格は開示していない。

IFRS15号120項(b), 122項　　経営者は，2016年12月31日現在で未充足の契約に配分した取引価格の60％（5,328百万円）は，翌報告期間に収益として認識すると予想している。残りの40％（3,553百万円）は，2018年事業年度に認識する予定である。上記の開示金額には，制限されている変動対価は含まれていない。

IFRS15号121項, 122項　　その他のすべてのITコンサルティング契約は1年以内のもの，もしくは発生時に請求されているものである。IFRS15号で認められているとおり，これらの未充足の契約に配分した取引価格は開示していない。

(iv) 契約履行コストから認識した資産
上記で開示している契約残高に加えて，当グループは，IT長期契約を履行するためのコストに関連する資産も認識している。これは，貸借対照表で契約資産の中に含めて表示している。

	2016年 12月31日 (単位：百万円)	2015年 12月31日 修正再表示* (単位：百万円)
IFRS15号128項 — 12月31日現在で，契約履行コストから認識した資産	312	520
当期中のサービス提供コストとして認識した償却費および減損損失	208	131

　　* 会計方針の変更に関する詳細については注記26「会計方針の変更」を参照のこと。

IFRS15号127項　　IFRS15号適用にあたって，当グループは，固定価格のITコンサルティング契約履行のためのITプラットフォーム開発において発生したコストに関連する資産を認識した。2015年度は，このコストを発生時に費用処理していた。（詳細については注記26(iii)を参照）この資産は，関連する特定の契約期間にわたって定額法により償却している（関連する収益の認識パターンと一致）。2016年度は見積コストが30％増加しており，経営者は資産計上したコストは全額回収されないと予想している。このため，費用認識していない契約に直接関連するコストを控除した残りの見込対価を超過する資産計上したコスト77百万円を減損損失として認識した。

3(c) 会計方針および重要な判断
(i) 製品の販売―卸売事業

IFRS15号119項

IFRS15号119項(a),(c)
IFRS15号123項(a),125項

当グループは，種々の家具および電子機器の製造および卸売市場における販売を行っている。製品の支配が卸売業者に移行したとき，すなわち，製品が卸売業者に引き渡され，卸売業者が製品の販売に係る流通方法や価格の決定権を有し，卸売業者における製品の検収に影響を及ぼす可能性のある未履行の義務が何ら存在しなくなった時点で，収益を認識している。製品を指定場所に出荷し，陳腐化や損失のリスクが卸売業者に移転し，さらに，販売契約に基づいて製品を卸売業者が検収したか，または検収に係る留保条件が消滅したか，あるいはすべての検収条件の充足を示す客観的な証拠を当グループが入手した時点で納品となる。

IFRS15号119項(b),(d)
123項(b),126項

家具は，12か月間の販売総額に基づく数量割引を付けて販売されることが多い。これらの販売による収益は，契約で定める価格から数量割引の見積りを控除した純額で認識している。数量割引の付与および見積りは過去の経験に基づく期待値法を用いており，収益は重大な戻入れが生じない可能性が非常に高い範囲でのみ認識している。契約負債は，報告期間末までの販売に関連して顧客に支払われると予想される数量割引に対して認識している。販売は市場慣行に合わせて支払条件を30日としているため，金融要素は存在しないとみなす。標準保証の条件に基づき，不良製品について返金する当グループの義務は，引当金として認識している。詳細については注記8「非金融資産および非金融負債」を参照のこと。

IFRS15号117項

債権は，対価に対する権利が無条件となる商品引渡時に認識する（商品引渡後から支払期限までは時の経過のみであるため）。

IFRS15号123項

> **収益を認識する際の重要な判断**
>
> 当グループは，2016年12月に，卸売顧客への家具売上として2,950百万円の収益を認識した。買手は，最初の販売家具100個の5％について品質にクレームがある場合，販売契約を解約する権利を有している。このような譲歩が設定されているのは，この製品がこの顧客専用に設計された新製品のためである。ただし，当グループは，他の契約と同様に，家具が顧客に引き渡されるまで支払いを受ける権利を有していない。適用している品質保証システムを考慮すると，顧客のクレーム発生率5％をはるかに下回る品質を達成できると当グループは確信している。したがって，経営者は，契約の解約はなく，また認識した収益の重大な戻入れが発生しない可能性は非常に高いと判断した。このため，製品の支配が顧客に移転する2016年度中にこの取引の収益を認識することは適切である。この販売について認識した利益は1,625百万円であった。当販売契約が解約される場合，当グループは，2017年度の財務諸表において，計1,760百万円（2016年利益の戻入れ1,625百万円および倉庫への在庫返品に関連するコスト135百万円の計）の税引前損失を被ることになると予想される。
>
> 2015年，当グループは，新規顧客および新製品ラインについて，数量割引のある卸売契約に関連する収益280百万円を認識しなかった。この顧客の購入パターンおよびこの製品ラインに関する実績がないため，経営者は収益の一部について戻入れが発生しない可能性は非常に高くないと判断した。2015年度に認識しなかった収益280百万円のうちの150百万円を，契約期間中の販売実数に基づいて当事業年度に認識した。上記3(b)(ii)を参照のこと。

(ii) 製品の販売—小売事業

IFRS15号119項(a),(c) 123項,125項	当グループは，家具販売の小売店チェーンを運営している。製品販売による収益は，グループ企業が顧客に製品を販売した時点で認識する。
IFRS15号117項, 119項(b),(d),123項 (b),126項	取引価格の支払いは，顧客が家具を購入した時点である。28日以内の返品権付きで最終顧客に製品を販売することが当グループの方針である。したがって，返品が見込まれる製品について，契約負債（返金負債）および返品権（その他の流動資産に含まれている）を認識する。返品の見積りは，過去の経験に基づき，販売時点にポートフォリオレベルで行う（期待値法）。返品される製品数量は数年間安定しているため，認識した収益の累計額に重大な戻入れが発生しない可能性は非常に高い。この仮定の妥当性および見積返金額は，報告日ごとに再評価している。

(iii) 製品の販売—カスタマー・ロイヤルティ・プログラム

IFRS15号119項(a),(c) 123項,125項	当グループは，小売顧客に将来の購入時に値引きとして交換できるポイントを提供するロイヤルティ・プログラムを運営している。特典ポイントから生じる収益は，ポイントが交換された時，または，当初販売後12か月が経過しポイントが消滅したときに認識する。
IFRS15号123項, 126項(c) IFRS15号119項(b),(d) 123項(b),126項	**取引価格の配分における重要な判断** ポイントは，顧客に重要な権利を提供するものであり，顧客は契約を締結しなければポイントを受け取ることはできない。したがって，顧客にポイントを提供する約束は，独立した履行義務である。独立販売価格の比率に基づいて，取引価格を製品とポイントに配分する。経営者は，過去の実績に基づいて，ポイント交換時に付与される値引きおよび交換の発生可能性を基礎として，1ポイント当たりの独立販売価格を見積もっている。 販売した製品の独立販売価格は，小売価格に基づき見積もっている。値引きが発生することは非常に稀な状況であるため，値引きを考慮していない。
IFRS15号117項	ポイントが交換されるまたは消滅するまで，契約負債を認識している。

(iv) ITコンサルティング・サービス

IFRS15号119項(a),(c) 124項,125項	ITコンサルティング部門は，事業向けITの運営，設計，実装，およびサポートのサービスを提供している。サービスの提供から生じる収益は，サービスが提供される会計期間に認識する。固定価格契約の収益は，提供予定のサービス全体における報告期間末時点の提供済のサービスの比率に基づき認識する。この比率は，見積労働時間合計における実際に費やした労働時間の比率に基づいて決定する。
IFRS15号22項,73項, 79項	一部の契約には，ハードウェアとソフトウェアのインストールなど，複数の引渡対象物が含まれる。ほとんどの場合，インストールは簡単で統合サービスを含まないため，他の当事者が行うことは可能である。そのため，インストールは独立した履行義務として会計処理している。この場合，取引価格は，独立販売価格に基づきそれぞれの履行義務に配分される。独立販売価格が直接的に観察可能でない場合，予想コストにマージンを加算した金額に基づいて見積もる。契約にハードウェアの設置が含まれる場合，ハードウェアが引き渡され，法的所有権が移転し，かつ顧客がハードウェアを検収した時点で，ハードウェアに係る収益を認識する。

IFRS15号119項(b),(d) 123項(b), 126項	状況の変化に応じて，収益，コスト，または進捗度の見積りを見直している。見積もった収益またはコストの増減は，見直しが必要となる状況を経営者が認識した期間の損益に反映する。
IFRS15号117項	固定価格契約の場合，顧客は支払予定に基づいて定額を支払う。当グループが提供したサービスが支払を超過する場合には契約資産を認識する。支払が提供したサービスを超過する場合には契約負債を認識する。
IFRS15号117項, B16項	契約が時間ベースの料金を含む場合，当グループが請求する権利を有する金額で収益を認識する。顧客への請求は月次で，対価は請求時に支払われる。
IFRS15号123項 126項(c)	**取引価格の配分における重要な判断** 固定価格のITサポート契約には，所定の金額を上限として，当該契約期間につき1回無料でハードウェア本体を交換することができる手当が含まれている。この契約には2つの独立した履行義務が含まれるため，取引価格は，独立販売価格の比率に基づいてこれらの履行義務に配分しなければならない。経営者は，契約開始時に，交換される可能性が高いハードウェアの種類の観察可能な価格および類似の状況で類似の顧客に提供するサービスの観察可能な価格に基づいて，独立販売価格を見積もる。値引きを付与する場合，独立販売価格の比率に基づいて両方の履行義務に配分する。

(v) 土地開発および再販売

IFRS15号119項(a),(c) 123項, 125項	当グループは，住宅用不動産の開発と販売を行っている。不動産に対する支配が顧客に移転した時点で収益を認識している。不動産は，契約上の制限により，通常，他に転用することができない。ただし，支払を受ける強制可能な権利は，不動産の法的所有権が顧客に移転するまで発生しない。そのため，収益は，法的所有権が顧客に移転した時点で認識する。
IFRS15号119項(b),(d) 123項(b), 126項, 129項, 63項 IFRS15号117項	収益は，契約で合意された取引価格で測定している。多くの場合，対価は，法的所有権が移転したときに支払期限となる。稀な状況において延払条件が合意されることもあるが，この延払は12か月を超えない。そのため，取引価格には，重大な金融要素の影響を調整していない。

(vi) 金融要素

IFRS15号129項, 63項	当グループは，約束した財またはサービスの顧客への移転と顧客による支払の間の期間が1年を超える契約はないと予想している。そのため，当グループは，取引価格について貨幣の時間価値を調整していない。

12 金融リスク管理(抜粋)

12(c) 信用リスク(抜粋)
(iv) 減損した売上債権(抜粋)
純損益に認識した金額
当年度において,減損した債権に関連して損益に認識した利得/(損失)は次のとおりである。

	2016年 (単位:百万円)	2015年 (単位:百万円)
減損損失		
- 個別に減損した債権	(200)	(130)
- 減損による引当金の増減	(580)	(540)
過去の減損損失の戻入れ	35	125

IFRS7号20項(e) — 減損損失
IFRS7号20項(e) — 過去の減損損失の戻入れ
IFRS15号113項(b) — 上記の減損損失のうち,739百万円(2015年度は647百万円)は,顧客との契約から生じた債権に関連している(注記3「顧客との契約から生じる収益」を参照)。

25 重要な会計方針の要約(抜粋)

IAS1号117項

IAS1号112項(a), 117項

25(a) 作成基準(抜粋)
(iii) 企業が適用した新基準および修正基準

IAS8号28項(b),(d)
IFRS15号C3項

当グループは,2014年5月に公表されたIFRS15号「顧客との契約から生じる収益」を適用することを選択している。IFRS15号の経過措置に従い,新たな規定を遡及して適用しており,2015年事業年度の比較情報を修正再表示している。会計方針の変更の影響に関する詳細な情報については注記26「会計方針の変更」を参照のこと。

IAS1号119項

25(e) 収益認識
当グループの主な種類の収益の会計方針については,注記3「顧客との契約から生じる収益」で説明している。

26 会計方針の変更

IAS8号28項(c)

上記の注記25に記載しているように,当グループは,2014年5月に公表されたIFRS15号を適用しており,その結果,会計方針の変更および財務諸表に認識した金額に対する調整が生じた。主な変更点について,以下に説明する。

(i) 返金の会計処理

顧客が，所定の期間内に製品を返品する権利を有している場合，当グループは，これまで，返品に関する引当金を，売上利益に基づいて純額ベースで測定し認識していた（2014年12月31日現在100百万円および2015年12月31日現在72百万円）。収益は返品の見積価値について修正し，販売コストは返品が見込まれる財の価値について修正していた。

顧客が製品を返品した場合，企業は購入価格を返金する義務があるため，IFRS15号のもとでは，顧客に対する予想返金にかかる契約負債の総額（返金負債）を収益に対する修正として認識している（2015年1月1日現在179百万円および2015年12月31日現在110百万円）。同時に，顧客が返品権を行使した場合，当グループは顧客から製品を回収する権利を有しているため，資産および対応する販売コストの修正（2015年1月1日現在79百万円および2015年12月31日現在38百万円）を認識している。資産は，製品の以前の帳簿価額を参照して測定する。顧客は通常，製品を店舗で販売可能な状態で返品するため，製品を回復するコストに重要性はない。

この会計方針の変更を反映するため，当グループは2015年1月1日に引当金から100百万円を契約負債179百万円および契約資産79百万円に組み替えた（2015年12月31日現在，引当金から72百万円を契約負債110百万円および契約資産38百万円に組み替えた）。

(ii) カスタマー・ロイヤルティ・プログラムの会計処理

過去の報告期間において，製品販売からの受取対価を，残余法によりポイントおよび販売した製品に配分していた。この方法により，ポイントの公正価値と同額である対価の一部をポイントに配分し，対価の残余部分を販売した製品に配分していた。

IFRS15号では，対価の合計は，独立販売価格の比率に基づいてポイントと製品に配分しなければならない。この新しい方法を適用すると，販売した製品に配分した金額は，平均して，残余法で配分した金額よりも多くなる。その結果，2015年1月1日にカスタマー・ロイヤルティ・プログラムに関連して認識した契約負債（450百万円）は，以前の会計方針の下で繰延収益として認識した金額よりも40百万円少なく，対応して同額の利益剰余金に対する修正が行われた。2015年度の収益は6百万円増加し，2015年12月31日現在の修正再表示した契約負債は，繰延収益として過去に認識した金額よりも34百万円少なかった。その結果，利益剰余金が34百万円増加した。

(iii) 契約履行コストの会計処理

2015年に，長期IT契約に関連したITプラットフォームのセットアップのためのデータ転送の関連コスト520百万円が，IFRSの他のどの基準においても資産としての認識に適格でなかったため，費用計上されていた。しかしながら，このコストは契約に直接関連し，契約充足のための資源を創出し，その回収は見込まれることから，IFRS15号適用において，このコストを契約履行コストとして資産計上し，2015年12月31日現在の貸借対照表で契約資産に含めた。

第2章　IFRS第15号に準拠した開示例　305

(iv)　契約資産および契約負債の表示
当グループはさらに，IFRS15号の用語を反映させるために，以下のとおり貸借対照表における特定の金額の表示を自発的に変更した。
- ITコンサルティング契約に関連して認識した契約資産は，以前は，売上債権およびその他の債権の一部として表示していた（2015年1月1日現在1,897百万円および2015年12月31日現在2,597百万円）。
- 顧客に対する予想数量割引および返金に関連する契約負債は，以前は流動負債の引当金として表示していた（2015年1月1日現在200百万円および2015年12月31日現在197百万円）。
- ITコンサルティング契約に関連する契約負債は，以前は，仕入債務およびその他の債務に含めていた（2015年1月1日現在205百万円および2015年12月31日現在989百万円）。
- カスタマー・ロイヤルティ・プログラムに関連する契約負債は，以前は繰延収益として表示していた。上記の(ii)を参照のこと。

これらをまとめると，適用開始日時点（2015年1月1日）および比較期間の期末時点（2015年12月31日）に貸借対照表に認識した金額に対して，以下の修正を行った。

	注	IAS18号 帳簿価額 2014年 12月31日 (単位:百万円)	組替 (単位:百万円)	再測定 (単位:百万円)	IFRS15号 帳簿価額 2015年 1月1日 (単位:百万円)	利益剰余金に対する影響 2015年 1月1日 (単位:百万円)
売上債権およびその他の債権	(iv)	8,243	(1,897)	-	6,346	-
その他の流動資産	(i)	-	-	79	79	-
契約資産	(iv)	-	1,897	-	1,897	-
契約負債	(i),(ii),(iv)	-	855	79	934	-
繰延収益	(ii)	490	(450)	(40)	-	40
仕入債務およびその他の債務	(iv)	12,930	(205)	-	12,725	-
引当金	(iv)	730	(200)	-	530	-

	注	2015年 12月31日 (単位:百万円)	組替 (単位:百万円)	再測定 (単位:百万円)	2016年 1月1日 (単位:百万円)	2016年 1月1日 (単位:百万円)
売上債権およびその他の債権	(iv)	12,184	(2,597)	-	9,587	-
その他の流動資産	(i)	-	-	38	38	-
契約資産	(iii),(iv)	-	2,597	520	3,117	520
契約負債	(i),(ii),(iv)	-	1,722	38	1,760	-
繰延収益	(ii),(iv)	570	(536)	(34)	-	34
仕入債務およびその他の債務	(iv)	12,477	(989)	-	11,488	-
引当金	(iv)	1,240	(197)	-	1,043	-

索　引

あ行

- アウトプット法 …………………… 142
- アシュアランス …………………… 241
- 委託販売 …………………………… 268
- 一時点で充足される履行義務 …… 149
- 一連の別個の財またはサービス … 62
- 一定の期間にわたり充足される履行義務
  ………………………………… 126
- インセンティブ …………………… 81
- インプット法 ……………………… 144
- 売上税 ……………………………… 212
- 売上高・使用量ベースのロイヤルティ
  ………………………………… 182

か行

- 回収可能性 ………………………… 40
- 買戻し契約 ………………………… 253
- 価格譲歩 …………………………… 81
- 価格設定における裁量権 ………… 206
- 学習曲線 …………………………… 163
- カスタマー・ロイヤルティ・ポイント
  ………………………………… 222
- カスタマイズ ……………………… 67
- 貨幣の時間価値 …………………… 96
- 観察可能な価格 …………………… 110
- 完了した契約 ……………………… 28
- 期限付き支払値引 ………………… 90
- 期待値 ……………………………… 82
- ギフトカード ……………………… 252
- 強制発効日 ………………………… 20
- 業績ボーナス ……………………… 81
- 区分して識別可能 ………………… 66
- 経過措置 …………………………… 21

- 契約 ………………………………… 34
- 契約獲得の増分コスト …………… 154
- 契約期間 …………………………… 44
- 契約コスト ………………………… 154
- 契約コストの償却・減損 ………… 169
- 契約資産 …………………………… 273
- 契約の結合 ………………………… 44
- 契約の識別 ………………………… 34
- 契約負債 …………………………… 276
- 契約変更 …………………………… 46
- 契約履行コスト …………………… 159
- 契約履行の主たる責任 …………… 205
- 現金以外の対価 …………………… 102
- 交換権 ……………………………… 240
- 広義の収益 ………………………… 10
- 更新オプション …………………… 226
- コール・オプション ……………… 254
- 顧客 ………………………………… 30
- 顧客のオプション ………………… 213
- 顧客に支払われる対価 …………… 105
- 顧客による資産の検収 …………… 152

さ行

- 在庫リスク ………………………… 205
- 先渡取引 …………………………… 254
- 残余アプローチ …………………… 113
- 資産に対する支配 ………………… 125
- 実務上の便法 …………… 21, 23, 102, 156
- 支配 ………………………………… 124
- 支払を受ける強制可能な権利 …… 127
- 収益 ………………………………… 10
- 収益認識移行リソースグループ（TRG）
  ………………………………… 7
- 重大な金融要素 …………………… 96

重大な経済的インセンティブ	259	別個の財またはサービス	60
重大な戻入れ	84	返金負債	238
重大なリスクと経済価値	151	返金不能の前払報酬	247
重要性	61	変動対価	80
重要な権利	214	変動対価の配分	119
進捗度	141	変動対価の見積りの制限	83
信用リスク	80	返品権	235, 239
数量値引	89	返品権付きの販売	95, 236
請求済未出荷契約	263	法的所有権	150
製品保証	241	ポートフォリオ	16
相互依存性	67	他に転用できる資産	127
相互関連性	67	本人か代理人かの判断	200
		本人となる指標	204

た行

待機義務	142, 145
単一の履行義務	60
知的財産にアクセスする権利	176
知的財産を使用する権利	176
調整後市場評価アプローチ	112
独立販売価格	109, 218
取引価格	78
取引価格の配分	109
取引価格の変動	122

ま行

マイルストーン	143
未行使の権利	229
未据付資材	146
未履行の契約	35
最も可能性の高い金額（最頻値）	83

や行

約束した財またはサービス	59
容易に利用可能な他の資源	63, 64
予想コストにマージンを加算するアプローチ	112
予約販売	251

な行

値引き	81
値引きの配分	116

ら行

ライセンス	175
履行義務	58
リベート	81
累積的キャッチアップ	54

は行

配送サービス	75, 211
非金融資産の売却	18
非行使部分	229
プット・オプション	257
物理的占有	151

〈編者紹介〉
PwCあらた有限責任監査法人

PwCあらた有限責任監査法人は，卓越したプロフェッショナルサービスとして監査を提供することをミッションとし，世界最大級の会計事務所であるPwCの手法と実務を，わが国の市場環境に適した形で提供しています。さらに，国際財務報告基準（IFRS）の導入，財務報告にかかわる内部統制，また株式公開に関する助言など，幅広い分野でクライアントを支援しています。

PwC Japanグループ

PwC Japanグループは，日本におけるPwCグローバルネットワークのメンバーファームおよびそれらの関連会社（PwCあらた有限責任監査法人，PwC京都監査法人，PwCコンサルティング合同会社，PwCアドバイザリー合同会社，PwC税理士法人，PwC弁護士法人を含む）の総称です。各法人は独立した別法人として事業を行っています。

複雑化・多様化する企業の経営課題に対し，PwC Japanグループでは，監査およびアシュアランス，コンサルティング，ディールアドバイザリー，税務，そして法務における卓越した専門性を結集し，それらを有機的に協働させる体制を整えています。また，公認会計士，税理士，弁護士，その他専門スタッフ約5,500人を擁するプロフェッショナル・サービス・ネットワークとして，クライアントニーズにより的確に対応したサービスの提供に努めています。

PwCは，社会における信頼を築き，重要な課題を解決することをPurpose（存在意義）としています。私たちは，世界157カ国に及ぶグローバルネットワークに223,000人以上のスタッフを有し，高品質な監査，税務，アドバイザリーサービスを提供しています。詳細はwww.pwc.comをご覧ください。

本書は，一般的な情報を提供する目的で作成したものであり，いかなる個人または企業に固有の事案についても専門的な助言を行うものではありません。本書に含まれる情報の正確性または網羅性については保証は与えられていません。本書で提供する情報に基づいて何らかの判断を行う場合，個別に専門家にご相談ください。PwCあらた有限責任監査法人ならびにPwCグローバルネットワークの他のメンバーファームおよびそれらの関連会社は，個人または企業が本書に含まれる情報を信頼したことにより被ったいかなる損害についても，一切の責任を負いません。

なお，本書の内容は，2016年9月30日現在で入手可能な情報に基づいています。したがって，基準書または解釈指針が新たに公表された場合，本書の一部がこれらに置き換えられる可能性があります。

© 2016 PricewaterhouseCoopers Aarata LLC. All rights reserved.
PwC refers to the PwC network member firms and/or their specified subsidiaries in Japan, and may sometimes refer to the PwC network. Each of such firms and subsidiaries is a separate legal entity. Please see www.pwc.com/structure for further details.
This content is for general information purposes only, and should not be used as a substitute for consultation with professional advisors.

Copyright © International Financial Reporting Standards Foundation
All rights reserved. Reproduced by PricewaterhouseCoopers Aarata LLC. with the permission of the International Financial Reporting Standards Foundation®. Reproduction and use rights are strictly limited. No permission granted to third parties to reproduce or distribute.
The International Accounting Standards Board, the International Financial Reporting Standards Foundation, the authors and the publishers do not accept responsibility for any loss caused by acting or refraining from acting in reliance on the material in this publication, whether such loss is caused by negligence or otherwise.

IFRS「収益認識」プラクティス・ガイド

| 2016年12月30日 | 第1版第1刷発行 |
| 2017年5月20日 | 第1版第2刷発行 |

編 者　PwCあらた有限責任監査法人
発行者　山　本　　　継
発行所　㈱中央経済社
発売元　㈱中央経済グループ
　　　　パブリッシング

〒101-0051　東京都千代田区神田神保町1-31-2
電話　03（3293）3371（編集代表）
　　　03（3293）3381（営業代表）
http://www.chuokeizai.co.jp/
印　刷／文唱堂印刷㈱
製　本／誠製本㈱

© 2016
Printed in Japan

＊頁の「欠落」や「順序違い」などがありましたらお取り替えいたしますので発売元までご送付ください。（送料小社負担）
ISBN978-4-502-20761-7 C3034

JCOPY〈出版者著作権管理機構委託出版物〉本書を無断で複写複製（コピー）することは，著作権法上の例外を除き，禁じられています。本書をコピーされる場合は事前に出版者著作権管理機構（JCOPY）の許諾を受けてください。
JCOPY〈http://www.jcopy.or.jp　eメール：info@jcopy.or.jp　電話：03-3513-6969〉

2016年1月13日現在の基準書・解釈指針を収める
IFRS財団公認日本語版！

IFRS® 基準 *2016*

IFRS財団 編　企業会計基準委員会
　　　　　　　公益財団法人 財務会計基準機構　監訳

中央経済社刊 定価17,280円（分売はしておりません）B5判・4080頁
ISBN978-4-502-19411-5

IFRS適用に必備の書！

●**唯一の公式日本語訳・最新版**　本書はIFRSの基準書全文を収録した **IFRS Standards 2016** の唯一の公式日本語翻訳。2010年3月決算より、国際財務報告基準（IFRS）の任意適用がスタートしたが、わが国におけるIFRS会計実務は、日本語版IFRSに準拠することとなっているので、IFRS導入に向けた準備・学習には不可欠の一冊である。

●**使いやすい2分冊**　2010年版から英語版の原書が2分冊となったため、日本語版もPART AとPART B 2分冊の刊行となっている。各基準書の本文をPART Aに収録し、「結論の根拠」「設例」などの「付属文書」をPART Bに収録。基準書本文と付属文書の相互参照も容易となっている。

●**最新の基準と最新の翻訳**　リース（IFRS第16号）等を収録したほか、2016年1月13日までの基準・解釈指針の新設・改訂をすべて織り込む。また、とくに改訂がなかった基準も、より読みやすい日本語訳を目指して訳文を見直した。
ＩＦＲＳの参照に当たっては、つねに最新の日本語版をご覧ください。

中央経済社
東京・神田神保町1
電話 03-3293-3381
FAX 03-3291-4437
http://www.chuokeizai.co.jp/

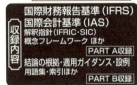

収録内容
国際財務報告基準（IFRS）
国際会計基準（IAS）
解釈指針（IFRIC・SIC）
概念フレームワーク ほか　**PART A収録**
結論の根拠・適用ガイダンス・設例
用語集・索引ほか　**PART B収録**

▶価格は税込みです。掲載書籍は中央経済社ホームページ http://www.chuokeizai.co.jp/ からもお求めいただけます。